Francine Jay · Less is More

mosaik

Buch

Wer kennt das nicht? Im Laufe der Zeit sammelt sich unnützes Zeug in der Wohnung an, und bald hat man vor lauter Staubfängern und nutzlosem Plunder kaum mehr Platz für sich selbst. Francine Jay geht dem Phänomen intelligent auf den Grund und erkundet unser zutiefst menschliches Sammelverhalten. Sie zeigt, wie wir uns von unnötigem Ballast befreien können und macht mit praktischen Anregungen und einer überzeugenden Konsumkritik Lust aufs Loslassen.

Autorin

Francine Jay, auch bekannt als »Miss Minimalist«, ist Begründerin des Blogs www.missminimalist.com. Auf ihrer Website bietet sie Rat an, teilt ihre Erfahrungen und diskutiert über die Freuden des minimalistischen Lebens mit einer lebhaften Community von Seelenverwandten. Francine hat bereits hunderttausenden Menschen dabei geholfen, mit der einfachen und effektiven Rationalisierungsmethode ihr Zuhause zu entrümpeln und ihr Leben zu erleichtern. Ihre Tipps wurden im Fernsehen und in vielen Zeitungen und Magazinen veröffentlicht, darunter *CNN*, *BBC*, *Today*, *The Chicago Tribune*, *The Guardian*, *The Financial Times*, *Forbes*, *The Huffington Post* und *Dr. Oz The Good Life.* Francine lebt in Portland, Oregon.

Francine Jay

Less is More

Von der Freude des Weglassens

Aus dem Amerikanischen
von Anu Katariina Lindemann

mosaik

Der Verlag weist ausdrücklich darauf hin, dass im Text enthaltene externe Links vom Verlag nur bis zum Zeitpunkt der Buchveröffentlichung eingesehen werden konnten. Auf spätere Veränderungen hat der Verlag keinerlei Einfluss. Eine Haftung des Verlags ist daher ausgeschlossen.

Dieses Buch ist auch als E-Book erhältlich.

MIX
Papier aus verantwortungsvollen Quellen
FSC® C083411
FSC www.fsc.org

Verlagsgruppe Random House FSC® N001967

1. Auflage
Deutsche Erstausgabe September 2016

Originaltitel: The Joy Of Less
Originalverlag: Chronicle Books, San Francisco
Umschlag: *zeichenpool
Umschlagmotive: © shutterstock/PlusONE,
© shutterstock/Igartist 79, © shutterstock/mtlapcevic
Redaktion: Sylvi Schlichter
Satz: Buch-Werkstatt GmbH, Bad Aibling
Druck und Bindung: CPI books GmbH, Leck
Printed in Germany
JI · Herstellung: IH
ISBN 978-3-442-39307-7

www.mosaik-verlag.de

INHALT

Lass los,
so wie ein Kind, das eine Pusteblume bläst.
In einem Hauch,
eine ungemeine Leichtigkeit
und grenzenlose Freude.

EINLEITUNG

Was wäre, wenn ich dir sagen würde, dass aus dir ein glücklicherer Mensch werden könnte, wenn du weniger Sachen besäßest? Es hört sich ein bisschen verrückt an, oder? Das liegt daran, dass wir ständig und überall tausende von gegenteiligen Botschaften erhalten: Kaufe dies, und du wirst hübscher sein – besitze jenes, und du wirst erfolgreicher sein – schaff dir das hier an, und du wirst platzen vor Glück.

Nun ja, wir haben dies und jenes und auch noch viele andere Sachen gekauft. Wenn man also der gängigen Logik folgt, müssten wir eigentlich überglücklich sein, richtig? Für die meisten von uns lautet die Antwort auf diese Frage allerdings leider »Nein«. Nicht selten ist sogar das Gegenteil der Fall: Viele dieser Gegenstände – und ihre leeren Versprechungen – ziehen uns langsam, aber sicher das Geld aus den Taschen, den Zauber aus unseren Beziehungen und die Freude aus unserem Leben.

Ein paar ernst gemeinte Fragen möchte ich gleich zu Beginn stellen:

Schaust du dich jemals in deiner Wohnung um und betrachtest all die Gegenstände, die du gekauft, geerbt und bekommen hast – und fühlst dich überfordert anstatt überglücklich? Ringst du mit Kreditkartenschulden und kannst dich kaum noch erinnern, wofür du eigentlich gerade abzahlst? Wünschst du dir insgeheim, dass eine Orkanböe all den Krempel aus deinem Zuhause fegen und dir damit die Möglichkeit für einen Neuanfang geben würde? Wenn das der Fall ist, dann kann es gut sein, dass ein minimalistischer Lebensstil deine Rettung ist.

Lass uns als Erstes einmal dem Begriff »Minimalismus« auf den Grund gehen. Leider hat er für viele einen einschüchternden, elitären Klang, da er häufig mit schicken Luxuslofts mit nur drei (oder weniger) sauteuren und irgendwie unbequem aussehenden Möbelstücken in Verbindung gebracht wird. Das Wort »Minimalismus« beschwört Bilder von spartanischen, kalten Innenräumen, Betonböden und glänzend weißen Flächen herauf. Es klingt furchtbar nüchtern, ernst und steril. Wie also soll es in ein Leben passen, das ausgefüllt ist mit Kindern, Haustieren, Hobbys, Wäsche, Gratiszeitungen und Werbeprospekten?

Die meisten Leute hören das Wort »Minimalismus« und denken an »leer«, ein unattraktives Wort, das in der Regel mit Verlust, Entbehrung und Mangel assoziiert wird. Aber betrachte dieses »leer« doch einmal aus einem anderen Blickwinkel. Denk darüber nach, was es wirklich ist – und auf einmal siehst du Platz. Platz! Das ist etwas, wovon wir alle mehr gebrauchen könnten! Platz in unseren Kleiderschränken, Platz in unseren Garagen, in unseren Terminkalendern, zum Nachdenken, zum Spielen, um etwas zu entwerfen und um Spaß mit unseren Familien zu haben … nun, *das* ist die Schönheit, die im Minimalismus steckt!

Betrachte es also so: Ein Behälter ist am nützlichsten, wenn er leer ist. Frischen Kaffee können wir nicht genießen, wenn sich noch alter, halb eingetrockneter Satz in unseren Tassen befindet, und die Blütenpracht eines frischen Straußes können wir nicht zur Geltung bringen, wenn verwelkte Blumen die Vase füllen. Ähnlich verhält es sich, wenn unser Zuhause – die »Behälter unseres täglichen Lebens« – vor lauter Krempel überquillt und dieser ganze Kram unsere Seelen in den Hintergrund drängt. Wir haben weder Zeit noch Energie oder Platz für neue Erfahrungen. Wir fühlen uns eingeengt und gehemmt, so als ob wir uns nicht vollständig ausstrecken und ausdrücken können.

Ein Minimalist zu werden verschafft uns Kontrolle über unser Eigentum. Wir erobern unseren Platz zurück und stellen die Funktion und das Potenzial unseres Zuhauses wieder her. Wir gestalten unser Zuhause um und machen es zu einem offenen, luftigen, aufnahmefähigen Behälter für das Wesentliche in unserem Leben. Wir erklären unsere Unabhängigkeit von der Tyrannei des Krempels. Das ist ohne jeden Zweifel befreiend!

Das alles klingt toll, aber wie gelangen wir dahin? Wo fangen wir am besten an? Und inwiefern unterscheidet sich dieses Buch von all den anderen, in denen steht, wie man sein Leben besser organisiert? Nun, es geht hier nicht darum, schicke Behälter oder Lagersysteme zu kaufen, um seinen Kram irgendwo anders hin –

aus dem Blickfeld – zu verfrachten. Hier geht es darum, die Menge deiner Sachen zu *reduzieren.* Außerdem wirst du keine Testfragen beantworten, Checklisten machen oder Tabellen ausfüllen müssen – wer hat schon Zeit für so etwas? Und es wird auch nicht Dutzende von Fallbeispielen über den Ramsch anderer Leute geben, der Fokus ist einzig und allein auf *dich* gerichtet.

Wir werden gemeinsam damit beginnen, eine Minimalisten-Denkweise zu entwickeln. Aber mach dir keine Sorgen – es ist nicht schwer! Wir werden zunächst lediglich über die Vorteile eines entrümpelten Lebens nachdenken. Das wird die Motivation schaffen, die wir später brauchen, wenn wir uns mit Großmutters altem Porzellan beschäftigen. Wir lernen, unsere Sachen als das zu sehen, was sie sind, werden jegliche Macht abschwächen, die sie noch über uns haben mögen – und die Freiheit entdecken, mit gerade so viel zu leben, wie wir eben brauchen, um unseren Bedürfnissen gerecht zu werden. Wir werden dabei sogar etwas philosophisch werden und darüber nachdenken, wie unser neu entdeckter Minimalismus unser Leben bereichern und einen positiven Wandel in der Welt herbeiführen kann.

Entrümpeln ist im Grunde genommen wie eine Diät. Wir können uns direkt in die Sache stürzen, unsere Besitztümer zählen, so wie wir auch Kalorien zählen, und »hungern«, um schnelle Resultate zu erzielen. Häufig läuft dieser Weg jedoch darauf hinaus, dass wir uns vieler Dinge beraubt fühlen, wir werden uns über kurz oder lang einem Gelage hingeben und letztendlich genau dort enden, wo wir angefangen haben. Wenn wir wirklich dauerhaft abnehmen oder minimalisieren wollen, müssen wir aber unsere Einstellungen und unsere Gewohnheiten ändern. Eine Minimalisten-Haltung zu entwickeln wird die Art und Weise verändern, wie wir Entscheidungen über unsere Besitztümer und die Sachen, die wir in unser Leben lassen, fällen. Anstelle einer kurzfristigen Lösung wird es ein langfristiges Bemühen für eine neue, wundervolle Art zu leben sein.

Nach unserem mentalen Warm-up wirst du die Rationalisierungsmethode erlernen – die Top Ten der effektivsten Techniken, um ein entrümpeltes Zuhause zu schaffen und diesen Zustand aufrechtzuerhalten. Damit beginnt die Sache langsam Spaß zu machen! Wir werden einen Neuanfang für jede Schublade, jeden Kleiderschrank und jeden Raum vornehmen und sicherstellen, dass jeder Gegenstand, den wir besitzen, einen positiven Beitrag zu unserem Haushalt beisteuert. Jedem Objekt werden wir einen angemessenen Platz geben und Grenzen setzen, um alles unter Kontrolle zu halten. Wir werden kontinuierlich die Menge unserer Sachen reduzieren und nach und nach wirkungsvolle Systeme entwickeln, um sicherzustellen, dass sich in Zukunft nicht wieder ein Haufen Krimskrams anhäuft. Bewaffnet mit diesen Techniken werden wir das Gerümpel ein für alle Mal in Schach halten! Versprochen.

Jeder Bereich im Haus birgt spezielle Herausforderungen, daher werden wir in einem eigenen Abschnitt dieses Buches Raum für Raum in Angriff nehmen. Einen nach dem anderen. Wir starten im Wohnzimmer und erschaffen einen flexiblen, dynamischen Raum, in dem wir unseren Freizeitaktivitäten nachgehen können.

Wir erörtern den Vorzug jedes einzelnen Möbelstücks und denken darüber nach, was wir mit all den Büchern, Gesellschaftsspielen und Bastelsachen anstellen können. Dann rücken wir ins Schlafzimmer vor, wo wir alles Überflüssige beseitigen, um eine friedliche Oase für unsere abgespannten Seelen zu erschaffen. Unser Ziel: ein übersichtlicher, entrümpelter Raum, der uns beruhigt und uns Erholung verschafft.

Da so viele von uns unter ihren vollgestopften Kleiderschränken leiden, wird es ein ganzes Kapitel geben, das sich mit diesem Problem beschäftigt. Wenn wir dann so richtig in Schwung sind, werden wir die Papierstapel in unseren Arbeitszimmern in Angriff nehmen und diese von einer uferlosen Flut zu einem Rinnsal schmälern. Unsere minimalistische Verschönerung wird selbst den chaotischsten Arbeitsplatz bändigen.

Als Nächstes nehmen wir unsere Küchen ins Visier. Wir werden unsere Kochtöpfe, Pfannen und Geschirr reduzieren und dabei feststellen, wie saubere Arbeitsflächen und einfaches Kochgeschirr unsere Arbeit in der Küche optimieren können. Danach legen wir einen Stopp im Badezimmer ein und sortieren dort Sachen aus, um eine schickere, Spa-ähnliche Atmosphäre zu erschaffen. Wir werden sogar unsere Körperpflegeroutinen vereinfachen, sodass wir uns zukünftig mit einer sehr überschaubaren Menge an Utensilien pflegen und herausputzen können.

Natürlich dürfen wir unsere Keller, Dachböden, Lagerschränke und Garagen nicht vergessen. Die Dinge, die hier lagern, mögen zwar aus unserem Blickfeld verschwunden sein, aber mit Sicherheit nicht aus unseren Köpfen. Nachdem wir uns zusammen um diese Räume gekümmert haben, wird es kein Versteck für Krempel mehr geben. Wir beschäftigen uns ebenfalls mit Geschenken, Erbstücken und Souvenirs, werden dabei erkennen, wie sich diese Kleinigkeiten in unser Leben schleichen und einige kreative Methoden entwickeln, um mit ihnen umzugehen.

Aber was ist mit den Menschen, mit denen wir unser Zuhause teilen? Sie sind für den ganzen angesammelten Krempel ganz sicher genauso verantwortlich wie wir. Wir werden Wege finden, um Familienmitglieder und Mitbewohner zu Partnern im Entrümpelungsprozess zu machen. Ob du nun in Babykram, Spielsachen oder Teenager-Ramsch ertrinkst, in diesem Buch findest du Rat für jede Altersgruppe. Wir werden sogar Methoden erlernen, um einen widerwilligen Gatten oder Partner anzuleiten, mit uns gemeinsam den Weg des Minimalismus zu beschreiten.

Zuletzt erörtern wir, wie uns unser Dasein als Minimalist zu besseren Bewohnern dieses Planeten macht und dabei hilft, ihn für zukünftige Generationen zu bewahren. Wir werden die Auswirkungen unserer Kaufentscheidungen auf andere Menschen und die Umwelt betrachten und erfahren, welchen weitreichenden Nutzen die gesamte Welt davon hat, wenn wir mit wenig und in Würde leben. Wir erkennen, wie die Platzeinsparung in unseren Kleiderschränken dabei helfen kann, die Welt zu retten.

Bist du bereit, dem Gerümpel, Krempel und Krimskrams ein für alle Mal den Garaus zu machen? Blättere diese Seite um für eine erste Dosis minimalistischer Philosophie. In wenigen Minuten bist du dann schon unterwegs zu einem einfacheren, komprimierteren und gelasseneren Leben.

DIE PHILOSOPHIE DES MINIMALISMUS

Stell dir vor, du bist ein Heerführer, der in die Schlacht zieht, oder ein Sportler vor einem großen Wettkampf: Um die beste Leistung zu erzielen, musst du dich erst mental auf die vor dir liegende Aufgabe vorbereiten. Und so wollen wir nach und nach unser Erfolgsgeheimnis entwickeln: eine minimalistische Denkweise. In diesem Kapitel dreht sich alles um die innere Einstellung. Bevor wir die Kontrolle über unsere Gegenstände übernehmen können, müssen wir zunächst unsere Beziehung zu ihnen verändern. Wir werden sie definieren, uns ansehen, was sie sind und was sie nicht sind, und ihren Einfluss auf unser Leben näher beleuchten. Diese Grundsätze werden es uns leichter machen, Gegenstände gehen zu lassen, außerdem werden sie uns dabei helfen zu verhindern, dass noch mehr Kram durch die Haustür kommt. Am allerwichtigsten ist es jedoch zu erkennen, dass unsere Sachen existieren, um uns von Nutzen zu sein und nicht andersherum.

BETRACHTE DEINE SACHEN ALS DAS, WAS SIE SIND

Sieh dich einmal um. Aller Wahrscheinlichkeit nach befinden sich wenigstens zwanzig oder dreißig Gegenstände in deinem unmittelbaren Gesichtsfeld. Aber was sind das eigentlich für Sachen? Und wie sind sie da hingekommen? Welchen Zweck erfüllen sie?

Es ist an der Zeit, dass wir unsere Dinge als das ansehen, was sie sind. Wir wollen sie benennen, definieren und ihnen das Rätselhafte nehmen. Was genau sind diese Gegenstände, die wir mit viel Zeit und Energie anschaffen, instand halten und aufbewahren? Und wie ist es überhaupt dazu gekommen, dass es so viele von ihnen gibt? (Haben sie sich etwa vervielfacht, während wir schliefen?)

Allgemein betrachtet können unsere Besitztümer in drei Kategorien unterteilt werden: nützliche Sachen, schöne Sachen und Sachen, an denen wir hängen.

Lass uns mit der einfachsten Kategorie starten: nützliche Sachen. Das sind die Gegenstände, die praktisch und zweckmäßig sind und uns dabei helfen, Dinge zu erledigen. Einige von ihnen sind überlebenswichtig, andere machen unser Leben ein bisschen leichter. Es ist verlockend zu denken, dass *all* unser Zeug nützlich ist, aber hast du jemals ein Buch über Überlebenstechniken gelesen? Das ist sehr aufschlussreich, um zu lernen, wie wenig wir tatsächlich brauchen, um am Leben zu bleiben: eine einfache Unterkunft, Kleidung, um unsere Körpertemperatur zu regulieren, Wasser, Nahrung, ein paar Behälter und einige Kochgeräte. (Wenn das ohnehin alles ist, was du besitzt, dann kannst du dieses Buch jetzt getrost zuklappen und weiterverschenken. Ansonsten: bitte weiterlesen!)

Von den wesentlichen Dingen einmal abgesehen sind etliche Gegenstände nicht überlebensnotwendig, aber dennoch äußerst nützlich: Betten, Bettlaken, Laptops, Wasserkocher, Kämme, Stifte, Tacker, Lampen, Bücher, Teller, Gabeln, Sofas, Verlängerungskabel, Hammer, Schraubenzieher, Schneebesen – du verstehst, was ich meine. Alles, was du oft benutzt und was wirklich einen Nutzen in deinem Leben hat, ist in einem Minimalisten-Haushalt willkommen.

Aber denk daran: Um nützlich zu sein, muss ein Gegenstand tatsächlich *benutzt* werden. Und das ist der Haken an der Sache, denn die meisten von uns besitzen eine Menge *potenziell nützlicher* Dinge, die sie aber nicht verwenden. Zweitexemplare sind hierfür das beste Beispiel: Wie viele deiner Vorratsdosen benutzt du tatsächlich zum Einfrieren oder als Brotzeitdose? Brauchst du wirklich einen Notfallersatz für deine kabellose Bohrmaschine? Andere Dinge dümpeln ebenfalls vor sich hin, weil sie zu kompliziert zu bedienen sind oder ihre Reinigung zu aufwendig ist: Küchenmaschinen, Fonduesets und Luftbefeuchter kommen mir da in den Sinn. Dann gibt es da noch die »Nur für den Notfall«-Sachen und die »Brauch ich vielleicht später«-Sachen, die in den hintersten Ecken unserer Schubladen darauf warten, endlich einmal Tageslicht zu sehen – dies sind die Gegenstände, deren Tage gezählt sind.

Vermischt mit unseren nützlichen Dingen sind die Sachen, die keinem praktischen Zweck dienen, aber dafür eine andere Art von Bedürfnis befriedigen. Um es einfach auszudrücken: Wir schauen sie gerne an. Im Verlauf der Geschichte haben wir Menschen stets den Drang verspürt, unsere Umgebung zu verschönern – angefangen bei paläolithischer Höhlenmalerei bis hin zu den Bildern, die über unseren Sofas hängen.

Ästhetische Wertschätzung ist ein wichtiger Teil unserer Identität, und das soll auch gar nicht bestritten werden. Die hervorragende Glasur einer schönen Vase oder die glatten Linien eines modernistischen Stuhls können uns eine tiefe und Freude bringende Zufriedenheit verschaffen, deshalb haben solche Gegenstände jedes Recht, Teil unseres Lebens zu sein. Allerdings müssen sie mit einem herausragenden Platz in unserem Zuhause gewürdigt werden. Wenn die Murano-Glas-Sammlung als Staubfänger im Regal steht oder, noch schlimmer, in einer Kiste auf dem Dachboden ihr Dasein fristet, dann ist sie nichts weiter als farbenprächtiger Ramsch.

Wenn du jetzt einmal einen prüfenden Blick auf deine Besitztümer wirfst, dann gib auf keinen Fall etwas Künstlerischem eine automatische Eintrittskarte. Nur weil dir dieser Gegenstand an einem

Sommertag auf einem Kunsthandwerksmarkt gefallen hat, bedeutet das nicht, dass er ein lebenslanges Mietrecht auf dem Kaminsims beanspruchen darf. Aber falls er dir jedes Mal ein Lächeln aufs Gesicht zaubert oder seine optische Harmonie dir eine tiefere Wertschätzung für die Schönheit des Lebens vermittelt, dann ist sein Platz in deinem Zuhause wohl verdient.

Jetzt wäre all das hier ja ziemlich einfach, wenn alle Sachen in unserem Zuhause entweder schön oder nützlich wären. Aber es ist so sicher wie das Amen in der Kirche, dass du auf viele Dinge stoßen wirst, die keines von beidem sind. Wo sind die eigentlich hergekommen, und warum sind sie überhaupt da? In neun von zehn Fällen repräsentieren sie irgendeine Art von Erinnerung oder emotionaler Verbundenheit: das alte Porzellan der Großmutter, die Münzsammlung des Vaters oder der in den Flitterwochen gekaufte Sarong. All diese Dinge erinnern uns an Menschen, Plätze und Ereignisse, die für uns eine besondere Bedeutung haben. Am häufigsten gelangen sie in der Form von Geschenken, Erbstücken und Souvenirs in unseren Besitz.

Ich sage es noch einmal: Wenn der betreffende Gegenstand dein Herz mit Freude erfüllt, präsentiere es voller Stolz und erfreue dich an seiner Anwesenheit. Wenn du aber nur aus Pflichtgefühl daran festhältst (weil Tante Edna sich im Grabe umdrehen würde, wenn du Ihre Teetassen aus Porzellan weggibst) oder als Beweis eines Erlebnisses (als ob keiner glauben würde, dass du den Grand Canyon besucht hast, wenn du die kitschige Tasse wegschmeißt), dann ist es angebracht, einmal in sich zu gehen.

Unsere Besitztümer können in drei Kategorien eingeteilt werden: nützliche Sachen, schöne Sachen und Sachen, an denen wir hängen.

Während du bei dir zu Hause umhergehst, führe ein Gespräch mit deinem Kram. Frage jeden Gegenstand: »Was bist du und was machst du?«, »Wie bist du in mein Leben gekommen?«, »Habe ich dich gekauft oder wurdest du mir gegeben?«, »Wie oft benutze ich dich?«, »Würde ich dich ersetzen, wenn du verloren oder kaputtgingest, oder wäre ich erleichtert, dich los zu sein?«, »Wollte ich dich ursprünglich überhaupt haben?« Sei ehrlich mit den Antworten, schließlich haben die Gegenstände keine Gefühle, die du verletzen könntest.

Während du diese Fragen stellst, wirst du wahrscheinlich auf zwei Subkategorien von Objekten stoßen, von denen eine »die Sachen von anderen Sachen« ist. Du weißt schon – manche Gegenstände sammeln wie selbstverständlich andere Dinge um sich herum an: wie zum Beispiel Accessoires, Gebrauchsanweisungen, Reinigungsmittel, Sachen, um Sachen zusammenzubauen, zu reparieren, zu reinigen … Hierin liegt ein großartiges Entrümpelungspotenzial: Eine Sache wegzuschmeißen könnte zu einer wahren Sintflut an entbehrlichen Dingen führen!

Die zweite Subkategorie lautet »das Zeug anderer Leute«. Das ist eine heikle Angelegenheit. Mit der möglichen Ausnahme deiner (jungen) Kinder ist deine Macht über den Kram anderer Leute ziemlich begrenzt. Wenn es sich dabei um das Kajak handelt, das du für deinen Bruder im Keller lagerst und das er nach fünfzehn Jahren immer noch nicht zurückverlangt hat, dann hast du das gute Recht, die Sache selbst in die Hand zu nehmen (natürlich nach einem Telefonanruf, bei dem du um zügige Abholung bittest). Wenn es sich jedoch um das überquellende Hobbyzubehör deines Ehepartners handelt oder die alten Videospiele deiner Teenager-Kinder, ist eine diplomatischere Herangehensweise erforderlich. Mit etwas Glück wird dein Entrümpeln ansteckend wirken und darin resultieren, dass die anderen sich um ihr eigenes Zeug kümmern.

Doch jetzt spaziere erst einmal einfach nur herum und lerne deine Gegenstände richtig kennen: Dies hier ist nützlich, das da schön, und das hier gehört jemand anderem – kinderleicht! Mach dir nicht jetzt schon Gedanken übers Entrümpeln – dahin werden wir noch früh genug kommen. Aber wenn du zufällig auf irgendetwas Nutzloses, Hässliches oder Undefinierbares stoßen solltest, dann leg einen optimalen Start hin, und schmeiß das Ding weg!

DU BIST NICHT DAS, WAS DU BESITZT

Im Gegensatz zu dem, was Marketingleute dich glauben lassen wollen, *bist du nicht das, was du besitzt.* Du bist du, und Gegenstände sind Gegenstände, keine physikalische oder mathematische Alchemie kann daran etwas ändern, ungeachtet dessen, was clevere Werbung dir weismachen will.

Nichtsdestotrotz werden wir von Zeit zu Zeit Opfer der Überredungskünste der Werbeleute. Deshalb müssen wir noch eine weitere Subkategorie von Besitztümern einführen: Statussymbole. Dies sind die Dinge, die wir kaufen, um andere zu beeindrucken oder um unser »Fantasie-Ich« zu verwöhnen – das »Ich«, das zehn Kilo leichter ist, die Welt bereist, auf Cocktailpartys geht oder in einer Rockband spielt.

Wir geben es nur ungern zu, aber wahrscheinlich haben wir uns viele Sachen nur angeschafft, um ein bestimmtes Image zu repräsentieren. Nehmen wir zum Beispiel Autos. Wir könnten unser Bedürfnis nach einem Transportmittel leicht mit einem ganz einfachen, günstigen Wagen befriedigen, der uns von Punkt A nach Punkt B bringt. Warum blättern wir dann das Doppelte oder sogar das Dreifache für ein luxuriöses Modell hin? Weil Autohersteller den Werbefirmen viel Geld dafür bezahlen, uns zu überzeugen, dass unsere Fahrzeuge Projektionen unserer selbst, unserer Persönlichkeit und unserer Stellung in der Geschäftswelt oder in der sozialen Hierarchie sind.

Aber da endet es natürlich noch lange nicht. Der Drang, sich über Konsumgüter zu identifizieren, ist tief in uns verwurzelt – angefangen bei der Auswahl unseres Heims bis zu dem, was wir dort hineinstellen. Die meisten Leute würden der Aussage zustimmen, dass ein kleines, einfaches Zuhause unser Bedürfnis nach einem Dach über dem Kopf mehr als befriedigt (besonders im Vergleich zu so manchen Behausungen in Entwicklungsländern). Allerdings legt das auf Statussymbole bedachte Marketing fest, dass wir eine Couchgarnitur, ein Schlafzimmer für jedes Kind, Badezimmer für sie und ihn und eine Küche mit Markengeräten »brauchen« – andernfalls haben wir es nicht wirklich »geschafft«. Die Quadratmeterzahl wird zum Statussymbol, und natürlich benötigen wir jede Menge Sofas, Stühle, Tische und Krimskrams, um den ganzen Platz ordentlich auszufüllen.

Werbung bestärkt uns ebenfalls darin, dass wir uns durch unsere Kleidung definieren – idealerweise durch Markenkleidung. Designerlabels machen Klamotten nicht wärmer, Handtaschen nicht strapazierfähiger, unser Leben nicht aufregender. Außerdem scheinen richtungsweisende Artikel nur wenige Minuten nach ihrer Anschaffung bereits wieder aus der Mode zu kommen. Was bleibt, sind Schränke, die überquellen vor nicht mehr zeitgemäßer Kleidung – und unsere Hoffnung, dass sie irgendwann doch noch einmal in Mode kommt. In Wahrheit braucht doch niemand von uns einen Kleiderschrank wie ein Filmstar, schließlich lauern vor unserer

Haustür keine Paparazzi. Trotzdem versuchen uns die Werber davon zu überzeugen, dass wir uns immer so präsentieren sollten, als würden wir im Rampenlicht stehen.

Es ist nicht einfach, in einer Welt der Massenmedien ein Minimalist zu sein. Werbeleute bombardieren uns kontinuierlich mit der Botschaft, dass die Anhäufung von Gütern das Maß des Erfolges ist. Sie nutzen den Umstand aus, dass es viel einfacher ist, sich einen gewissen Status zu *erkaufen,* als ihn sich zu erarbeiten. Uns wird suggeriert, dass mehr Sachen zu besitzen auch mehr Glück bedeutet, aber in Wirklichkeit verursachen mehr Sachen oft nur mehr Sorgen und größere Schulden. Die Anschaffung all dieser Gegenstände nützt mit Sicherheit irgendjemandem … allerdings nicht uns.

Es ist nicht einfach, in einer Welt der Massenmedien ein Minimalist zu sein.

Gegenstände werden uns *nie* zu etwas machen, das wir nicht sind. Teure Kosmetik macht aus uns keine Supermodels, raffinierte Gartengeräte ersetzen nicht den grünen Daumen, und um ein guter Fotograf zu werden, braucht es viel mehr als eine High-End-Kamera. Dennoch fühlen wir uns genötigt, Dinge zu kaufen und zu behalten – Dinge, die das Versprechen beinhalten, uns glücklicher, hübscher, klüger zu machen. Dinge, die aus uns angeblich bessere Eltern oder bessere Partner machen, oder uns vorgaukeln, dass wir beliebter, organisierter und leistungsfähiger werden.

Wenn all diese Sachen ihre Versprechen bis jetzt immer noch nicht gehalten haben, ist es an der Zeit, sie loszulassen.

Gleichermaßen sind Konsumgüter kein Ersatz für Erlebnisse. Wir müssen keine Garage voll mit Campingausstattung, Sportausrüstung und Wasserspielzeug besitzen, wenn das, was wir uns eigentlich wünschen, gemeinsame Zeit mit unserer Familie ist. Aufwendiger Baumschmuck und Berge von Geschenken garantieren noch lange kein schönes Weihnachtsfest – mit unseren liebsten Menschen zusammen zu sein, hingegen schon. Berge von Wolle, Stapel von Kochbüchern und Kisten voller Künstlerbedarf anzusammeln, wird uns nicht zu perfekten Strickern, Meisterköchen oder kreativen Genies machen. Die Aktivitäten, nicht die Materialien, sind das, was für unser Vergnügen und unsere Persönlichkeitsentwicklung wichtig ist.

Wir identifizieren uns auch mit Sachen aus unserer Vergangenheit und halten an bestimmten Dingen fest, um zu beweisen, wer wir waren oder was wir erreicht haben. Wie viele von uns haben noch alte Fußballtrikots, Pullis mit Uni-Initialen, Schwimmtrophäen oder Notizhefte aus längst vergangenen Schultagen? Allerdings befinden sich diese Sachen oft irgendwo in einer Kiste und beweisen niemandem irgendetwas. Wenn dem so sein sollte, ist es an der Zeit, diese Relikte Ihres vergangenen Ichs gehen zu lassen.

Wenn wir unsere Dinge kritisch begutachten, mag es uns erstaunen, wie viele von ihnen unsere Vergangenheit repräsentieren, unsere Hoffnungen für die Zukunft oder unser imaginäres Selbst. Oft genug hindern uns diese Objekte, die unseren Platz, unserer Zeit und Energie verschwenden, daran, unbeschwert in der Gegenwart zu leben.

Manchmal befürchten wir, dass das Loslassen bestimmter Gegenstände bedeutet, dass wir etwas von uns selbst loslassen müssen. Ganz egal, dass wir kaum auf der Geige gespielt und auch noch nie das tolle Abendkleid getragen haben – in dem Moment, in dem wir diese Sachen weggeben, werden wir die Chance, sie doch noch zu nutzen, ein für alle Mal zerstören. Und Gott bewahre, dass wir die Schuhe vom Abschlussball wegwerfen – das wäre ja fast, als ob wir unser Abi nicht geschafft hätten.

Wir müssen uns immer vor Augen halten, dass unsere Erinnerungen, Träume und Ziele nicht in Objekten enthalten sind, sondern in uns selbst. Wir sind nicht das, was wir besitzen, sondern das, was wir tun, was wir denken und wen wir lieben. Indem wir Relikte aus vergangenen Tagen, nicht zu Ende geführte Bemühungen und unerfüllte Fantasien loswerden, machen wir Platz für neue (und *reale*) Möglichkeiten. Statussymbole sind Requisiten für eine vorgetäuschte Version unseres Lebens. Wir müssen diese Dinge loswerden, um Zeit, Energie und Raum zu haben, unser wahres Selbst und unser volles Potenzial zu realisieren.

WENIGER SACHEN = WENIGER STRESS

Denk an all die Lebensenergie, die du für nur einen einzigen Gegenstand, den du besitzen willst, aufwendest: Du planst, das Ding zu besorgen, du liest Bewertungen, hältst nach dem besten Schnäppchen Ausschau, verdienst oder leihst das Geld dafür und kaufst es – im Laden oder online. Du findest einen Platz dafür, lernst, wie man es benutzt, reinigt und instand hält, versicherst es, schützt es, versuchst, es nicht kaputt zu machen, reparierst es und zahlst manchmal sogar noch für die Entsorgung. Jetzt multipliziere das mal mit der Anzahl der Objekte, die du zu Hause hast. Wow! Wie anstrengend!

Der Betreuer all unserer Gegenstände zu sein, kann sich zum Fulltime-Job auswachsen. Genau genommen sind bereits ganze Industrien einzig zu dem Zweck entstanden, uns bei der Verwaltung unseres Krempels zu helfen. Unternehmen machen ein Vermögen damit, uns spezielle Reinigungsmittel zu verkaufen – Waschmittel für unsere Klamotten, Politur für unser Silber, Wachs für unsere Möbel, Druckluftsprays für unsere elektronischen Geräte, Pflegemittel für Leder. Die Versicherungsbranche lebt von unserer Angst, dass unsere Autos, unser Schmuck oder unsere Kunst beschädigt oder gestohlen werden könnten.

Schlüsseldienste, Sicherheitsfirmen und Safe-Hersteller versprechen, unseren Besitz vor Diebstahl zu schützen. Reparaturdienste stehen bereit, unsere Dinge zu reparieren, wenn sie kaputtgehen, und Möbelpacker warten nur darauf, alles zusammenzutragen und irgendwo anders hinzuschleppen.

Mit all der Zeit, dem Geld und der Energie, die dies erfordert, fühlen wir uns irgendwann so, als ob unsere Sachen uns besitzen und nicht andersherum.

Lass uns einen genaueren Blick darauf werfen, wie stark unser Stresslevel mit Gegenständen zusammenhängt. Zuerst machen wir uns Stress, dass wir bestimmte Sachen *nicht besitzen.* Vielleicht haben wir irgendetwas im Laden oder in der Werbung gesehen, und plötzlich können wir uns nicht mehr vorstellen, wie wir bis jetzt ohne diesen Gegenstand leben konnten. Unser Nachbar hat einen, unsere Schwester bekam einen geschenkt, und unser Kollege hat sich erst letzte Woche einen gekauft – Himmel! Sind wir etwa die einzigen Menschen auf diesem Planeten, die so etwas noch nicht besitzen? Ein Gefühl der Entbehrung beginnt, sich in uns breitzumachen …

Als Nächstes machen wir uns also Stress, wie wir dieses Ding erwerben könnten. Leider wird es uns niemand schenken, also müssen wir es wohl oder übel selbst kaufen. Wir fahren von Laden zu Laden (oder surfen von Website zu Website), um die Preise zu vergleichen, und hoffen, dass wir ein Schnäppchen machen können. Uns ist bewusst, dass wir es uns gerade eigentlich gar nicht leisten können, aber wir wollen es unbedingt *jetzt* haben. Also kratzen wir unser Bargeld zusammen, machen

Überstunden oder belasten unsere Kreditkarte in der Hoffnung, dass unsere Finanzen in einigen Wochen wieder besser dastehen.

Dann kommt der wundervolle Tag, an dem wir es schließlich kaufen. Endlich gehört es uns! Die Sonne scheint, die Vögel zwitschern, und der ganze Stress löst sich auf. Richtig? Überlege, was als Nächstes passiert: Jetzt, da wir viel Geld für das Objekt der Begierde hingeblättert haben, müssen wir uns gut darum kümmern. Wir haben uns nicht nur etwas Neues angeschafft, sondern haben uns auch Verantwortung aufgehalst.

Wir müssen sichergehen, dass wir es gut warten und außer Reichweite von Kindern und Haustieren aufbewahren. Wenn wir es selbst benutzen, müssen wir ebenfalls vorsichtig sein, damit wir es nicht zerbrechen oder ruinieren oder beschmutzen. Das klingt verrückt? Wie oft hast du schon ein neues Auto am hintersten Ende des Parkplatzes geparkt? Wie sehr hast du dich geärgert, wenn du doch mal einen Kratzer oder eine Delle am Wagen entdeckt hast? Wie hast du dich gefühlt, als du versehentlich Tomatensoße auf die teure Seidenbluse gespritzt hast?

Dann, wenn irgendetwas schiefläuft – was fast zwangsläufig passieren wird –, machen wir uns Stress, wie wir das Ding wieder in Ordnung bringen können. Wir wälzen Gebrauchsanweisungen oder durchstöbern das Internet nach Rat. Wir kaufen Werkzeuge oder Ersatzteile für die Reparatur oder schleppen das Ding in eine Werkstatt. Oder vielleicht schieben wir das Ganze auch vor uns her, weil wir nicht wissen, was wir jetzt am besten tun sollen – oder weil wir eigentlich am liebsten gar nichts mehr für das Ding tun wollen. Es liegt dann in der Ecke herum oder im Schrank oder im Keller und lastet auf unserer Seele. Vielleicht ist auch gar nichts mit ihm passiert, sondern es hat einfach irgendwann angefangen, uns zu langweilen. Was immer auch geschehen ist, wir fühlen uns ein bisschen schuldig, und uns ist unbehaglich zumute, weil wir so viel Zeit und Geld verschwendet haben. Kurz darauf sehen wir eine andere Werbung und sind gefangen von einer völlig anderen Sache – das hier ist ja sogar noch aufregender als dieses letzte Ding! Und dann geht das Ganze wieder von vorne los …

Wir scheinen nie genug Zeit zu haben – aber vielleicht ist es unser ganzes Zeug, das wir dafür verantwortlich machen müssen. Wie viele kostbare Stunden haben wir schon damit verschwendet, zur Reinigung zu laufen? Wie viele Samstage wurden für Autoreparaturen geopfert? Wie viele freie Tage haben wir investiert, um unsere Sachen zu reparieren oder instand zu halten (oder um auf einen Techniker zu warten)? Wie oft haben wir uns den Kopf zerbrochen (oder unsere Kinder ausgeschimpft) wegen einer zerbrochenen Vase, eines beschädigten Tellers oder eines Schlammspritzers auf unserem Teppich? Wie viel Zeit haben wir investiert, um Reinigungsmittel, Einzel- und Zubehörteile zu kaufen – für die Dinge, die wir schon besitzen?

Wir scheinen nie genug Zeit zu haben – aber vielleicht ist es unser ganzes Zeug, das wir dafür verantwortlich machen müssen.

Lass uns eine Verschnaufpause einlegen und uns daran erinnern, wie sorgenfrei und glücklich wir als junge Erwachsene waren. Nicht zufällig war dieser Abschnitt in unserem Leben vermutlich die Zeit, in der wir am wenigsten besaßen. Das Leben war damals so viel einfacher: keine Hypothek, keine Raten für das Auto, kein Motorboot, das versichert werden musste. Lernen, leben und Spaß haben war weitaus wichtiger, als Dinge zu besitzen. Die Welt lag uns zu Füßen, und alles war möglich! Nun, *diese* Freude können wir als Minimalisten wiedererlangen. Wir müssen lediglich unsere Sachen im Griff haben, sodass sie nicht den Großteil unserer Aufmerksamkeit beanspruchen.

Das bedeutet jedoch nicht, dass wir nun gleich eine Einzimmerwohnung anmieten und sie mit Milchkästen oder Secondhandsofas möblieren müssen. Stattdessen stell Dir einmal vor, dass du nur die Hälfte deiner derzeitigen Sachen besitzt. Wow – was für eine Erleichterung! Das sind fünfzig Prozent weniger Arbeit und Sorgen! Fünfzig Prozent weniger putzen, instand halten und reparieren! Fünfzig Prozent weniger Kreditkartenschulden! Was könntest du alles mit dieser zusätzlichen Zeit und dem Geld anstellen? Geht dir ein Licht auf? Dann beginnst du gerade, die Schönheit des Minimalismus zu erkennen.

WENIGER DINGE = MEHR FREIHEIT

Was wäre, wenn du eine großartige, einmalige berufliche Chance bekämst, dafür allerdings innerhalb einer Woche quer durchs Land ziehen müsstest? Wärst du aufgeregt und würdest du anfangen, Pläne zu schmieden? Oder würdest du dich in deinem Zuhause umschauen und schier verzweifeln beim Gedanken daran, deinen ganzen Kram zusammenpacken, transportieren und dann wieder ausladen zu müssen? Oder, noch schlimmer, wäre das für dich völlig undenkbar? Wie wahrscheinlich wäre es, dass du dich gegen den Umzug entscheidest – schließlich hast du dich hier niedergelassen und eingerichtet, vielleicht wird sich beruflich ja irgendwann noch etwas anderes ergeben?

Besitzen unsere Sachen tatsächlich die Macht, uns an einem Ort festzuhalten? Für viele von uns wird die Antwort auf diese Frage »Ja« lauten.

Dinge können ein Anker sein. Sie können uns örtlich und zeitlich binden und uns davon abhalten, neuen Interessen nachzugehen und neue Talente zu entwickeln. Sie können Beziehungen, beruflichem Erfolg und der gemeinsamen Zeit mit der Familie im Wege stehen. Sie können unsere Energie und unsere Abenteuerlust aufzehren. Hast du schon jemals Besuchern abgesagt, weil es bei dir zu unaufgeräumt war? Hast du ein Fußballspiel eines deiner Kinder verpasst, weil du Überstunden gemacht hast, um die Kreditkartenzahlungen leisten zu können? Hast du jemals auf einen Urlaub verzichtet, weil keiner da war, der das Haus hätte hüten können?

Schau dir einmal all die Dinge an, die sich in dem Raum befinden, wo du dich gerade aufhältst. Stell dir vor, dass jeder einzelne Gegenstand mit einem Stück Seil an dir festgebunden ist. Einige sind an den Armen befestigt, manche an der Taille, andere an den Beinen. (Um den dramatischen Effekt noch zu steigern, kannst du dir auch Ketten vorstellen.) Jetzt versuche, aufzustehen und dich zu bewegen, mit all diesen Sachen, die an dir zerren, dich festhalten und hinter dir scheppern. Nicht ganz einfach, oder? Du wirst wahrscheinlich nicht sehr weit kommen, und es wird nicht lange dauern, bis du aufgibst, dich wieder hinsetzt und feststellst, dass es viel weniger Mühe kostet, dort zu bleiben, wo du jetzt gerade bist.

In ähnlicher Weise kann zu viel Besitz auch auf der Seele lasten. Es ist fast, als ob all diese Objekte ihr eigenes Gravitationsfeld haben und uns kontinuierlich herunterziehen und zurückhalten. In einem vollgestopften Raum fühlen wir uns schwer und lethargisch, zu müde und zu faul, um aufzustehen und irgendetwas zu Ende zu bringen. Aber stell dir nun einen sauberen, hellen, sparsam möblierten Raum vor – herrlich! Wir fühlen uns leicht, befreit, energiegeladen, bereit für alles Mögliche.

Mit diesem schönen Bild im Kopf könnten wir nun in Versuchung geraten, uns für eine schnelle Lösung zu entscheiden und die *Illusion* eines aufgeräumten Raumes zu erschaffen. Wir könnten zum Baumarkt flitzen, ein paar hübsche Behälter kaufen und *augenblicklich* einen Minimalisten-Raum erschaffen. Minimalismus ist *nicht,* alle Gegenstände in Schubladen, Körbe und Behälter zu stopfen. Selbst der Kram, der sich versteckt (sei es im Abstellraum, im Keller oder am anderen Ende der Stadt in einem Lager), ist in unseren Köpfen stets präsent. Um uns mental frei zu machen, müssen wir den Kram komplett loswerden.

Es kann so weit kommen, dass Gegenstände uns nicht nur physisch bedrängen und psychisch ersticken, sondern uns auch finanziell versklaven, durch die Schulden, die wir ihretwegen machen. Je mehr wir uns verschulden, desto unruhiger werden unsere Nächte und desto begrenzter unsere Möglichkeiten. Es ist kein Vergnügen, jeden Morgen aufzustehen und sich zu einem Job aufzuraffen, den man nicht mag, und für Dinge zu bezahlen, die man vielleicht nicht einmal mehr besitzt, benutzt oder überhaupt noch will. Es gäbe da so viel anderes, was man lieber täte!

Wenn wir unser gesamtes Gehalt (und vielleicht noch etwas mehr) für Konsumgüter ausgeben, haben wir keinerlei Rücklagen mehr für andere, erfüllendere Beschäftigungen.

Minimalismus ist *nicht,* alle Gegenstände in Schubladen, Körbe und Behälter zu stopfen.

Reisen ist eine wunderbare Analogie zu der Freiheit eines minimalistischen Lebens. Denk nur daran, was für eine Qual es ist, im Urlaub zwei oder drei schwere Koffer mit sich herumzuschleppen. Du hast schon seit Ewigkeiten auf diese Reise gewartet und als du aus dem Flieger steigst, kannst du es kaum erwarten, alles zu erkunden. Aber halt, nicht so schnell! Erst musst du warten (und warten und warten), bis deine Taschen auf dem Gepäckkarussell auftauchen. Als Nächstes musst du das Gepäck durch den Flughafen schleppen. Du wirst wahrscheinlich den Taxistand ansteuern, weil es viel zu mühselig ist, die riesigen Taschen in die U-Bahn zu bugsieren. Das Sightseeing muss warten – erst musst du unbedingt ins Hotel, um die gewaltige Last loszuwerden. Vielleicht brichst du in deinem Zimmer dann sogar vor lauter Erschöpfung zusammen.

Minimalismus hingegen macht beweglich. Stell dir vor, statt mit schweren Koffern nur mit einem leichten Rucksack zu reisen! Diese Erfahrung ist geradezu berauschend – im positiven Sinne. Du erreichst dein Reiseziel, hüpfst aus dem Flieger und läufst schnell an der Menschenmenge vorbei, die auf ihr Gepäck wartet. Dann kaufst du dir ein günstiges Ticket für die U-Bahn oder den Bus, oder du läufst sogar zu deinem Hotel. Auf dem Weg siehst du schon einige Sehenswürdigkeiten, erlebst die Geräusche und Gerüche einer fremden Stadt. Du bist mobil, flexibel und frei wie ein Vogel. Du kannst deine Tasche überall mit hinnehmen und sie, wenn nötig, in einem Schließfach deponieren. Voller Energie erreichst du schließlich dein Hotel und bist bereit für mehr.

Wenn wir nicht länger an unseren Besitz angekettet sind, können wir das Leben voll auskosten, neue Kontakte knüpfen, nützliche Mitglieder der Gesellschaft sein. Wir sind offener neuen Erfahrungen gegenüber und besser in der Lage, Chancen zu erkennen und daraus resultierende Vorteile zu nutzen. Je weniger Gepäck wir mit uns herumschleppen (sowohl physisch als auch psychisch), desto mehr können wir wirklich leben!

TRENNE DICH VON KREMPEL

Der Zen-Buddhismus lehrt, dass wir, um glücklich zu sein, unsere irdischen Güter loslassen müssen. Der Haiku-Dichter Bashō schrieb sogar, dass er, als sein Haus niedergebrannt war, eine bessere Sicht auf den Mond hatte. Nun, das ist jemand, der sich wirklich von seinen irdischen Gütern gelöst hat!

Wir würden gut damit fahren, eine ähnliche (vielleicht nicht ganz so extreme) Nicht-Bindung an Gegenstände zu entwickeln. Solch eine Einstellung wird es uns um einiges einfacher machen, unser Zuhause zu entrümpeln – und den Schmerz lindern, wenn Sachen uns auf andere Weise genommen werden, wie beispielsweise durch Diebstahl, Hochwasser, Feuer oder eine Naturkatastrophe, auch wenn man diese Erfahrungen natürlich niemandem wünscht!

Deshalb werden wir dieses Kapitel dafür verwenden, uns mental darauf vorzubereiten, die Fesseln zu lösen, die unsere Gegenstände uns angelegt haben. Um unsere Ziele zu erreichen, müssen wir uns zunächst dehnen, lockern und in Form bringen. Auf den nächsten Seiten werden wir unsere Minimalisten-Muskeln aufbauen und die psychische Stärke und Flexibilität erreichen, die wir für den Showdown mit unserem Kram brauchen werden.

Wir werden mit etwas Einfachem beginnen, um uns aufzuwärmen: Wir stellen uns unser Leben ohne das ganze Zeug vor. Ein Kinderspiel – wir müssen es uns nämlich nicht einmal vorstellen, sondern können uns daran *erinnern.*

Viele von uns erinnern sich an die Zeit, als wir junge Erwachsene waren, als die glücklichsten und sorgenfreisten Jahre in unserem ganzen Leben. Es war egal, dass wir in einer winzigen Wohnung lebten (manchmal mit zwei oder drei anderen Leuten zusammen) und nur wenig Geld besaßen. Es war egal, dass wir uns keine Designerklamotten, schicke Uhren oder elektronische Geräte leisten konnten. Alle unsere Besitztümer passten in wenige Kisten, und wir mussten uns weder um Autoreparaturen und Instandhaltungsarbeiten kümmern noch zur Textilreinigung gehen. Unser Sozialleben war wichtiger, und das wenige, das wir besaßen, spielte nur eine untergeordnete Rolle in unserem Leben.

Du denkst, diese Freiheit gehört der Vergangenheit an? Nicht unbedingt! Viele von uns bekommen die Chance, ihr Leben »ohne Zeug« ein- oder zweimal im Jahr wieder aufleben zu lassen – nämlich im Urlaub. Das englische Wort für Urlaub, »vacation«, kommt von dem lateinischen Wort »vacare«, was »leer sein« bedeutet. Kein Wunder also, dass wir es lieben, von allem einmal wegzukommen!

Denk an das letzte Mal, als du campen warst. Du hast alles, was du brauchtest, in deinem Marschgepäck getragen. Dein Aussehen war dir ziemlich egal, und du kamst gut mit den Klamotten aus, die du am Leib trugst. Du hast dein Abendessen in einem Campingtopf über offenem Feuer gekocht und brauchtest nichts weiter als Teller, Tasse und Gabel, um es zu genießen. Dein Zelt – die einfachste Unterkunft überhaupt – hielt dich warm und trocken. Deine wenigen Habseligkeiten harmonierten perfekt mit deinen Bedürfnissen und ließen dir reichlich Zeit zum Entspannen und um mit der Natur im Einklang zu sein.

Also warum brauchen wir so viel *mehr,* wenn wir in unser »richtiges« Leben zurückkehren? Tja, das tun wir eigentlich gar nicht, und das ist auch das Anliegen dieser Übungen: Wir werden erkennen, dass viele unserer Sachen für unsere Gesundheit und unser Glück nicht relevant sind.

Nach dieser Lockerungsübung lass uns einen Gang zulegen: Stell dir vor, dass du ins Ausland ziehst. Fang gar nicht erst an, eine Self-Storage-Firma in deiner Stadt anzurufen, denn es wird ein Umzug für immer sein. Der Transport von Gegenständen einmal rund um den Globus ist aufwendig und kostspielig, also musst du deinen Besitz auf das Wichtigste reduzieren.

Überprüfe deinen Hausrat und entscheide dann Stück für Stück, was du behalten wirst. Würde die alte, kaputte Gitarre dazugehören? Was ist mit der Keramiktiere-Sammlung? Würdest du kostbaren Laderaum verschwenden für den hässlichen Pullover, den du vor drei Jahren zu Weihnachten bekommen und niemals getragen hast? Für die Schuhe, die nach fünfzehn Minuten drücken? Für das Ölgemälde, das du geerbt hast, aber niemals mochtest? Natürlich nicht! Fühlt sich das nicht gut an? Es ist erstaunlich, was du alles wegschmeißen kannst, wenn du plötzlich die »Erlaubnis« dazu hast.

Okay, du bist jetzt gut in Form, also lass uns eine richtig schwierige Situation analysieren: Es ist mitten in der Nacht, und du erwachst plötzlich durch den schrillen Ton des Feueralarms. O Schreck! Dir bleiben wenige Minuten – vielleicht nur Sekunden – um zu entscheiden, was du retten willst.

Zugegebenermaßen hast du in dieser Lage nur wenige Entscheidungsmöglichkeiten und wirst dich hauptsächlich auf deinen Instinkt verlassen müssen. Wenn du genug Zeit hast, könntest du dir ein paar wichtige Ordner schnappen, das Familienfotoalbum und vielleicht deinen Laptop. Aber es ist wahrscheinlicher, dass du all dein Zeug opfern musst, um dich selbst, deine Familie und deine Haustiere lebend aus dem Haus zu retten. In dem Moment wirst du dich kein bisschen um all diese *Gegenstände* scheren, die dich in der Vergangenheit so gründlich aufgezehrt haben.

Puh! Lass uns eine kurze Pause einlegen, um das Herzrasen unter Kontrolle zu bringen. Der Herzschlag wird wieder langsamer … immer langsamer … langsamer … bis unser Herz schließlich ganz aufhört zu schlagen. WAS?

Sosehr wir es auch hassen, darüber nachzudenken, so definitiv wird unsere Zeit hier auf Erden eines Tages enden, und leider kann das auch schneller passieren, als wir es erwarten. Und was wird danach passieren? Leute werden unseren Kram durchsehen. Du lieber Himmel! Wie peinlich, ein Glück, dass wir nicht mehr rot werden können.

Ob es dir gefällt oder nicht, die Dinge, die wir zurücklassen, werden ein Teil unseres Erbes sein, und ich kann mir nicht vorstellen, dass einer von uns seinen Liebsten als Trödelsammler oder Sammelwütiger im Gedächtnis bleiben möchte. Würdest du nicht lieber als eine Person in Erinnerung bleiben, die leicht und würdevoll gelebt hat – nur mit den nötigsten Alltagsgegenständen und einigen wenigen, aber dafür besonderen Dingen?

Nimm dir die Zeit und katalogisiere mental deinen »Besitz«. Welche Geschichten erzählen deine Sachen über dich? Hoffentlich nicht: »Gute Güte, sie hatte offenbar einen ziemlichen Hang zu Vorratsdosen«, oder: »Merkwürdig, ich wusste gar nicht, dass er alte Kalender gesammelt hat.« Tu deinen Erben den Gefallen, sich nach deinem Ableben nicht durch ein Haus voller Krempel durchkämpfen zu müssen. Sonst wirst du wahrscheinlich, wenn du aus dem Jenseits hinabblickst, Fremde sehen, die sich bei einem Flohmarkt in deinem Hof durch deine »Schätze« wühlen.

Im Ganzen gesehen sind unsere Sachen gar nicht so wichtig.

In Ordnung, ich verspreche dir, keine Schwarzmalerei mehr – das hier ist ein fröhliches Buch! Es ging mir nur darum zu zeigen, dass uns ein besonderes Ereignis (sei es ein Urlaub oder ein Unglück) aus unserer täglichen Routine reißen und dabei helfen kann, alles wieder ins rechte Licht zu rücken. Solche Szenarien helfen uns zu erkennen, dass im Ganzen gesehen unsere Sachen gar nicht so wichtig sind, und mit dieser Erkenntnis können wir die Macht abschwächen, die sie über uns haben, und bereit (und gewillt) sein loszulassen.

SEI EIN GUTER WÄCHTER

Eines meiner liebsten Minimalisten-Zitate stammt von dem britischen Schriftsteller und Architekten William Morris: *»Habe nichts in deinem Haus, von dem du nicht weißt, dass es nützlich ist, oder du glaubst, dass es schön ist.«* Das ist ein wunderbarer Gedanke, aber wie setzen wir ihn in die Tat um? Schließlich lassen wir ja nicht absichtlich etwas Nutzloses oder Hässliches in unser Zuhause. Trotzdem finden diese unliebsamen Gegenstände irgendwie ihren Weg hinein. Die Lösung: Werde ein guter Wächter.

Das Konzept ist ziemlich unkompliziert. Dinge können auf zweierlei Art zu uns kommen: Wir kaufen sie, oder sie werden uns gegeben. Ganz egal, was wir gerne glauben würden, aber sie schlüpfen nicht einfach so hinein, wenn wir einmal gerade nicht hingucken. Sie materialisieren sich nicht einfach so aus der Luft und vermehren sich auch nicht hinter unserem Rücken (außer vielleicht die Büroklammern und die Vorratsdosen). Nein, die Verantwortung lastet einzig auf unseren Schultern: *Wir* haben sie hineingelassen.

Während du deine Besitztümer beurteilst, stell dir die Frage, wie jeder einzelne Artikel in dein Leben gekommen ist. Hast du ihn ausgesucht, für ihn bezahlt und ihn ganz aufgeregt mit in dein Haus oder in deine Wohnung genommen? Ist er dir von der Konferenz in Chicago gefolgt oder von der Reise nach Hawaii? Oder kam er, getarnt mit buntem Papier und hübscher Schleife, hineingeschlichen?

Alles, was wir tun müssen, ist, innezuhalten und zu überlegen »Warum?«, bevor wir etwas kaufen.

Unser Zuhause ist unsere Burg, und wir verwenden eine Menge Ressourcen, um es zu verteidigen. Wir versprühen allerlei Mittelchen, um Insekten fernzuhalten, installieren Luftfilter, um Schadstoffe abzuwehren und besitzen Sicherheitssysteme, um Einbrecher abzuschrecken. Aber was fehlt? Ein »Dinge-Blocker«, um Krimskrams draußen zu halten! Da es so etwas meines Wissens nach leider noch nicht zu kaufen gibt, müssen wir die Angelegenheit wohl selbst in die Hand nehmen.

Wir besitzen die Macht, völlige Kontrolle über das, was wir kaufen, auszuüben. Lass deine Abwehr nicht schwächer werden, wenn etwas in deinen Einkaufswagen rutscht – kein Artikel darf ohne eingehendes Verhör bis zur Kasse vordringen. Frage in deinem Kopf jede potenzielle Anschaffung Folgendes: »Verdienst du einen Platz in meinem Zuhause?«, »Welchen Nutzen bringst du meinem Haushalt?«, »Wirst du mein Leben einfacher machen?«, »Wirst du mir eher Schwierigkeiten bereiten, als mir von Nutzen zu sein?«, »Habe ich einen Platz, wo ich dich hinstellen könnte?«, »Habe ich bereits etwas, das so ist wie du?«, »Werde ich dich immer behalten wollen, oder zumindest für eine sehr lange Zeit?«, »Wenn nicht, wie schwer wird es sein, dich wieder loszuwerden?« Die letzte Frage rettete mich davor, einen Koffer voll Souvenirs aus Japan nach Hause zu schleppen – denn wenn etwas erst einmal einen Erinnerungswert hat, ist es schwierig, diesen Mist wieder loszuwerden.

Es ist gar nicht so schwer! Alles, was wir tun müssen, ist, innezuhalten und zu überlegen »Warum?«, bevor wir etwas kaufen.

Aber was ist mit all den Dingen, die wir uns nicht selbst *ausgesucht* haben und die wir häufig nicht einmal haben wollten? (Geschenke und Werbeartikel, ich schaue euch an!) Es kann hart sein oder unhöflich wirken, sie nicht anzunehmen, aber wenn sie erst einmal den Aufenthalt in unserem Zuhause beansprucht haben, ist es sogar noch schwieriger, sie wieder auszuquartieren.

Die beste Verteidigung ist ein guter Angriff, besonders, was Werbegeschenke anbelangt. Zu lernen, sie höflich abzulehnen, ist eine wertvolle Methode, die sich häufiger als du denkst als nützlich erweisen wird. Verzichte auf Magnete, Stifte und Briefbeschwerer mit Unternehmenslogos und lass dir stattdessen eine Visitenkarte geben. Lehne die Kosmetikproben im Einkaufszentrum ab (hey, warte mal – was hast du eigentlich im Einkaufszentrum gemacht?) und die Reinigungsmittel in Probiergröße aus dem Supermarkt. Und lass bitte diese kleinen Lotionen und Shampoos im Hotel, wo sie hingehören – außer wenn du ernsthaft beabsichtigst, sie zu *benutzen,* ansonsten lass dieses Minigerümpel nicht in deine Schränke!

Geschenke erfordern einen anderen Plan. Wenn du eines erhältst, ist Zurückweisung in der Regel keine Option. Ich fand es immer am besten, sie freundlich anzunehmen, ohne es allerdings mit der Dankbarkeit zu übertreiben (ansonsten wirst du beim nächsten Mal noch mehr erhalten!). Wir müssen unsere Bemühungen dann darauf richten zu verhindern, dass wir neue bekommen, indem wir uns dem Austausch von Geschenken entziehen – und uns mit den Sachen beschäftigen, die wir erhalten haben, aber nicht haben wollen. Dieses schwierige Terrain werden wir im Detail im Kapitel »Geschenke, Erb- und Erinnerungsstücke, an denen man hängt« ab Seite 237 zu erobern versuchen.

Um ein guter Wächter zu sein, musst du dein Haus als heiligen Ort ansehen, nicht als Lagerraum. Du bist nicht verpflichtet, jedem dahergelaufenen Objekt, das deinen Weg kreuzt, Unterschlupf zu gewähren! Wenn eines versucht hineinzuschleichen oder seinen ganzen Charme einsetzt, um hineinzugelangen, denk daran, dass du die Macht hast, den Eintritt zu verweigern. Wenn der Gegenstand deinem Leben hinsichtlich Funktion oder Schönheit nichts nützt, hänge das »Voll belegt«-Schild an deine Tür. Eine einfache Zurückweisung im Vorfeld wird dir zukünftig Tonnen von Krempel ersparen

LERNE, PLATZ ZU SCHÄTZEN

Ich hoffe, du magst Zitate, weil ich dieses Kapitel mit einem weiteren meiner Lieblingszitate beginnen werde: »Musik ist der Raum zwischen den Noten.« Meine Interpretation der Worte des Komponisten Claude Debussy: Schönheit verlangt nach einem gewissen Maß an Leere, um gewürdigt werden zu können, andernfalls entstehen Chaos und Missklang.

Für unsere Zwecke geben wir dieser Idee einen Minimalisten-Dreh und sagen: »Das Leben ist der Raum zwischen unseren Gegenständen.« Zu viele Dinge können unsere Kreativität unterdrücken und unser Leben disharmonisch machen. Umgekehrt: Je mehr Platz wir haben, desto schöner und harmonischer können wir leben.

Platz: Er ist nicht alles – wirklich nicht –, aber wir scheinen trotzdem nie genug davon zu haben. Der Mangel daran bekümmert uns, und eigentlich würden wir fast alles dafür tun, um mehr Platz in unserem Zuhause zu haben, mehr Platz in unseren Kleiderschränken, mehr Platz in unseren Garagen. Wir erinnern uns daran, dass wir irgendwann einmal mehr davon hatten, und sein Schwinden ist ein Grund zur Sorge. Wir schauen uns um und fragen uns: »Wo ist all unser Platz hin?«

Wir haben noch schöne Erinnerungen daran, wie es in unserem Zuhause am Tag unseres Einzugs aussah. Oh, all der herrliche Platz! Aber was ist damit passiert? Es sieht nicht mehr annähernd so beeindruckend aus, wie wir es in Erinnerung haben. Nun ja, unser Platz ist nirgendwo hingegangen. Er ist immer noch genau da, wo er war. Der Platz hat sich nicht verändert, sondern unsere Prioritäten. Wir haben uns so sehr auf irgendwelche Gegenstände konzentriert, dass wir den Platz dabei völlig aus den Augen verloren haben. Wir haben vergessen, dass sich Platz und Dinge gegenseitig ausschließen und dass für jedes neue Objekt in unserem Heim etwas Platz verschwindet. Wir legen mehr Wert auf unsere Gegenstände als auf unseren Platz.

Aber hier kommt die gute Nachricht: Platz mag leicht verloren gehen, aber er lässt sich genauso einfach wieder zurückerobern. Werde einen Gegenstand los – Platz! Werde noch etwas anderes los – noch mehr Platz! Schon bald addieren sich all diese kleinen Plätze zu einem großen, und wir können uns tatsächlich wieder freier bewegen. Mache dir diesen neu entdeckten Raum ruhig für einen kleinen Freudentanz zunutze!

Wir müssen uns immer wieder vor Augen halten, dass die Anzahl der Dinge, die wir überhaupt besitzen *können*, begrenzt ist. Sie ist abhängig von der Größe des Raumes, der uns zur Verfügung steht, und kein Stopfen, Zusammendrücken, Schieben oder Zerren wird etwas daran ändern. Wenn du es für sinnvoll hältst, packe einigen Kram in »magische« Vakuumbeutel – aber selbst diese müssen irgendwohin. Deshalb kannst du, wenn du in einer kleinen Wohnung lebst oder nicht viele Schränke besitzt, nicht viele Sachen in dein Zuhause bringen. Punkt.

Den Raum, der uns zur Verfügung steht, *müssen* wir nicht komplett vollstopfen. Denke daran, dass Platz den gleichen Stellenwert hat wie Gegenstände (oder einen größeren, das hängt ganz von deiner Sichtweise ab). Wenn du in einem vierhundert Quadratmeter großen Haus lebst, kann dich niemand zwingen, die gesamte Fläche vollzustopfen. Wenn du das Glück hast, einen begehbaren Kleiderschrank zu besitzen, brauchst du ihn keinesfalls komplett vollzupacken. Wirklich nicht! Du wirst sogar viel leichter leben und atmen können, wenn du das nicht tust.

Platz mag leicht verloren gehen, aber er lässt sich genauso einfach wieder zurückerobern.

Wir haben in der Einleitung ein bisschen über den Nutzen von Behältern gesprochen und dass sie *leer* am nützlichsten sind. Wenn wir einen Tee genießen wollen, brauchen wir eine leere Tasse. Wenn wir ein Gericht zubereiten wollen, brauchen wir einen leeren Topf. Wenn wir Tango tanzen wollen, benötigen wir einen leeren Raum.

Gleichermaßen sind unsere Domizile die Behälter unseres häuslichen Lebens. Wenn wir entspannen, etwas gestalten oder mit unseren Kindern spielen wollen, brauchen wir ein gewisses Maß an freiem Raum. Alternativ können wir über unser Zuhause so denken, dass es die Bühne unseres Lebens ist. Für die beste Vorstellung müssen wir uns frei bewegen und uns frei ausdrücken können. Es macht bestimmt keinen Spaß (noch ist es besonders anmutig), wenn wir über die Requisiten stolpern.

Genauso brauchen wir Platz für unsere Ideen und Gedanken – ein nicht aufgeräumter Raum führt normalerweise auch zu einem unaufgeräumten Geist. Sagen wir, du sitzt auf deinem Sofa, vielleicht liest du ein Buch oder hörst Musik, und ein wirklich tiefgründiger Gedanke überkommt dich: Vielleicht hattest du eine Erkenntnis über die Natur des Menschen, oder du bist nahe daran, den Sinn des Lebens aufzudecken. Du bist tief in Gedanken versunken, enträtselst gerade die Geheimnisse der Menschheit, als dein Blick plötzlich auf den Zeitschriftenstapel auf dem Wohnzimmertisch oder auf den Wäschekorb in der Ecke fällt. »Hm, das muss ich dringend erledigen«, denkst du. »Ob ich dafür vor dem Abendessen noch Zeit habe …?« Dein Geist macht augenblicklich einen Schlenker, und dein Gedankengang ist verloren – und mit ihm dein Vermächtnis als großer Philosoph.

Natürlich musst du nicht Aristoteles nacheifern, um eine ordentliche Umgebung zu schätzen zu wissen. Selbst viel alltäglichere Aktivitäten profitieren immens von Platz und Übersichtlichkeit. Beispielsweise ist es viel einfacher, deinem Partner oder deinem Kind deine volle Aufmerksamkeit zu schenken, wenn nicht eine Million Sachen um dich verstreut herumliegen, die dich durcheinanderbringen und ablenken.

Das ist eigentlich sogar das Beste am Platz: Er rückt die Gegenstände (und Menschen), die wirklich besonders für uns sind, ins Scheinwerferlicht. Wenn du ein wunderschönes Gemälde besäßest, würdest du es auch nicht mit anderem Dekor »bedrängen« – du würdest es für sich allein aufhängen, mit genug Platz drumherum, um es zur Geltung zu bringen. Eine herrliche Vase würdest du nicht unter einem Haufen von Ramsch begraben – du würdest sie allein für sich auf einen Ständer stellen. Wir müssen das, was uns wichtig ist, mit Respekt behandeln – was im Klartext bedeutet, dass wir all die Sachen, die nicht so wichtig sind, entfernen sollten.

Indem wir Platz bei uns zu Hause schaffen, richten wir den Fokus wieder auf das Wesentliche: auf das, was wir tun, anstatt auf das, was wir besitzen. Das Leben ist zu kurz, um es damit zu vergeuden, sich über Zeug aufzuregen. Wenn wir einmal alt und grau sind, werden wir nicht poetisch über die Gegenstände schwärmen, die wir einst besaßen, sondern eher über das reden, was wir in den Räumen dazwischen getan haben.

GENIESSE, OHNE ZU BESITZEN

Was wäre, wenn dir jemand die *Mona Lisa* anbieten würde – unter der Bedingung, dass du sie nicht verkaufen dürftest? Na klar, du hättest dann die Möglichkeit, ein atemberaubendes Gemälde vierundzwanzig Stunden am Tag zu bestaunen. Aber genauso würde plötzlich die Verantwortung für einen der größten Schätze der Menschheit auf deinen Schultern lasten. Es wäre eine Mammutaufgabe, das Bild vor Diebstahl zu sichern, es sauber zu halten, vor Sonnenlicht zu schützen und auf die optimale Temperatur und Luftfeuchtigkeit zu achten. Ebenso müsstest du mit dem ständigen Andrang von Kunstliebhabern fertigwerden, die es anschauen wollen. Sehr wahrscheinlich würde jegliche Freude, die du durch den Besitz erlangt hast, durch die Last der Verwahrung und Instandhaltung verdrängt werden. Innerhalb kürzester Zeit dürfte dir das geheimnisvolle Lächeln nicht mehr so charmant erscheinen.

Wenn wir also genau darüber nachdenken – vielen Dank, aber kein Bedarf! Soll sie lieber im Louvre bleiben!

Wir haben das große Glück, Zugang zu vielen Meisterwerken der Menschheit zu haben, ohne sie selbst besitzen zu müssen. Unsere Städte sind solch fantastische Orte der Kunst, Kultur und

Unterhaltung, dass wir keine künstlichen Nachahmungen innerhalb unserer vier Wände erschaffen müssen.

Diese Lektion lernte ich vor Jahren, als ich gerade das College beendet hatte. Ich hatte Kunstgeschichte studiert und in Teilzeit in einer zeitgenössischen Kunstgalerie gearbeitet. Ich besuchte viele Ausstellungen, las Dutzende Monografien und hielt mich durchaus für eine Kennerin meines Fachs. Als ich die Chance erhielt, einen Druck eines renommierten Künstlers zu erwerben, ergriff ich die Gelegenheit beim Schopfe. Es war ein großer Schritt in meinem jungen Erwachsenenleben – ich war auf dem Weg, eine Kunstsammlerin zu werden!

Die Freude am Kauf schwand allerdings ein wenig, als ich mit der Verantwortung (und den Kosten) konfrontiert wurde – der Druck musste konservatorisch mattiert und angemessen gerahmt werden. Als Nächstes musste ich überlegen, wo ich ihn hinhängen würde. Natürlich hatte ich vorher nicht darüber nachgedacht, wie ein modernes Kunstwerk in meiner Altbauwohnung aussehen würde. Genauso wenig hatte ich Dinge wie Ausleuchtung, Blendungen und Blickachse bedacht. Am Ende entschied ich mich für den Ehrenplatz über dem Kamin. Obwohl der Druck nicht so ganz mit den altmodischen Kacheln harmonierte, wollte ich ihn als Herzstück meines Dekors präsentieren. Ich hatte schließlich eine Menge Geld dafür bezahlt!

Als ich all diese Punkte abgearbeitet hatte, war ich endlich in der Lage, mich zurückzulehnen und meinen Schatz zu bewundern. Und nun stell dir meine Überraschung vor, als ich eines Tages ein kleines schwarzes Insekt entdeckte – genau in der Mitte meines wertvollen Drucks! Es war mir ein Rätsel, wie es unter das Glas gekommen war, aber es gab nichts, was ich dagegen hätte tun können, außer es einfach dabei zu belassen.

Nichtsdestotrotz war ich sehr stolz auf meinen Druck, und als ich umzog, verpackte und transportierte ich ihn besonders vorsichtig. Der Mietvertrag meiner neuen Wohnung untersagte es, etwas an die Wände zu hängen, deshalb stellte ich das Kunstwerk wenig glamourös auf den Boden. Nach etlichen weiteren Umzügen war mein Enthusiasmus dahin, den Druck immer mit mir herumzuschleppen und Plätze zu finden, wo ich ihn präsentieren könnte. Er verbrachte fünf Jahre in Luftpolsterfolie eingewickelt und in einen Schrank gestopft, bis ich ihn schließlich verkaufte. Damals beschloss ich, künftig den Museen die Kunst zu überlassen und sie einfach dort zu genießen.

Wege zu finden, »etwas zu genießen, ohne es zu besitzen«, ist einer der Schlüssel zu einem minimalistischen Zuhause. Ein typisches Beispiel sind diese schicken Kaffeevollautomaten. Theoretisch scheint es großartig (und ein bisschen dekadent) zu sein, sich jederzeit eine dampfende Tasse schaumigen Gourmetkaffees zubereiten zu können. In Wirklichkeit nehmen die Dinger in erster Linie Platz weg, und ihre Reinigung ist ein Albtraum. Und um dem Ganzen noch die Krone aufzusetzen, scheint der Kaffee nie so gut zu schmecken wie im Café. Irgendwie ist es nicht so etwas *Besonderes,* wenn wir es immer haben können. Nachdem wir einige Male Barista gespielt haben, erkennen wir, dass es mehr Spaß macht, ins Café zu gehen und das Ambiente zu genießen, während wir an unserem leckeren Cappuccino nippen.

Wenn wir ein Leben als Minimalist anstreben, müssen wir der Versuchung widerstehen, in unserem Zuhause die Außenwelt innerhalb unserer Behausung nachahmen zu wollen. Anstatt die Ausrüstung für ein Heimkino, einen Fitnessraum oder einen Pool anzuschaffen (und instand zu halten), geh lieber ins Kino, zum Joggen, in den Park oder ins Freibad. Auf diese Weise kannst du dich an den Aktivitäten erfreuen, ohne die ganzen dazugehörigen Utensilien zu besitzen und dich um sie kümmern zu müssen.

Wenn wir ein Leben als Minimalist anstreben, müssen wir der Versuchung widerstehen, in unserem Zuhause die Außenwelt nachahmen zu wollen.

Wenn du besonders anfällig dafür bist, hübsche Dinge zu kaufen, dann mache »genieße, ohne zu besitzen« zu deinem Mantra, während du shoppen gehst. Bewundere die Feinheit einer Glasfigur, die Metallarbeit eines antiken Armkettchens oder die leuchtenden Farben einer Vase, aber anstatt jenen Gegenstand mit nach Hause zu nehmen, lass ihn in der Vitrine. Stell dir vor, du wärst in einem Museum: Nutze die Gelegenheit, die Schönheit und das Design eines Objekts zu bewundern, ohne die Möglichkeit in Erwägung zu ziehen (oder den Zwang zu verspüren), es zu besitzen. Ich tue dasselbe, wenn ich im Internet surfe, und es befriedigt mich hinreichend, Bilder anzusehen, ohne die Gegenstände tatsächlich besitzen zu wollen/müssen.

In unserem Bestreben, Minimalisten zu werden, wollen wir unseren Besitz reduzieren. Glücklicherweise haben wir genug Chancen, das zu tun – wir müssen lediglich einige unserer Hobbys und Vergnügungen in die Öffentlichkeit verlegen. Das hat sogar einen wunderbaren Nebeneffekt: Wenn wir Parks, Museen, Kinos und Cafés besuchen, anstatt zu versuchen, ähnliche Erfahrungen in unserem Zuhause nachzuahmen, werden wir sozial aktiver und engagierter. Indem wir die Mauern von Dingen um uns herum niederreißen, sind wir in der Lage, nach draußen in die Welt zu treten und frische, direkte und bereichernde Erfahrungen zu genießen.

DIE FREUDE AM GENUG

Der chinesische Philosoph Laozi, Autor des *Tao Te King,* schrieb: »Reich ist, wer weiß, dass er genug hat.«

Genug – das ist ein heikles Konzept. Was für einen genug ist, kann zu wenig für den Nächsten und zu viel für einen anderen sein. Die meisten von uns würden der Aussage zustimmen, dass wir genug Nahrung, Wasser und Kleidung haben und dass unsere Unterkunft ausreicht, um unseren Grundbedürfnissen gerecht zu werden. Und jeder, der dieses Buch liest, hat vermutlich das Gefühl, genug Dinge zu besitzen. Also warum verspüren wir immer noch das Bedürfnis, *mehr* kaufen – und besitzen – zu müssen?

Lass uns das Wort »genug« genauer unter die Lupe nehmen. Thefreedictionary.com definiert es als »so, dass die vorhandene Menge ausreicht, um alle Bedürfnisse zu befriedigen«. Das Problem ist nur, selbst wenn all unsere Bedürfnisse gestillt sind, gibt es da immer noch unsere Wünsche und Sehnsüchte. Um das Glück am »Genug« zu erfahren, müssen wir uns auf sie konzentrieren. Es ist eigentlich sogar ziemlich simpel: Glück ist, das zu wollen, was du hast. Wenn deine Bedürfnisse durch die Sachen, die du bereits besitzt, befriedigt sind, gibt es keinen Grund, sich weitere anzuschaffen. Aber Bedürfnisse können lästige, kleine

Begleiter sein, und um sie steuern zu können, müssen wir verstehen, was sie antreibt.

Wenn unsere Grundbedürfnisse einmal gedeckt sind, hängt unser Glück kaum noch davon ab, wie viel wir besitzen.

Stellen wir uns einmal vor, dass wir irgendwo im Nirgendwo leben, ohne Fernseh- oder Internetanschluss, ohne Zeitschriften oder Zeitungen. Wir leben spartanisch, sind aber völlig zufrieden mit dem, was wir haben. Uns ist warm, wir sind satt und sicher vor den Naturgewalten. Um es einfach auszudrücken: Wir haben genug. Dann baut eines Tages eine Familie nebenan ein Haus, das größer als unseres und mit mehr Dingen ausgestattet ist. Plötzlich sieht unser »genug« ganz schön schäbig aus. Noch mehr Familien ziehen in unsere Nähe, sie alle besitzen unterschiedliche Häuser, Autos und Gegenstände. Ach herrje, uns ist nie zuvor aufgefallen, wie viel wir *nicht* besaßen! Ein Satellitenanschluss verschafft uns Fernsehen und Internet, und so können wir einen Blick in das verschwenderische Leben der Reichen und Berühmten erhaschen. Wir besitzen immer noch unser altes »genug«, aber jetzt können wir gar nicht mehr anders, als uns benachteiligt zu fühlen.

Was ist passiert? Wir sind Opfer des klassischen Dilemmas geworden, immer mit anderen mithalten zu müssen. Plötzlich bewerten wir unser »genug« nicht mehr unter objektiven Gesichtspunkten (Ist unser Haus groß genug für unsere Familie?), sondern in Relation zu anderen (Ist unser Haus so schön, groß oder neu wie das nebenan?). Das Problem ist kompliziert, denn es führt in eine teuflische Spirale: Wenn wir es endlich auf das Niveau unserer Nachbarn geschafft haben, entdecken wir bestimmt im nächsten Haus etwas, das wir noch nicht haben. Seien wir ehrlich: Es wird *immer* jemanden geben, der mehr hat als wir. Also sofern wir nicht ernsthaft das Ziel verfolgen, die reichsten Leute auf diesem Planeten zu werden, ist es völlig sinnlos, unseren »Wohlstand« im Verhältnis zu anderen zu definieren. Interessanterweise sind selbst Milliardäre nicht gegen dieses Phänomen immun – auch sie wollen immer noch die größere Jacht und das teurere Auto. Wenn nicht einmal die Superreichen je zufrieden sind mit den Dingen, die sie besitzen, dann stellt sich doch die berechtigte Frage: *Was soll das Ganze?*

Tatsache ist, dass, wenn unsere Grundbedürfnisse einmal gedeckt sind, unser Glück kaum noch davon abhängt, wie viel wir besitzen. Über diesen Punkt hinaus lässt der Grenznutzen (oder die Zufriedenheit), der durch den Konsum zusätzlicher Güter erzielt wird, rapide nach, und bei dem, was Wirtschaftswissenschaftler den »Sättigungspunkt« nennen, wendet er sich sogar ins Negative. (Vielleicht ist das der Grund, warum du dieses Buch liest!) Deshalb befriedigt uns »mehr« in der Regel nicht – und in manchen Fällen kann es uns sogar unglücklicher machen. Das Bedürfnis der Verbraucher, den anderen eine Nasenlänge voraus zu sein, ist demzufolge ein Hütchenspiel – die einzigen Gewinner sind die Firmen, die ihre Waren verkaufen. Eigentlich wären wir glücklicher, entspannter und zufriedener, wenn wir uns von dem Streben nach »mehr« vollkommen freimachen könnten.

Eine Haltung der Dankbarkeit zu entwickeln ist weitaus vorteilhafter für eine minimalistische Lebensweise. Wenn wir den Wohlstand in unserem Leben erkennen und zu schätzen lernen, was wir haben, werden wir nicht mehr nach noch mehr streben. Wir müssen uns lediglich auf das konzentrieren, was wir haben, anstatt auf das, was wir nicht haben. Wenn wir uns schon mit jemand anderem vergleichen, müssen wir uns weltweit umschauen. Wir müssen diejenigen, denen es schlechter geht, genauso sehen wie jene, denen es besser geht. Während wir uns vielleicht im Vergleich zu den Wohlhabenderen in unserem Land sozial benachteiligt fühlen, so leben wir doch wie Könige, wenn wir die Lebensbedingungen vieler anderer Menschen auf dieser Erde betrachten.

Ich war lange Zeit unzufrieden, weil es in meinem Haus nur ein einziges Badezimmer gab. Wie lästig, wenn man auf die Toilette muss und jemand gerade duscht! Wie unangenehm, das Badezimmer mit Besuchern zu teilen! Dann bekam ich eines Tages ein wunderbares Buch in die Finger: *So lebt der Mensch – Familien in aller Welt zeigen, was sie haben* von Peter Menzel. Es zeigt Durchschnittsfamilien auf der ganzen Welt, die vor ihren Häusern fotografiert wurden – mit all ihren Besitztümern um sich herum ausgebreitet. Wenn du dich jemals benachteiligt fühlen solltest, schlage dieses Buch auf. Es öffnet einem wirklich die Augen, wie wenig viele Menschen besitzen. Ich erfuhr, dass selbst eine

Innentoilette in manchen Teilen der Welt eine Seltenheit ist. Das verschaffte mir eine neue Sichtweise auf meinen relativen Wohlstand und ließ mich erkennen, wie glücklich ich mich schätzen kann, überhaupt ein Badezimmer zu haben.

Jetzt, da wir ein besseres Verständnis davon haben, wo wir in der Welt stehen (nicht nur im Vergleich mit Prominenten und unseren Nachbarn), lass uns unsere Erörterung über das »genug« mit einer kleinen Übung abschließen. Alles, was du dafür brauchst, sind Papier und Stift (oder deinen Computer, wenn dir das lieber ist). Bist du bereit? Geh durch dein Zuhause und mach eine Liste von allem, was du besitzt. Ich weiß, dass einige jetzt ungläubig auf diese Seite starren werden, aber nein, das soll kein Witz sein. Mach eine Liste und schreib jedes Buch, jeden Teller, jede Gabel, jedes Hemd, jeden Schuh, jedes Bettlaken, jeden Stift, jeden Krimskrams, kurzum, jedes einzelne Objekt hinein, das sich bei dir zu Hause befindet. Zu schwierig? Versuche es zunächst einmal mit nur einem Raum. Immer noch zu viel? Wie wär's mit einer *Schublade?* Es ist ziemlich erdrückend, nicht wahr? *Hast du immer noch das Gefühl, dass du nicht genug besitzt?*

LEBE BESCHEIDEN

Mahatma Gandhi sagte einst: »Lebe einfach, damit andere einfach nur leben können.« Und dies ist der wohl bedeutendste Ansporn für eine minimalistische Lebensweise.

Wir teilen uns diese Welt mit mehr als sieben Milliarden Menschen. Unser Raum und unsere Ressourcen sind begrenzt. Wie können wir sicherstellen, dass es immer genug Nahrung, Wasser, Land und Energie für alle geben wird? *Dadurch, dass wir nicht mehr davon verwenden, als wir brauchen.* Weil für jedes »Extra«, das wir uns nehmen, ein anderer (jetzt oder in Zukunft) darauf verzichten muss. Dieses »Extra« dürfte *unser* Wohlbefinden kaum wesentlich steigern, aber für jemand anderen könnte es eine Frage von Leben und Tod sein.

Wir müssen begreifen, dass wir nicht in einem Vakuum leben – die Konsequenzen unserer Taten wirken sich auf die ganze Welt aus. Würdest du immer noch während des Zähneputzens die ganze Zeit über das Wasser laufen lassen, wenn du wüsstest, dass deswegen ein anderer Mensch kurz vorm Verdursten steht? Würdest du weiterhin einen Benzinfresser fahren, wenn dir klar wäre, dass eine weltweite Ölknappheit Armut und Chaos mit sich brächte? Würdest du deine Terrasse mit schicken

Teakholzmöbeln ausstatten, wenn du mit eigenen Augen die Folgen der Regenwaldabholzung sehen könntest? Wenn wir vor den Auswirkungen unserer Lebensweise nicht die Augen verschließen, können wir leicht bewusster und mit weniger leben.

Unser Verhalten als Konsumenten beeinflusst direkt die Umwelt. Jeder Artikel, den wir kaufen, von Lebensmitteln über Fernseher bis hin zu Autos, verbraucht etwas von den Gaben dieser Erde. Es braucht nicht nur Energie und natürliche Ressourcen, um all diese Gegenstände herzustellen – auch ihre Entsorgung verursacht Probleme. Wollen wir wirklich, dass unsere Enkelkinder inmitten riesiger Müllhalden leben? Je weniger wir brauchen, um zurechtzukommen, desto besser wird es unseren Mitmenschen und unserem Planeten gehen. Deshalb sollten wir unseren Konsum so weit wie möglich herunterschrauben und Produkte und Verpackungen bevorzugen, die aus wenig, biologisch abbaubarem oder recyclebarem Material hergestellt sind.

Unsere Anschaffungen beeinflussen auch direkt die Lebensumstände anderer. Der globale Trend zum Outsourcing hat die verarbeitende Industrie dorthin verlegt, wo Arbeitskräfte billig und kaum durch Richtlinien geschützt sind. Jedes Mal wenn wir etwas kaufen, sollten wir prüfen, wo und von wem es hergestellt wurde. Niemand sollte unfaire, unsichere oder unmenschliche Arbeitsbedingungen erdulden müssen, nur damit wir uns noch eine weitere Jeans kaufen können. Genauso wenig darf die Luft oder das Wasser anderer verschmutzt werden, damit wir eine neue Couch haben können.

Idealerweise sollten wir also ausschließlich Artikel kaufen, deren Produktion die Lebensbedingungen der Menschen vor Ort verbessern und bereichern, anstatt sie zu zerstören.

Natürlich ist es so gut wie unmöglich, die Auswirkung jedes einzelnen Artikels, den wir kaufen, zu ermitteln. Wir sollten uns aber weitreichend informieren, auch wenn dies unter Umständen langwierig und mühsam sein kann. Glücklicherweise können wir dieses Problem oft umgehen und unsere persönliche Konsumbilanz verbessern, indem wir lokale, gebrauchte und insgesamt weniger Waren kaufen.

Wenn wir unseren Konsum reduzieren, um die Welt ein bisschen besser zu machen, wird auch unser Zuhause ordentlich und übersichtlich bleiben.

Lokale Produkte zu kaufen hat wichtige ethische, ökologische und ökonomische Vorteile. Erstens erhöht es die Wahrscheinlichkeit, dass die Produkte unter fairen und menschlichen Arbeitsbedingungen hergestellt wurden. Zweitens entfallen Transporte über lange Strecken, was große Mengen an Energie spart. Und drittens können wir so Firmen unterstützen, die unsere Wertvorstellungen teilen, Arbeitsplätze in unserer Region schaffen und zum Wohl unserer Gemeinde beitragen.

Wenn wir Gebrauchtes kaufen, bekommen wir die Dinge, die wir benötigen, ohne dabei die globalen Ressourcen zu belasten. Warum Material und Energie für einen neuen Gegenstand verschwenden, wenn es ein bereits existierender genauso tut? Anstatt ins Einkaufszentrum zu gehen, schau dich doch mal nach gebrauchten Möbeln, Elektrogeräten, Kleidungsstücken, Büchern oder Spielsachen um. Secondhandläden, Flohmärkte und Websites wie ebay.de, quoka.de und freecycle.org sind wahre Fundgruben für gut erhaltene, gebrauchte Sachen. Sei stolz darauf, der zweite (oder dritte oder vierte) Besitzer von etwas zu werden – es ist ein finanziell kluger und umweltfreundlicher Weg, um deine Bedürfnisse zu stillen.

Letztendlich ist Konsumreduktion der Grundpfeiler eines minimalistischen Lebensstils. Unsere Anschaffungen auf das Wesentliche zu beschränken ist der beste Weg, die Auswirkungen unseres Konsums so gering wie möglich zu halten. Wenn wir so handeln, tragen wir als Individuen dazu bei, Verschwendung, Müll und menschliches Elend zu reduzieren. Wenn wir eigentlich keinen weiteren Pullover oder nicht noch ein Paar Schuhe brauchen, sollten wir einem Kauf widerstehen, egal, was die Modezeitschriften sagen. Lass uns an die Rohstoffe denken, die für die Herstellung gebraucht wurden, an die Produktionsstätten, an die Kosten und ökologischen Auswirkungen des Transports einmal rund um den Globus und an die spätere problematische Entsorgung. Lass uns unsere Kaufentscheidungen von unseren echten Bedürfnissen und dem Lebenszyklus eines Produkts abhängig machen, und nicht davon, ob wir die Farbe mögen oder ob wir es in der Werbung gesehen haben.

Diese Philosophie hilft uns auch dabei, unsere anderen Minimalisten-Ziele in die Tat umzusetzen: Wenn wir unseren Konsum reduzieren, um die Welt ein bisschen besser zu machen, wird auch unser Zuhause ordentlich und übersichtlich bleiben.

RATIONALISIERUNG

Nun, da wir unsere Minimalisten-Denkweise verinnerlicht haben, sind wir bereit, unsere neue Einstellung in die Praxis umzusetzen. Die folgenden Kapitel erläutern die Rationalisierungsmethode: zehn todsichere Techniken, um unser Zuhause von Krempel zu befreien und diesen Zustand beizubehalten. Die Techniken sind einfach. Wenn wir sie einmal begriffen haben, wird uns nichts mehr aufhalten!

1. NEU BEGINNEN

Der schwierigste Aspekt jeder Aufgabe ist es herauszufinden, wo man anfangen soll. Wenn wir uns in unserem Zuhause umschauen, sehen wir überall Berge von Sachen: in Ecken, Schränken, Schubladen, Kommoden, Vorratskammern, auf Ablagen und in Regalen. Vielleicht haben wir auch noch Kram auf Dachböden in Kellern, Garagen und Lagereinheiten gebunkert – der ist zwar aus den Augen, aber nicht aus dem Sinn. Wenn du dich jetzt erst einmal überfordert fühlst, verzweifle nicht – du bist nicht allein!

Manchmal mögen wir uns fast eine Naturgewalt oder einen ähnlich extremen Umstand herbeiwünschen, um all den überflüssigen Krempel aus unseren Häusern zu beseitigen. Leider passiert Entrümpeln aber normalerweise nicht von jetzt auf gleich, sondern ist etwas, woran wir arbeiten müssen – langsam und mit Bedacht. Aber hier kommt die gute Nachricht: Wenn wir erst einmal in Schwung kommen, werden wir immer besser darin, und – ob du es glaubst oder nicht – es macht sogar richtig Spaß!

In der Tat hatte mich nichts auf den Rausch vorbereitet, der mich überkam, als ich den ersten Sack mit aussortiertem Zeug entsorgte. Was ich mir langweilig und mühsam vorgestellt hatte, erwies sich als beglückend. Ich war sofort süchtig. Ich entrümpelte am Morgen, ich entrümpelte am Abend, ich entrümpelte am Wochenende, ich entrümpelte in meinen Träumen (wirklich!). Wenn ich nicht gerade am Entrümpeln war, plante ich, was ich als Nächstes entsorgen könnte. Ich konnte förmlich spüren, wie das Gewicht all dieser Gegenstände von meinen Schultern genommen wurde. Nachdem ich einmal besonders produktiv gewesen war, wirbelte ich mit einem breiten Grinsen auf dem Gesicht in meinem frei geräumten Raum herum. (Ich hab dir ja gesagt, dass es Spaß machen würde!)

Bevor wir jedoch beginnen, lass uns erst einmal an den Tag zurückdenken, als wir in unser Haus oder in unsere Wohnung einzogen. Wir wanderten in den kahlen Räumen umher, malten uns aus, wie das Leben innerhalb dieser Wände sein würde. Wie wundervoll es sich anfühlte, den Platz auszukosten, bevor auch nur eine Kiste ausgepackt wurde! Er war wie eine wunderschöne freie Leinwand – leer, voller Potenzial und darauf wartend, von uns einen persönlichen, ganz besonderen Touch verliehen zu bekommen. Wir schwelgten in der Vorstellung einer unbeschriebenen Tafel – was für eine fabelhafte Chance, neu anzufangen und die Dinge richtig zu machen!

Wir gelobten hoch und heilig, alles langsam und systematisch auszupacken, für jeden Gegenstand einen eigenen, speziellen Platz zu finden und alles loszuwerden, das nicht hierher gehörte. Wir freuten uns darauf, alles in eine perfekte Ordnung zu bringen.

Aber dann machte uns das Leben einen Strich durch die Rechnung: Wir mussten einen neuen Job beginnen, die Kinder auf die

Schule vorbereiten, Gäste beherbergen oder die Wohnung für eine Einweihungsparty auf Vordermann bringen. Dinge mussten schnell weggeräumt werden, mit minimaler Störung des täglichen Lebens, und wir hatten keine Zeit, den Nutzen jedes einzelnen Gegenstandes zu beurteilen. Wir sortierten unseren Kram, so gut wir konnten, und stellten die leeren Kisten in den Keller.

Nun, jetzt haben wir die Möglichkeit, noch einmal von vorne zu beginnen. Wir werden unsere Räumlichkeiten weder verlassen noch komplett leer räumen. Wir werden einfach nur noch einmal unseren Umzugstag durchführen, aber dieses Mal werden wir uns Zeit nehmen und die gewaltige Aufgabe in kleine Abschnitte einteilen. Wir werden sorgfältig einen Neuanfang für jeden Bereich in unserem Zuhause organisieren. Wir werden uns immer nur einen einzelnen Bereich vornehmen – einen Raum oder nur eine Schublade – und werden ihn behandeln, als ob es der Tag unseres Einzugs wäre.

Der Schlüssel beim Neuanfang ist, *Alles* aus dem ausgewählten Bereich *herauszunehmen.* Wenn es eine Schublade ist, kippe sie aus. Wenn es ein Schrank ist, nimm alles außer Haken, Hängern, Stangen und Regalbrettern heraus. Wenn es eine Kiste mit Hobbymaterial ist, schütte alles aus. Einen kompletten Raum auf einmal zu bewältigen ist etwas herausfordernder, weil du einen Ort brauchst, wo du all den Kram abstellen kannst. Ein nahe gelegenes Zimmer ist am geeignetsten und wird Wege verkürzen, wenn du Dinge wieder zurückstellst. Wenn das nicht möglich ist, ziehe deine Veranda, deinen Garten oder deinen Keller als vorläufigen Stellplatz in Betracht. Der größere Aufwand, Objekte wieder zurück in den betreffenden Raum zu schleppen, trägt vielleicht sogar zu noch konsequenterem Entrümpeln bei!

Ich sage es noch einmal, denn es ist absolut essenziell: Räume den Bereich, an dem du arbeitest, *komplett* aus. Wir gewöhnen uns nämlich daran, bestimmte Dinge an bestimmten Plätzen zu sehen – ganz so, als ob sie sich das Recht verdient hätten, sich dort aufzuhalten (ob sie dort nun hingehören oder nicht). Es ist verlockend zu sagen: »Oh, ich weiß, dass das hierbleiben wird, also lasse ich es für jetzt einmal da stehen und arbeite darum herum – was für einen Sinn macht es, es rauszuholen, wenn ich es später sowieso wieder zurückstelle?«

Entrümpeln ist unendlich viel einfacher, wenn du entscheidest, was du behältst – und nicht, was du wegschmeißt.

Nein – nimm *alles* heraus, jeden einzelnen Gegenstand! Manchmal reicht es, die Dinge aus ihrem Kontext zu nehmen – und zu sehen, wie gut ein Platz ohne ein bestimmtes Ding aussieht –, um deine Sichtweise komplett zu ändern. Der kaputte Stuhl, der, solange du denken kannst, in der Ecke deines Wohnzimmers stand, scheint ein Anrecht auf diesen Platz zu haben, er ist schon wie ein Familienmitglied, und es fühlt sich fast frevlerisch an, ihn umzusiedeln. Aber wenn er erst einmal draußen im Garten steht, im hellen Tageslicht, ist er plötzlich nichts weiter als ein alter, kaputter Stuhl. Wer würde *so was* in seinem Haus haben wollen? Besonders, wenn die Ecke, in der er vorher stand, jetzt so ordentlich und geräumig aussieht …

Entrümpeln ist unendlich viel einfacher, wenn du entscheidest, was du behältst – und nicht, was du wegschmeißt. Deshalb ist ein Neuanfang – alles ausleeren, dann die Dinge wieder eines nach dem anderen zurückbringen – so effektiv. Du sortierst das aus, was du wirklich liebst und brauchst, und es macht viel mehr Spaß, Kostbarkeiten auszuwählen, als Gerümpel auszumisten. Ein Kurator in einem Kunstmuseum beginnt schließlich auch mit einer leeren Galerie und sucht dann die besten Arbeiten aus, mit denen er den Raum verschönern kann. Ein Neubeginn macht aus uns die Kuratoren unseres Zuhauses. Wir entscheiden, welche Gegenstände unser Leben verbessern, und stellen nur diese Dinge wieder in unseren Raum zurück.

Denk daran, dass die Sachen, mit denen wir uns umgeben, unsere Geschichte erzählen. Lass uns hoffen, dass es nicht »Ich entscheide mich, in der Vergangenheit zu leben«, oder »Ich kann Projekte, die ich beginne, irgendwie nie beenden!« ist. Stattdessen lass uns etwas anvisieren wie »Ich lebe leicht und anmutig mit wenigen Gegenständen, die ich als zweckmäßig oder schön empfinde«.

2. WEGWERFEN, WÜRDIGEN ODER WEITERGEBEN

Jetzt, da wir unseren Kram einmal ausgekippt haben, müssen wir ihn durchsehen und uns entscheiden, was wir damit anstellen werden. Wir werden unsere Sachen in drei Kategorien einteilen: wegwerfen, würdigen und weitergeben. Schnapp dir eine große, reißfeste Mülltüte (wenn du dir erst einmal nur eine Schublade vornimmst, tut es auch eine kleinere). Für die beiden letztgenannten Kategorien benutze Kisten, Abdeckplanen oder was auch immer für den Bereich, den du in Angriff nimmst, geeignet ist.

Halte auch eine Extrakiste bereit, die wir »unentschieden« nennen. Während du dein Zeug durchsiehst, wirst du auf Dinge stoßen, bei denen du nicht sicher bist, ob du sie behalten oder vielleicht doch loswerden willst. Wahrscheinlich brauchst du einfach nur noch etwas Zeit, um darüber nachzudenken. Weil du aber nicht möchtest, dass dich ein paar heikle Gegenstände, zu denen du keine schnelle Entscheidung treffen kannst, vom Kurs abbringen oder deinen Schwung verlangsamen, legst du diese Dinge erst einmal in die Unentschieden-Kiste. Später kannst du sie dann einer Kategorie zuteilen.

Ehrlich gesagt kann es sehr gut sein, dass du letzten Endes vor einer Kiste voller unentschiedener Sachen stehst, die selbst nach nochmaliger Überlegung nicht leerer wird. In diesem Fall mach die Kiste zu und schreib das Datum darauf. Dann stell sie in den Keller, auf den Dachboden, in die Garage oder hinten in den Schrank. Falls du sie nach sechs Monaten (oder einem Jahr) nicht geöffnet hast, um irgendetwas daraus in dein Leben zurückzuholen, dann spende sie für wohltätige Zwecke. Diese Kiste sollte nur als letzter Ausweg genutzt werden und nicht als Entschuldigung dienen, um schweren Entscheidungen aus dem Weg zu gehen! Es geht nicht darum, diese Gegenstände zu schützen, sondern deinen *Platz* vor Gegenständen zu schützen, bei denen du nicht sicher bist, ob du sie überhaupt brauchst.

Lass uns jetzt für einen einfachen Start mit der Kategorie »Wegwerfen« anfangen. Schmeiß alles weg, das ganz offensichtlich Müll ist, wie zum Beispiel Verpackungen, fleckige oder kaputte Kleidung, abgelaufene Kosmetika oder Medikamente, verdorbenes Essen, nicht mehr funktionierende Stifte, alte Kalender, Zeitungen, Flyer, Broschüren, Werbepost, Flaschen und Behälter, die nicht noch einmal benutzt werden können und jeden kaputten Gegenstand, der nicht repariert werden kann oder bei dem es sich einfach nicht mehr lohnt. Wenn das Ding keinerlei Wert hat, gehört es auf den Wegwerf-Haufen.

Wenn ich sage: »Wirf es weg«, meine ich natürlich: »Recycle es, wenn möglich«. Es mag einfach sein, Dinge in den Müll zu schmeißen, doch wir müssen auch an unsere Umwelt denken. Also recycle alles möglichst fachgerecht.

Die Kategorie »Würdigen« gehört den Gegenständen, die du behalten wirst, und sollte nur das beinhalten, was der Name bereits impliziert: die Dinge, die du wirklich zu schätzen weißt – entweder wegen ihrer Schönheit oder ihrer Zweckmäßigkeit. Wenn du etwas seit über einem Jahr nicht mehr benutzt hast, gehört es vermutlich nicht hierher. Denk darüber nach, es jemandem zu geben, der mehr Verwendung dafür hat, oder wenn es dir wirklich schwerfällt, dich davon zu trennen, lege es in die »Unentschieden«-Kiste. Wir wollen keinen wertvollen Platz für Dinge verschwenden, die wir nicht benutzen! Das Gleiche gilt für Krimskrams, Sammelobjekte und andere Dekorationsstücke: Wenn du sie nicht stolz und für jedermann sichtbar präsentierst und wenn du keine echte Zufriedenheit durch ihre Anwesenheit verspürst, gib ihnen ein neues Zuhause, wo sie die Aufmerksamkeit erhalten, die sie verdienen.

Lass uns abschließend die Kategorie »Weitergeben« besprechen. Hierher gehören all die Dinge, die in einem tadellosen Zustand, aber nicht mehr länger gut für *dich* sind. Bevor du irgendetwas wegwirfst, überlege, ob es noch jemand anderes benutzen kann. Es ist immer besser, einem Ding ein neues Zuhause zu geben, als es auf die Mülldeponie oder in die Recyclinganlage zu werfen – selbst wenn das etwas mehr Zeit und Mühe kosten mag. Wir müssen für den gesamten Lebenszyklus eines Gegenstandes, den wir kaufen, Verantwortung übernehmen, und dazu gehört auch seine angemessene Beseitigung. Sei in diesem Punkt achtsam, wenn du einkaufen gehst – es ist tatsächlich ein ziemlich effektiver Weg, Impulskäufe in Schach zu halten.

Sei gebefreudig! Etwas, das in deinem Zuhause ungenutzt und ungeliebt war, kann einem anderen Menschen viel Freude bereiten.

Widerstehe dem Drang, etwas zu behalten, weil du es *vielleicht* irgendwann einmal noch gebrauchen könntest. Wenn du es bis jetzt nicht gebraucht hast, wirst du das vermutlich niemals tun. Wenn es aber zufällig doch passieren sollte, würdest du es dann überhaupt wiederfinden? Wäre es in benutzbarem Zustand? Oder würdest du sowieso ein neues Exemplar kaufen? Wenn der Gegenstand einfach zu beschaffen oder zu ersetzen ist, lass lieber einen anderen ihn *jetzt* benutzen. Fühl dich nicht schuldig, Dinge gehen zu lassen, sondern gib sie frei und gönne ihnen die Chance eines Neustarts.

Wenn du aussortierst, teile den Weitergeben-Haufen in zwei Bereiche: »zu verschenken« und »zu verkaufen«. Sei gebefreudig! Etwas, das in deinem Zuhause ungenutzt und ungeliebt war, kann einem anderen Menschen viel Freude bereiten. Versüße dieser Person den Tag, und klopf dir selbst anerkennend auf die Schulter. Das Wissen, dass du etwas Gutes tust, kann es dir um einiges leichter machen, dich von deinen Sachen zu trennen. Wenn du für einen Gegenstand keinen besonderen Abnehmer im Sinn hast, biete ihn über Online-Kleinanzeigen, Verschenk- oder Tauschbörsen an. Alternativ kannst du selten benutzte Objekte jemandem geben, der sie häufiger verwenden wird – wie zum Beispiel deine Motorsäge einem Nachbarn, der viel mit Holz arbeitet, oder deine Nähmaschine einer Cousine, die Schneiderin ist – unter der Prämisse, dass du dir die Sachen bei Bedarf ausleihen kannst.

Du musst nicht Wochen dafür verwenden, für diese Dinge einen Abnehmer zu finden. Wenn du keine Zeit oder Lust hast, ihnen gezielt ein neues Zuhause zu suchen, werden Wohltätigkeitsorganisationen eine Vielzahl deiner Dinge annehmen. Die Caritas, das Rote Kreuz, die Arbeiterwohlfahrt, Obdachlosen- und andere Wohnheime und Sozialkaufhäuser werden deine Schenkungen an diejenigen, die sie am meisten brauchen, verteilen. Deine »Verstoßenen« können auch in deiner eigenen Gemeinde etwas Gutes tun: Denk darüber nach, deiner Ortsbücherei Bücher, der Schule deiner Kinder Bürobedarf oder einem Tierheim überzähliges Haustierspielzeug zu schenken. Auch für Sachspenden kann man unter Umständen Spendenquittungen erhalten, die sich dann bei der nächsten Steuererklärung positiv auswirken.

Dinge zu verkaufen kann Trennungsängste ebenfalls erleichtern. Manchmal ist es viel einfacher, etwas gehen zu lassen, wenn du dafür Geld bekommst. Das Bargeld kann dich sogar zufriedener machen, als es der Gegenstand je getan hat! Ein Flohmarkt bietet sich an, um klassischen Krimskrams loszuwerden; für speziellere oder wertvollere Objekte sind Online-Kleinanzeigenseiten oder Online-Auktionen eine gute Wahl. Gebrauchte Bücher, CDs, DVDs, Computerspiele und anderes kannst du ebenfalls online an Re-Commerce-Unternehmen wie Momox oder reBuy verkaufen.

Du hast nun dein Sortiersystem vorbereitet und weißt, was wohin gehört. Jetzt kannst du dich daranmachen, einiges auszuräumen. Fokussiere alles wie wie mit einem Laserstrahl und entrümple die Schublade, den Schrank oder den Raum für einen Neubeginn. Hab Spaß dabei – mach deine Lieblingsmusik an, tanze um deine Stapel herum und verabschiede dich von deinen Verstoßenen! Wenn du erst einmal jedem Gegenstand eine Kategorie zugewiesen hast und die Wegwerfen- und Weitergeben-Haufen nach und nach dein Zuhause verlassen, bist du deinem Ziel, nur noch mit würdigen Dingen zusammenzuleben, schon um einiges näher.

3. EINEN GRUND FÜR JEDES DING

Hinterfrage jedes einzelne Objekt, das du in die Kategorie »Würdigen« einsortieren willst. Keines bekommt einen Freifahrtschein! Setze dir deine Zöllnermütze auf und führe mit jedem Gegenstand eine Einreisebefragung durch. Er muss einen guten Grund haben, zu deinem Haushalt zu gehören: Du benutzt ihn oft, er macht dein Leben leichter, du findest ihn schön, es wäre schwierig, ihn zu ersetzen, er ist multifunktional, er spart Zeit, er ist ein geschätzter Gegenstand deines Erbes oder deiner Familie. Kurz: Er muss einen positiven Beitrag zu deinem Leben leisten, um für einen Aufenthalt in Betracht gezogen zu werden.

Einige Dinge hätten zwar durchaus das Recht, bei dir zu bleiben, sind aber (fast) identisch mit etwas anderem, was du bereits besitzt. Manche mögen Geschenke gewesen sein, andere waren wahrscheinlich als Ersatz gedacht – mit anderen Worten: Du hast etwas Neues gekauft, aber das Alte behalten. Du hast einen neuen Fernseher angeschafft und den alten ins Schlafzimmer gestellt. Du hast dir einen neuen Esstisch besorgt und den alten im Keller deponiert. Du hast neue Schuhe gekauft und das schäbige alte Paar für einen Schlechtwettertag aufbewahrt. Würdige das Beste und entsorge den Rest.

> Hätten wir nur noch ein Fünftel unserer derzeitigen Besitztümer, würden wir kaum einen Unterschied in unserem Leben bemerken.

Es gibt Dinge, die werden nur in größeren Mengen verkauft: Büroklammern, Gummibänder und Haarklammern kommen mir da in den Sinn. Wieder andere – wie Stifte, Knöpfe und Sicherheitsnadeln – scheinen sich von selbst zu vermehren. All diese zusätzlichen Gegenstände enden üblicherweise in der hintersten Ecke einer Schublade. Also, wenn du dir nicht vorstellen kannst, jemals eintausend Büroklammern zu benutzen oder hundert Sicherheitsnadeln, behalte nur eine angemessene Menge – eine Handvoll, nicht einen Eimer voll.

Wenn wir uns um die Duplikate und Reserven gekümmert haben, prüfe eingehend die verbliebenen Kandidaten. Während du jeden einzelnen anschaust, frage dich, wofür und wie oft du ihn benutzt (wenn du diese beiden Fragen nicht beantworten kannst, gehört er nicht einmal in die Nähe deines »Würdigen«-Haufens). Hast du ihn im vergangenen Jahr verwendet? Gehst du davon aus, ihn in nächster Zeit zu gebrauchen? Macht er dein Leben einfacher, schöner oder angenehmer? Inwiefern? Ist es schwierig, ihn instand zu halten oder zu säubern, und wenn das der Fall ist, ist es die Mühe wert? Wäre es schwierig oder teuer, den Gegenstand zu ersetzen? Würdest du ihn bei einem Umzug mitnehmen? Inwieweit würde sich dein Leben verändern, wenn du ihn nicht hättest? Und zum Schluss stell dir noch eine letzte Frage: Was ist wertvoller für dich – der Gegenstand oder der Platz, den er einnimmt?

Wenn es dir schwerfällt, Entscheidungen zu treffen, bitte jemanden, dir behilflich zu sein. Einer anderen Person zu erklären, warum du etwas behalten willst, ist schwierig, aufschlussreich und manchmal auch ein bisschen peinlich. Was in deinem Kopf völlig legitim erscheint, kann lächerlich klingen, wenn es laut ausgesprochen wird. (»Falls ich irgendwann mal einen Job als Barsängerin kriege, brauche ich diese Federboa vielleicht doch noch.«) Außerdem wird sich dein Stolz bemerkbar machen, wenn noch eine andere Person anwesend ist – schäbige alte Sachen wandern dann wie von selbst auf den Wegwerfhaufen. Lass dir aber nicht von einem sammelwütigen oder sentimentalen Typen helfen, es sei denn, du kannst davon ausgehen, dass er einige deiner ausgemusterten Dinge mitnimmt!

Während wir bestimmen, was auf unseren »Würdigen«-Haufen gehört, sollten wir das Pareto-Prinzip (auch bekannt als die 80/20-Regel) im Hinterkopf behalten. In diesem Zusammenhang bedeutet es, dass wir in achtzig Prozent unserer Zeit zwanzig Prozent unserer Sachen verwenden. Lies das noch mal ganz genau: *Wir benutzen in achtzig Prozent unserer Zeit zwanzig Prozent unserer Sachen.* Das heißt, dass wir mit nur einem Fünftel unserer derzeitigen Besitztümer zurechtkommen und dabei kaum einen Unterschied bemerken würden. Hurra! Das hier wird einfacher als gedacht! Wenn wir den größten Teil unserer Gegenstände kaum verwenden, sollten wir doch kein Problem damit haben, uns auf das Wesentliche zu beschränken! Wir müssen nur unsere zwanzig Prozent erkennen und aussortieren, dann sind wir auf dem besten Weg, Minimalisten zu werden.

4. ALLES AN SEINEM PLATZ

Ein Platz für alles und alles an seinem Platz. Präge dir dieses Mantra gut ein, wiederhole es oft, singe es laut, sag es auf – es ist eines der wichtigsten Grundsätze des Minimalisten. Wenn jedes Ding, das du besitzt, einen festen Platz hat (idealerweise in einer Schublade, in einem Schrank oder Behälter) werden keine verstreuten Gegenstände in deinem Haushalt umherwandern und sich als Krempel zusammenscharren. Mit diesem System kannst du leicht Dinge erspähen, die aus der Reihe tanzen – und sie sofort aus deinem Zuhause verbannen.

Wenn du jedem Ding einen Platz zuordnest, bedenke, wo und wie oft du es benutzt. Im weitesten Sinne ist dein Zuhause in Zimmer unterteilt. Diese beinhalten wiederum kleinere Bereiche wie Lager-, Koch- und Essbereiche innerhalb der Küche oder Fernseh-, Hobby- und Computerbereiche im Wohnzimmer. Wo der ideale Platz für einen Gegenstand ist, hängt davon ab, wo du ihn benutzt und wie zugänglich er sein muss.

Wird das betreffende Objekt täglich, wöchentlich, monatlich, einmal im Jahr oder seltener benutzt? Die Antwort entscheidet darüber, ob es in deinen Inneren Zirkel, Äußeren Zirkel oder in deine Tiefendeponie gehört.

Dein Innerer Zirkel ist der Platz, wo du Sachen aufbewahrst, die du regelmäßig benutzt und die leicht zugänglich sein sollten – wie zum Beispiel Zahnbürste, Laptop, bestimmte Geräte und Unterwäsche. Du willst auf solche Dinge zugreifen können, ohne dich zu bücken, zu strecken oder Kram aus dem Weg räumen zu müssen. Das macht es nicht nur leicht, sie zu finden und zu benutzen, sondern auch sie wieder wegzuräumen. Erinnerst du dich an das Pareto-Prinzip? Dein Innerer Zirkel sollte die zwanzig Prozent beinhalten, die du in achtzig Prozent deiner Zeit benutzt.

Dein Äußerer Zirkel ist für Dinge reserviert, die seltener benutzt werden. Diese werden auf hohen und niedrigen Regalbrettern, in Wandschränken, Oberschränken und unter dem Bett verstaut. Verwende diese Plätze, um Nachschub an Toilettenartikeln und Reinigungszubehör, selten getragene Kleidung, Geschenkpapier und -bänder, Spezialtöpfe und Kochzubehör und die vielen anderen Dinge zu lagern, die du nicht regelmäßig brauchst. Eine gute Faustregel: Wenn es seltener als einmal die Woche verwendet wird, aber häufiger als einmal im Jahr, dann gehört es in deinen Äußeren Zirkel.

Die Tiefendeponie befindet sich für gewöhnlich außerhalb deines Wohnbereichs und umfasst Dachböden, Keller und Garagen. Hier kannst du Ersatzteile, saisonale Dekoration, Papierkram, Steuererklärungen und andere Dinge bunkern, die du einmal im Jahr oder seltener benutzt. Aber mach die Tiefendeponie nicht zu einem Auffanglager für alles, das nicht in dein Zuhause passt – versuche, den »Lagerbestand« knapp zu halten! Wenn du einen Gegenstand aus der Tiefendeponie niemals benutzt oder nie eines Blickes würdigst und es sich nicht um ein Finanz- oder Rechtsdokument handelt, das auf unbestimmte Zeit aufbewahrt werden muss, dann wirf ihn raus. Manchmal ist der beste Ort für so etwas das Zuhause einer anderen Person.

Vergiss nicht, dass »ein Platz für alles« auch für Dekoration gilt. Wenn ein Ding für dich wirklich etwas Besonderes ist, dann präsentiere es an einem besonderen Platz. Der ganze Sinn eines Dekoartikels liegt darin, dass man ihn *sieht,* also falls du solche Dinge einfach nur irgendwo lagern solltest (mit Ausnahme von saisonalen Gegenständen), wird es Zeit, dass du dich fragst, warum du sie überhaupt noch behältst.

Wenn du für alles einen Platz ausgesucht hast, vergiss nicht den zweiten Teil: Stell immer alles zurück an seinen Platz. Wozu sind zugewiesene Plätze gut, wenn trotzdem alles verstreut herumliegt? Es kann hilfreich sein, Regale, Schubladen und Kisten entsprechend zu etikettieren. Dann wird jeder ganz genau wissen, wo er etwas hintun soll, und es wird kaum noch vorkommen, dass du einen Schraubenzieher in der Sockenschublade findest oder einen Tacker beim Backzubehör.

Mach es dir zur Gewohnheit, Dinge aufzuräumen, und motiviere deine Mitbewohner, es dir gleichzutun. Ein ordentlicher Haushalt bietet Krempel weniger Chancen, sich zu verstecken. Häng deine Kleidung auf (oder leg sie in den Wäschekorb), nachdem du dich ausgezogen hast, anstatt sie auf dem Fußboden oder auf einem Stuhl aufzutürmen. Leg Gewürze, Zutaten und Geräte dorthin zurück, wo sie hingehören, anstatt sie auf der Arbeitsfläche stehen zu lassen. Bewahre Schuhe an dem für sie vorgesehenen Platz auf, anstatt sie im ganzen Haus zu verstreuen. Stell Bücher und Zeitschriften wieder zurück ins Regal. Ermutige die Kinder, ihre Spielsachen vom Boden aufzusammeln, und räum sie weg, wenn die Spielzeit vorbei ist.

Krempel ist ein soziales Wesen,
er bleibt nie lang allein.

Jedes Mal wenn du einen Raum verlässt, sammle alle herumstreunenden Gegenstände auf und leg sie an ihren Platz zurück. Diese einfache Angewohnheit nimmt nur wenige Minuten deines Tages in Anspruch, macht aber einen großen Unterschied für deinen Haushalt. Krempel ist ein soziales Wesen, er bleibt nie lange allein. Lass nur ein paar Sachen in deinem Wohnzimmer herumliegen – in kürzester Zeit ist die Krempel-Party in vollem Gang! Wenn Dinge aber regelmäßig an ihre Plätze zurückgebracht werden, können sich Streuner gar nicht erst häuslich niederlassen.

Ich weiß schon, dass diejenigen, die nicht viel Platz haben, jetzt aufschreien werden. Wie soll man denn *alles an seinen Platz stellen,* wenn man einfach nicht genug Platz hat? Verzweifelt nicht – *ihr seid diejenigen, die Glück haben!* Je mehr Platz wir haben, desto eher neigen wir dazu, Dinge zu behalten – auch solche, die wir nicht brauchen. Leute mit begehbaren Kleiderschränken und riesigen Kellern müssen besonders viel Motivation zum Entrümpeln aufbringen. Weniger Platz zu haben ist ein Vorteil, nicht eine Belastung, und bringt dich auf die Minimalisten-Überholspur!

5. BEFREIE DIE OBERFLÄCHEN

Waagerechte Flächen sind geradezu ein Magnet für Krempel. Geh mit vollen Händen durch deine Haustür, und ich garantiere dir, dass die Sachen in deinen Händen auf der erstbesten Oberfläche landen werden. Ihre große, ebene Weite ist geradezu eine unwiderstehliche Einladung für Gegenstände – du kannst die Anziehungskraft förmlich spüren.

Wirf einen Blick auf die Oberflächen in deinem Zuhause. Befindet sich irgendetwas auf deinem Esstisch – von Tellern, Besteck und vielleicht einer besonders edlen Vase einmal abgesehen? Ist dein Couchtisch frei von Gegenständen, mit Ausnahme von Getränken oder Snacks, die sich gerade jemand einverleibt? Siehst du auf dem Beistelltisch noch etwas anderes außer der Lampe und vielleicht der Fernbedienung? Was ist mit deinem Bett – liegen dort nur die Laken, Decken und Kissen, in die du dich Nacht für Nacht kuschelst? Sind die Arbeitsplatten in deiner Küche komplett frei? Wie viel von deinem Schreibtisch kannst du noch erkennen?

Wenn du noch kein erfahrener, eingefleischter Minimalist bist (oder ein ausgesprochen guter und ordentlicher Haushälter), wirst du vermutlich mit irgendeiner Art von Oberflächen-Problemen zu kämpfen haben. Es kann nur auf einen Bereich begrenzt sein, wie zum Beispiel deinen Tisch oder die Arbeitsplatten, aber vielleicht betrifft es auch alle Tische und Flächen in deinem Zuhause. Es könnte sein, dass das Problem relativ neu ist – ausgelöst zum Beispiel durch verstärkte Bastelaktivitäten deiner Kinder oder durch den Haufen Arbeit, den du aus dem Büro mit nach Hause gebracht hast. Oft aber verschwinden Flächen wochen-, monate- oder sogar jahrelang unter verschiedenstem Krimskrams.

Flächen sind nicht zur Aufbewahrung gedacht.

Du fragst, was hier eigentlich das Problem ist? Nun, wenn wir keine freien Flächen haben, haben wir auch keinen Platz, irgendetwas zu *machen.* Freie Flächen stecken voller Potenzial und bieten jede Menge Möglichkeiten. Denk an all die Dinge, die wir nicht tun können, wenn unsere Flächen zugemüllt sind: Wir haben keinen Platz, um das Abendessen vorzubereiten, und keinen Platz, wo wir uns mit unserer Familie hinsetzen und es genießen können. Es gibt keinen Ort für Hausaufgaben, Hobbys, Spiele. Manchmal gibt es nicht mal mehr einen Platz, wo wir uns am Ende des Tages hinlegen können.

Auf zur Tat! Alles, was wir brauchen, um unser Oberflächen-Gerümpel zu besiegen, ist eine neue Einstellung und eine begeisterte Einhaltung des folgenden Prinzips: *Flächen sind nicht zur Aufbewahrung gedacht.* Flächen sind für Aktivitäten da und sollten zu allen anderen Zeiten frei gehalten werden. Setze dieses Minimalisten-Prinzip in die Tat um und du wirst über die Resultate begeistert sein: Dein Zuhause wird nicht nur ordentlicher, organisierter und klarer aussehen, sondern es wird auch unendlich viel leichter zu putzen sein.

Um dies zu erreichen, müssen wir die Art, wie wir über Flächen denken, ändern – besonders was ihre äußerlichen Eigenschaften betrifft. Auf den ersten Blick sind Oberflächen groß, eben und geradezu dafür geschaffen, Gegenstände auf ihnen abzustellen. Doch wenn ein Ding erst einmal auf einer Fläche landet, neigt es dazu, dort Tage, Wochen oder sogar Monate zu verweilen. Manchmal bleibt es dort so lange, dass es uns nicht einmal mehr auffällt. Wir gewöhnen uns an seine Anwesenheit, und es wird ein Teil der Umgebung. Ein anderes Ding gesellt sich dazu ... und so weiter und so fort. Ehe wir uns versehen, sind unsere Oberflächen nicht mehr länger eben, sondern ein unebenes Terrain aus Gegenständen, die an ihnen »hängen geblieben« sind.

Wären unsere Oberflächen stattdessen rutschig wie Eis oder nur um wenige Grad geneigt, könnte nichts lange auf ihnen blieben. Wir wären zwar imstande, einiges auf ihnen zu erledigen, aber danach würde alles, was noch herumliegt, sofort runterrutschen. Bis irgendjemand so eine »magische« Minimalisten-Arbeitsfläche tatsächlich erfindet, müssen wir sie uns eben *vorstellen.* Alles, was wir auf unseren »rutschigen« Oberflächen abstellen, begleitet uns, wenn wir den Raum verlassen. Wenn wir eine Tasse auf den Couchtisch stellen, ein Buch auf einen Beistelltisch oder ein Kunstprojekt auf einen Esstisch legen, nehmen wir es mit und räumen es weg, wenn wir damit fertig sind, und ermutigen Familienmitglieder, das Gleiche zu tun.

Die einzigen Ausnahmen sind jene Gegenstände, deren »Platz« auf der bestimmten Oberfläche ist – wie die edle Vase oder der Kerzenständer auf dem Esstisch oder die Leselampe auf dem Beistelltisch. Diese Ausnahme bezieht ebenfalls die Fernbedienung auf dem Couchtisch, die Keksdose auf der Arbeitsfläche in der Küche und den Wecker auf deinem Nachttisch mit ein. Wenn du dich entscheidest, solche funktionalen oder dekorativen Dinge auf deinen Tischen aufzubewahren, beschränke dich auf drei Gegenstände pro Oberfläche. Das wird den Krempel davon abhalten, sich hier anzusammeln.

Zum Abschluss vergiss nicht die größte Oberfläche von allen: den Fußboden! Er stellt eine besondere Herausforderung dar, schon allein deshalb, weil es *so viel* davon gibt. Wenn unsere Tische, Schränke und Schubladen voll sind – oder wir einfach keine Lust haben, Dinge wegzupacken – tendieren wir dazu, sie auf dem Fußboden anzuhäufen. Gib dieser Versuchung nicht nach! Der Fußboden hat keine strikten Ränder (nichts wird dort herunterfallen), wenn also einmal Sachen auf ihm landen, neigen sie dazu, sich auszubreiten … und auszubreiten … und auszubreiten. Ich habe schon Häuser gesehen, in denen die Fußböden komplett bedeckt waren mit Ausnahme von schmalen Pfaden, um durch die Zimmer zu gelangen. In solch einer Umgebung kann man sich kaum bewegen, geschweige denn irgendetwas

Produktives tun. Reserviere deinen Fußboden für Füße und Möbel, und halte ihn von allem anderen frei.

Nachdem wir uns nun die Mühe gemacht haben, unsere Flächen zu entrümpeln, ist die Motivation groß, sie auch so zu erhalten. Wer will schon all die harte Arbeit noch mal machen? Der effektivste Weg, die Ordnung aufrechtzuerhalten, ist ein schneller Kontrollblick. Bevor du einen Raum verlässt oder das Licht ausschaltest, überprüfe die Tische, die Arbeitsflächen und den Fußboden. Wenn sie nicht so »eben« sind, wie sie sein sollten, opfere einige Minuten, um klar Schiff zu machen. Dieses schnelle und einfache Vorgehen trägt viel dazu bei, dein Zuhause vor Chaos zu schützen. Beachte diese Regel: Wenn der Raum frei ist, sollten es die Oberflächen auch sein.

6. MODULE ANLEGEN

In diesem Abschnitt werden wir eine nützliche Organisationstechnik erlernen, die Krempel bekämpft, unsere Sachen unter Kontrolle hält und uns dabei hilft, unsere Minimalisten-Ziele zu erreichen. Wir wollen unseren Kram in »Module« einteilen. Das Konzept kommt aus der Systemplanung und bedeutet grundsätzlich, ein komplexes System in kleinere, aufgabenspezifische Komponenten einzuteilen. So besteht ein Computerprogramm aus Millionen von Befehlen. Um den Überblick zu behalten, werden sie von Programmierern in Modulen arrangiert – Sets von miteinander verwandten Anweisungen, die spezielle Aufgaben ausführen. Auf diese Weise können Kommandos effizient abgespeichert und in dem Programm leicht verschoben werden.

Auch unsere Haushalte sind ziemlich komplexe Systeme mit vielen Dingen, über die man die Übersicht behalten muss. Sie können mit Sicherheit von einer effizienteren Einteilung profitieren. Für unsere Zwecke ist ein Modul ein Set von Gegenständen, die zusammen eine bestimmte Aufgabe ausführen (wie zum Beispiel Rechnungen bezahlen oder einen Kuchen dekorieren). Um unsere Module zu erstellen, müssen wir also Dinge zusammenführen, die eine ähnliche Funktion erfüllen. Wir müssen

Überflüssiges entfernen und leichten Zugriff sicherstellen. Kurzum, wir müssen unsere Sachen zusammenführen, aussortieren und kontrollieren.

Für den ersten Schritt leg alle ähnlichen (oder verwandten) Gegenstände zusammen: DVDs, Verlängerungskabel, Büroklammern, Erste-Hilfe-Zubehör, Bastelmaterial, Eisenwaren, Fotos, Gewürze – du verstehst, worauf ich hinauswill. Dinge zusammenzuführen macht es viel leichter, sie auch wiederzufinden. Wenn du einen Verband brauchst, musst du nicht deine Badezimmerschränke auseinandernehmen, sondern kannst einfach direkt zum »Erste-Hilfe-Modul« greifen. Wenn du deine Lieblings-DVD anschauen willst, musst du nicht deine Regale absuchen oder unter die Couch krabbeln, um sie zu finden, denn sie wird im »DVD-Modul« warten. Wenn du eine Schraube in einer bestimmten Größe suchst, musst du keine Suchexpedition in den Keller starten. Geh einfach nur zu dem entsprechenden »Eisenwaren-Modul« und such die Schraube schnell heraus.

Wenn du all deine ähnlichen Sachen zusammenlegst, erkennst du auch sehr gut, *wie viel du besitzt.* Wenn du alle dreiundsechzig Kugelschreiber nebeneinander siehst, weißt du, dass du keinen weiteren mehr kaufen musst. Genauso wenig wirst du für ein weiteres Paar Ohrringe Geld verschwenden, wenn du bereits fünfzehn andere besitzt. Diese Technik ist besonders geeignet, um die Ansammlung von Bastelmaterial im Zaum zu halten, das sich unkontrolliert zu vermehren scheint, wenn es überall verstreut herumliegt. Sieht man den ganzen Kram auf einem Haufen, kann das ziemlich ernüchternd sein (»Wieso bloß habe ich all dieses Häkelgarn gekauft?«). Die Bildung von Modulen wird dich auch davon abhalten, versehentlich Duplikate für Dinge, die du bereits besitzt, zu erwerben. Wie oft hast du schon etwas gekauft, nur um später festzustellen, dass du so etwas bereits besitzt? Module können also nicht nur nutzlosen Krempel, sondern auch unnötige Ausgaben verhindern helfen.

Und nun die Aufgabe, auf die du als angehender Minimalist gewartet hast: Wenn du alle ähnlichen Sachen zusammengesucht hast, musst du jetzt aussortieren. Reduziere überschüssige Bestände von bestimmten Dingen auf das, was du gerade benutzt und was du in absehbarer Zukunft verwenden wirst. Kaum jemand wird jemals den ganzen Bindedraht, all die Essstäbchen und Streichholzbriefchen aufbrauchen, die in unseren Schubladen lauern. Lass einige von ihnen frei und erobere deinen Platz zurück. Warum alle dreiundsechzig Stifte behalten, wenn zehn mehr als genug sind? Mit wie vielen kannst du denn gleichzeitig schreiben? Bedenke, wie lange es dauert, einen Stift aufzubrauchen: Wenn jeder einzelne nur sechs Monate ausreicht, hast du einen Vorrat für dreißig Jahre – die meisten werden ausgetrocknet sein, bevor du sie das erste Mal aufs Papier setzt. Behalte also nur deine Lieblingsexemplare. Wende das gleiche Prinzip für Socken, T-Shirts, Kaffeetassen, Vorratsdosen, Handtücher und alles andere an, das du im Überfluss besitzt.

Wenn wir unsere Gegenstände schließlich zusammengelegt und aussortiert haben, müssen wir sie einsperren, damit sie sich nicht wieder überall ausbreiten. Der Behälter kann eine Schublade, ein Regal, eine Kiste oder ein Gefrierbeutel sein – was immer für die Größe und Menge des Inhalts angemessen ist. Ich bevorzuge transparente Behälter, da man immer sehen kann, was sich in ihnen befindet. Wenn du undurchsichtige benutzt, beschrifte sie oder kennzeichne sie mit einer Farbe zur leichteren Identifikation.

Wenn du all deine ähnlichen Sachen zusammenlegst, erkennst du sehr gut, *wie viel du besitzt.*

Der Vorteil an Behältern ist ihre Beweglichkeit. Angenommen, du würdest gerne ein bisschen stricken, während du mit deiner Familie einen Film anschaust. Hol einfach das »Stricken-Modul« heraus, und schon kannst du loslegen. Wenn du fertig bist, legst du die Dinge wieder in den Behälter und stellst ihn zurück an seinen Platz. Wenn dir ein geeigneter Büroraum fehlt, halte Bankunterlagen, Taschenrechner, Stifte und andere Utensilien in einem »Büro-Modul« bereit und trage es ins Esszimmer, in die Küche oder in einen anderen Raum, wenn du dich um Rechnungen oder die Steuererklärung kümmern musst. Wenn du jetzt auch noch deinen Kindern beibringst, das Gleiche mit ihren Spielsachen und Büchern zu machen, wirst du am Ende eines Tages viel weniger aufräumen müssen.

Ich möchte noch betonen, wie wichtig es ist, dass du deine Sachen erst zusammenlegst und aussortierst, *bevor* du sie einsperrst. Wenn wir den Drang verspüren aufzuräumen, rennen wir viel zu oft einfach nur zum nächsten Baumarkt und kaufen eine Wagenladung voller hübscher Behälter. Wir glauben, dass wir automatisch ein Gefühl von Ordnung und Klarheit erschaffen, wenn wir unser Zeug in dekorativen Kästen und Kisten organisieren. Aber wenn wir nicht zuerst die Kostbarkeiten vom Ramsch getrennt haben, verschwenden wir nur unsere Zeit. Die Behälter mögen vielleicht unser Zuhause aufgeräumt aussehen lassen, dienen in Wahrheit aber nur dem Zweck, unser Gerümpel zu verstecken. Anstatt unser Leben zu erleichtern, organisieren wir lediglich unseren Krempel.

Entrümple stattdessen so viel wie nur möglich, bevor du ein Modul in einer Kiste verstaust. Reduziere alles zuerst auf das Wesentliche und finde *dann* einen geeigneten Weg, diese Sachen unterzubringen. Minimalist zu sein heißt nicht nur, unser Zuhause aufzuräumen und zu organisieren – es bedeutet, einen Schritt weiter zu gehen. Indem wir Module erschaffen, entwickeln wir ein System, das Überschüsse beseitigt und diese von vornherein zu verhindern versucht – es passt unsere Besitztümer an unsere Bedürfnisse an und legt dann buchstäblich einen Deckel darauf.

7. GRENZEN SETZEN

Ein minimalistisches Leben bedeutet, unsere Besitztümer unter Kontrolle zu halten, und der effektivste Weg, das zu tun, ist das Festlegen von Grenzen. Okay, ich kann dich schon denken hören: »Hey, Moment mal! Grenzen? Na, ich weiß nicht. Ich will eigentlich nicht, dass ich mir irgendwas vorenthalten muss ...« Kein Grund zur Sorge – die Grenzen sind für deinen Kram, nicht für dich! Sie helfen dir dabei, dass du die Oberhand über deine Sachen gewinnst, sodass du mehr Macht, mehr Kontrolle und mehr Platz hast. Grenzen arbeiten *für* dich, nicht gegen dich.

Lass uns Bücher als Beispiel nehmen: Wir wissen alle, wie schnell sie sich ansammeln können. Wir kaufen eins, lesen es, und irgendwie wandert es ins Regal und bekommt einen permanenten Platz in unserer Sammlung – ganz egal, ob wir es mochten oder es jemals wieder aufschlagen wollen. Wir begründen dies gern damit, dass wir schließlich gutes Geld bezahlt und Zeit und Mühe fürs Lesen geopfert haben, also können wir es genauso gut auch präsentieren. Manchmal behalten wir einen Wälzer einfach nur, um zu beweisen, dass wir ihn gelesen haben. (Es ist an der Zeit, eine Beichte abzulegen: Wer hat *Krieg und Frieden* in seinem Bücherregal stehen – und wer hat es tatsächlich gelesen?) Der minimalistische Ansatz lautet: Begrenze deine Sammlung auf deine Lieblingstitel und bringe den Rest wieder in Umlauf. Schenke sie deiner Ortsbücherei, oder gib sie an Freunde oder Familienmitglieder weiter.

Grenzen helfen auch dabei, das sich ständig vervielfachende Bastel- und Hobbyzubehör unter Kontrolle zu kriegen. Ob du mit Perlen arbeitest, strickst, Scrapbooks gestaltest, Modellbauer bist, Holzarbeiten machst oder Seife herstellst – begrenze deine Materialien auf *ein* Ablagefach. Wenn die Sachen beginnen auszuufern, verbrauche etwas von deinen alten Reserven, bevor du wieder etwas Neues anschaffst – eine großartige Motivation, Projekte abzuschließen, die du begonnen hast! Dies reduziert nicht nur deinen Kram, sondern öffnet dir auch die Augen: Bereitet es dir wirklich genauso viel Vergnügen zu basteln, wie die Materialien dafür zu sammeln? Wenn nicht, solltest du dein Hobby nochmal überdenken, und wenn doch, sollte es kein Problem für dich sein, deine Vorräte aufzubrauchen.

Anfangs mögen dir Grenzen erdrückend erscheinen, aber schon bald wirst du feststellen, dass sie unglaublich befreiend sind!

Grenzen können und sollten für nahezu alles angewendet werden. Finde Freude daran, deinem Kram Grenzen zu setzen: Lege fest, dass all deine DVDs in das ihnen zugewiesene Regal passen müssen, all deine Pullover in ihre Schublade, dein ganzes Make-up in einen Behälter. Beschränke die Anzahl deiner Schuhe, Socken, Kerzen, Stühle, Bettlaken, Töpfe, Schneidebrettchen und Sammlerstücke. Reduziere deine Zeitschriften-Abos und die Anzahl der Gegenstände auf deinem Couchtisch. Begrenze deine Urlaubssouvenirs auf eine Kiste und deine Sportausrüstung auf eine Nische in der Garage. Pass deine Teller, Tassen und Küchenutensilien auf die Anzahl der Familienmitglieder und die Gartenausstattung auf das, was du wirklich im Garten brauchst, an.

Früher hingen Grenzen von äußeren Faktoren ab: Am wichtigsten waren der Preis und die Verfügbarkeit von Sachgütern. Sie waren generell handgemacht und wurden regional verkauft, was die Produkte seltener und teurer machte (im Verhältnis zum Einkommen) als in der heutigen Zeit. Vor hundert Jahren war es leicht, ein Minimalist zu sein, da es schon nicht einfach war, an lebensnotwendige Güter zu kommen, geschweige denn an irgendwelche Extras. Heutzutage können wir immer und überall kaufen, was das Herz begehrt. Massenproduktion und weltweite Verbreitung haben Konsumgüter billig sowie weithin und leicht erhältlich gemacht. Natürlich ist das oft praktisch, aber wie du schon selbst festgestellt hast, kann es auch ganz schnell zu viel des Guten werden. Wenn wir ständig zügellos konsumieren, müssen wir eines Tages ausziehen, weil wir unser Haus vor lauter Krempel nicht mehr betreten können!

Grenzen zu setzen hilft nicht nur dir, sondern macht es auch anderen Menschen in deinem Haushalt leichter, zu einer minimalistischeren Lebensweise zu finden. Erkläre deiner Familie, dass die Sachen in den für sie zugewiesenen Platz passen sollen, und dass, wenn sich zu viel ansammelt, reduziert werden muss. Beschränke die Spielsachen deiner Kinder auf ein bis zwei Kisten oder Schränkchen und die Kleidung deines Teenagers so weit, dass alles in einen Schrank passt. Deine Kinder werden enorm von dieser Orientierungshilfe profitieren und entsprechende Angewohnheiten für ihr weiteres Leben entwickeln. Reduziere das Eigentum jeder Person wenigstens auf das, was in sein oder ihr Zimmer passt, sei es nun das Schlaf- oder Spielzimmer eines Kindes, das Büro deines Ehepartners oder deinen Bastelraum. Auf diese Weise wirst du verhindern, dass persönliche Sachen in Räume überlaufen, die der ganzen Familie vorbehalten sein sollten.

Das ultimative Limit für deine Besitztümer ist natürlich durch die Größe deines Zuhauses festgelegt. Als Minimalist wirst du gegebenenfalls eines Tages die Entscheidung fällen, in ein kleineres Domizil zu ziehen. Sachen breiten sich wie von selbst aus, um den verfügbaren Raum auszufüllen (ich bin ziemlich sicher, dass es dafür eine physikalische Gleichung gibt). Den Raum einzugrenzen bedeutet weniger Gegenstände, weniger Kram, weniger Sorgen und weniger Stress. Wer kein großes Haus besitzt, kann nicht viele Dinge haben. Stell dir einmal vor, aus einer Einzimmerwohnung in ein Haus mit Dachboden, Keller und Doppelgarage umzuziehen – wetten, diese Lagerräume würden sich binnen Kurzem füllen, nur allein weil sie *da* sind? Magst du in deiner kleinen Wohnung deinen Hometrainer nicht mehr benutzen, entsorgst du ihn höchstwahrscheinlich – in deinem großen

Haus landet er bestimmt »vorübergehend« im Keller. Kleinere Flächen setzen der Anzahl deiner Dinge ein natürliches Limit und machen es somit einfacher, einen minimalistischen Lebensstil zu pflegen.

Anfangs mögen dir Grenzen erdrückend erscheinen, aber schon bald wirst du feststellen, dass sie unglaublich befreiend sind! In einer Kultur, in der wir darauf programmiert sind, mehr zu wollen, mehr zu kaufen und mehr zu tun, sind Grenzen eine wundervolle Chance, um einmal tief durchzuatmen und sich zu besinnen. Tatsächlich wirst du, wenn du einmal die Freuden des Grenzensetzens für dich entdeckt hast, inspiriert sein, es auch auf andere Bereiche deines Lebens anzuwenden. Verpflichtungen und Aktivitäten zu limitieren, kann zu einer stressfreieren Lebensweise führen und wertvolle Zeit verfügbar machen. Deine Ausgaben zu reduzieren, kommt deinen Kreditkartenrechnungen zugute und verbessert die Bilanz deines Bankkontos. Industriell verarbeitetes, fettiges und zuckerhaltiges Essen einzuschränken wird deinen Taillenumfang reduzieren und deine Gesundheit verbessern. Die Möglichkeiten sind … grenzenlos!

8. EINS REIN – EINS RAUS

Manchmal entrümpeln wir und entrümpeln und entrümpeln noch mehr, aber wenn wir uns hinterher umschauen, sehen wir keinerlei Fortschritte. Wir können es einfach nicht verstehen – wir haben Müllbeutel gefüllt, unseren Kofferraum mit zig Spendentüten beladen und Kartons mit Sachen für Freunde und Nachbarn aufgestapelt. Trotzdem scheint es, als hätten wir noch genauso viele Dinge in unseren Schränken, Schubladen und Kellern wie zuvor. Wo liegt das Problem?

Stell dir dein Zuhause mit dem ganzen Kram darin als Eimer voller Wasser vor. Entrümpeln ist, als ob man ein kleines Loch in den Boden bohrt – der Eimer leert sich langsam, Tropfen für Tropfen, während du deinen Haushalt von ungewollten Dingen befreist. Dein Ramschlevel sollte also kontinuierlich sinken.

Aber hier ist der Haken an der Sache: Der Pegel im Eimer kann nur sinken, wenn du damit aufhörst, oben Wasser hineinzugießen. Wenn du also weiterhin Dinge kaufst oder Werbegeschenke mit nach Hause bringst, werden die Tropfen, die den Eimer verlassen, höchstens dafür sorgen, dass der Pegelstand gleich bleibt. Der Eimer wird sich niemals leeren und, wenn du es übertreibst, sogar überlaufen!

Du kannst dieses Problem lösen, indem du einer simplen Regel folgst: Wenn etwas kommt, muss etwas gehen. Jedes Mal wenn etwas Neues in dein Zuhause kommt, muss ein anderer, möglichst ähnlicher Gegenstand es verlassen.

Die »Eins rein – eins raus«-Regel ist am effektivsten, wenn sie auf ähnliche Dinge angewendet wird. Wenn ein neues Hemd im Schrank landet, fliegt ein altes raus. Wenn sich ein neues Buch deiner Sammlung anschließt, muss ein altes das Regal verlassen. Wenn du neue Teller kaufst, kommen die alten weg. Du kannst auch ein bisschen variieren, wenn du deine Sachen wieder ins Gleichgewicht bringen musst. Wenn du zum Beispiel zu viele Hosen besitzt und zu wenige Blusen, trenne dich von einer Hose, wenn du ein neues Oberteil kaufst. Handle aber angemessen: Socken wegzuwerfen, um einen Mantel auszugleichen, oder eine Büroklammer für einen Bürostuhl einzutauschen entspricht nicht den Anforderungen!

Wenn wir etwas Neues kaufen, behalten wir viel zu oft den Gegenstand, der eigentlich ersetzt werden sollte, dennoch. So läuft es in der Regel: Wir entdecken etwas in unserem Haus, das nicht mehr zeitgemäß ist – vielleicht ist es altmodisch, fällt auseinander oder wird unseren Bedürfnissen nicht mehr gerecht. Also gehen wir auf Shoppingtour und sind bereit, die alte Version zu entsorgen – zugunsten eines Modells, das besser, glänzender, technologisch ausgereifter ist. Wir recherchieren, vergleichen Preise, lesen Kritiken und tätigen schließlich unseren Kauf. Doch dann passiert etwas Seltsames: Wenn wir das neue Modell nach Hause bringen, sieht das alte plötzlich gar nicht mehr so zerbeult und unbrauchbar aus. Auch wenn es uns nicht mehr gut genug schien, um es weiter zu benutzen, ist es uns plötzlich doch noch zu gut, um es wegzuwerfen. Wir beginnen, uns all die (beliebig unwahrscheinlichen) Szenarien auszumalen, in denen wir es doch noch einmal gebrauchen könnten (es wäre ja möglich, dass der brandneue, makellose Ersatz schneller als gedacht den Geist aufgibt ...?). Und ehe man sichs versieht, hat das alte Ding es sich in unserem Keller oder auf dem Dachboden gemütlich gemacht.

Jedes Mal wenn etwas Neues in dein Zuhause kommt, muss ein anderer, möglichst ähnlicher Gegenstand es verlassen.

Die »Eins rein – eins raus«-Regel hilft dir dabei, ausgemusterten Dingen die Tür zu weisen, anstatt ihnen einen gemütlichen Ruhestand auf deinem Dachboden zu ermöglichen. Sobald das neue Modell dein Zuhause betritt, nimm Abschied vom alten. Dieses System ist eigentlich nicht schwierig, aber es erfordert Disziplin. Ich kann dir aus Erfahrung sagen, dass es verlockend ist, sich selbst zu betrügen und sich zu versprechen, dass man etwas »später« entsorgen wird. Du möchtest so gerne endlich den neuen Pullover tragen oder das neue Gerät benutzen, dass du gerade gar keine Motivation hast, ein angemessenes Tauschobjekt zu finden. Trotzdem: Aktiviere deine Minimalisten-Kräfte und entsorge »eins raus«, *bevor* du das neue »eins rein« öffnest, aufhängst oder benutzt. Ansonsten wirst du es wahrscheinlich niemals tun. Ich bin schon so weit gegangen, dass ich etwas Neues, noch komplett eingepackt, im Auto gelassen habe – so lange, bis ich etwas Altes entsorgt hatte.

Wenn du mit dem Entrümpeln beginnst, ist die »Eins rein – eins raus«-Regel eine wertvolle Hilfe. Sie begrenzt die Anzahl deiner Besitztümer und lässt dich stetig in die richtige Richtung gehen. Es gibt nichts Entmutigenderes, als daran zu arbeiten, zehn Dinge zu beseitigen – mit Entscheidungen zu ringen, die Stärke zu sammeln, sie gehen zu lassen –, nur um letztendlich festzustellen, dass du in der Zwischenzeit zwölf neue angesammelt hast. Dem »Eins rein – eins raus«-Prinzip zu folgen, verhindert solch ein Szenario. Von der Sekunde an, in der du dich dazu verpflichtest, wird in deinen Haushalt ein stabiler Zustand einkehren: Du wirst nie mehr besitzen als in diesem Moment.

Kombinierst du diese Regel mit weiteren Ausmist-Aktionen, wird der Krempel sogar stetig weniger. Denk nochmals an den Eimer: Seit du oben den Wasserhahn zugedreht hast, bringen die Tropfen, die aus dem Eimerboden laufen, einen spürbaren (und zufriedenstellenden) Effekt. Je mehr du loswirst, desto lohnender ist das Resultat, und deshalb werden wir im nächsten Kapitel das Entrümpelungströpfeln in ein konstantes Fließen verwandeln.

9. BESCHRÄNKE DICH

Im letzten Kapitel haben wir gelernt, wie man ein Gleichgewicht der Dinge erreicht: Wir gleichen jeden Gegenstand, der neu in unser Zuhause kommt, aus, indem wir einen anderen loswerden. Damit ist die Sorge, dass wir vielleicht für jeden Schritt nach vorne zwei zurückgehen könnten, praktisch aus der Welt. Mit diesem System bringt uns jedes Ding, das wir *zusätzlich* loswerden, einen Schritt näher an unsere Minimalisten-Ziele heran.

Um wirklich Fortschritte zu machen, müssen wir nun beim Entrümpeln in die Vollen gehen. Bei der Rationalisierungsmethode geht es nicht darum, ein paar Dinge loszuwerden und die Sache dann als abgeschlossen zu betrachten. Ganz im Gegenteil! Sie soll uns dabei helfen, den heiligen Gral des minimalistischen Lebens zu erreichen: gerade genug zu besitzen, um unsere Bedürfnisse zu decken – und nicht mehr. Darum haben wir, wenn es um die Gegenstände in unseren Räumen, Schränken und Schubladen geht, eine Mission zu erfüllen: Wir müssen uns einschränken.

Im Idealfall wollen wir unsere Besitztümer bis auf unsere Grundbedürfnisse reduzieren. Das heißt aber nicht, dass du künftig in einem Zelt oder auf dem Fußboden schlafen musst! Grundbedürfnisse bedeuten für jeden etwas anderes. Der Minimalist, der auf seinem Segelboot haust, mag in der Lage sein, seine kulinarischen Bedürfnisse mithilfe einer einzigen Herdplatte zu erfüllen. Für Großfamilien oder Gourmets hingegen können Mikrowelle, Pizzastein oder Reiskocher unverzichtbar sein. Und die Taucherausrüstung, die der eine für eine Notwendigkeit hält, ist in den meisten anderen Haushalten wahrscheinlich überflüssig.

Unsere persönlichen Lebensnotwendigkeiten hängen von vielen Faktoren ab wie Alter, Geschlecht, Beruf, Hobbys, Wohnort, kulturelles Umfeld, Familie und Freunde. Für Minimalisten in Managementjobs sind Anzüge oder Kostüme und feine Schuhe unerlässlich, während diejenigen, die zu Hause arbeiten, mit kleinerer Garderobe zurechtkommen. Eltern kleiner Kinder werden eine andere Liste lebensnotwendiger Güter haben als ein Junggeselle. Bücherwürmer haben andere Bedürfnisse als Sportbegeisterte, Studenten andere als Rentner, Männer andere als Frauen.

Deshalb gibt es keine Masterliste der Dinge, die in einem minimalistischen Haushalt zu finden sein sollten. Entgegen dem allgemeinen Glauben gibt es noch nicht einmal eine definierte Anzahl von Sachen. Es ist egal, ob du fünfzig, fünfhundert oder fünftausend Dinge besitzt – was zählt, ist, ob es für *dich* gerade genug ist (und nicht zu viel). Du musst deine ganz eigene Liste erstellen und dann deine Sachen entsprechend reduzieren, um die Vorgaben auf deiner Liste zu erreichen.

Es geht also um das Reduzieren unserer Besitztümer bis zu unserem persönlichen »optimalen« Level. Jedes Mal wenn wir etwas erwerben, sollten wir innehalten und überlegen, ob wir es wirklich brauchen oder genauso gut ohne es zurechtkommen können. Wenn uns auffällt, dass wir von einer Sache viele Exemplare haben, sollten wir sofort den Überschuss aussortieren. Wenn wir eine Kiste mit unbenutztem Kram finden, sollten wir schnellstens überlegen, wie wir das Zeug am besten loswerden können. Und während wir auf unserem Minimalismus-Weg voranschreiten, wird unsere Menge an »Notwendigkeiten« langsam, aber sicher schrumpfen.

Du musst deine ganz eigene Liste der Dinge, die du unbedingt brauchst, erstellen und dann deine Sachen entsprechend reduzieren, um die Vorgaben auf deiner Liste zu erreichen.

Anstatt einfach nur zu entrümpeln, können wir unsere Dinge zusätzlich auch auf kreativere Weise beschränken – wie beispielsweise multifunktionale Gegenstände bevorzugen. Ein Schlafsofa bedeutet, dass wir kein sperriges Gästebett brauchen. Ein Drucker mit Scannerfunktion ergibt ein Bürogerät weniger. Ein Smartphone ersetzt Kalender, Armbanduhr, Taschenrechner, Terminkalender und noch etliches mehr. Unser Ziel ist es, möglichst viele Aufgaben mit möglichst wenigen Geräten zu bewältigen.

Aus dem gleichen Grund sollten wir vielseitige Gegenstände gegenüber Spezialgeräten bevorzugen. Eine große Sauteuse kann etliche Töpfe und Pfannen ersetzen. Klassische schwarze Pumps können sowohl mit Alltags- als auch mit Abendgarderobe abgestimmt werden und erfüllen somit eine doppelte Aufgabe – im Gegensatz zu diesen lila High Heels, die kaum zu irgendetwas passen. Ein Allzweckreiniger putzt unser Zuhause genauso gut wie all die einzelnen Putzmittel für Waschbecken, Badewanne, Spiegel, Ablageflächen …

Während wir fröhlich unsere Gegenstände eingrenzen, werden uns allerdings ein paar Dinge auf unserem Weg stoppen, und in den meisten Fällen werden sie emotionaler Natur sein. Sich von Sachen zu trennen, die mit Erinnerungen behaftet sind, ist nun mal schwierig. Aber keine Sorge – wir Minimalisten haben Mittel und Wege, auch damit fertigzuwerden! Wenn du zum Beispiel einen Haufen von Gegenständen (oder einen ganzen Haushalt) eines geliebten Menschen erbst, fühle dich nicht dazu verpflichtet, alles zu behalten. Ein oder zwei besondere Stücke werden das Andenken dieser Person genauso würdigen. Das Gleiche gilt für Kisten mit Schul-, Hochzeits-, Baby- oder Reiseandenken. Such dir ein einzelnes Stück aus, um einem Ereignis oder einer Erinnerung zu gedenken. Berücksichtige dabei auch Größe und Beweglichkeit – entscheide dich eher für die Taschenuhr deines Großvaters als für sein großes Klavier (es sei denn, du spielst leidenschaftlich gern darauf).

Wende diese Strategie auch auf Sammlungen an, die du erbst: Anstatt alle zwölf Gedecke des Porzellans deiner Großmutter auf dem Dachboden zu verstauen, behalte nur einen einzigen Teller und präsentiere ihn an einem Ehrenplatz. Alternativ kannst du

Fotos der Gegenstände machen und die Dinge selbst dann entrümpeln. Die Bilder bewahren die Erinnerung, ohne Platz zu beanspruchen. Sie sind jederzeit zugänglich, und es ist bequemer, sich an ihnen zu erfreuen, als an einem Objekt, das ganz hinten auf dem Speicher verstaut ist.

Wir können noch mehr unserer Besitztümer einschränken, indem wir sie in digitale Form bringen. Ganze Sammlungen von CDs, Filmen, Fotos, Spiele und Bücher können dank der neuen Technologien elektronisch aufbereitet und gespeichert werden. Was für eine Errungenschaft für uns Minimalisten!

Wenn du den Minimalismus mit ganzem Herzen annimmst, wirst du dich selbst dabei ertappen, wie du kontinuierlich Ausschau nach neuen Wegen hältst, um deine Sachen einzugrenzen. Sei kreativ! Betrachte es als eine persönliche Herausforderung, mehr mit weniger Gegenständen zu machen und habe *Spaß* daran, all die Möglichkeiten auszuloten. Du magst überrascht sein, auf wie viele Dinge du ohne Probleme verzichten kannst!

10. DIE ORDNUNG ERHALTEN

Wenn wir uns nun durch alle Rationalisierungsschritte durchgearbeitet haben, neu beginnen, unseren Kram in Wegwerf-, Würdigen- und Weitergeben-Haufen sortieren, sicherstellen, dass wir einen guten Grund für jeden unserer Gegenstände haben, einen Platz für alles finden, unsere Flächen frei halten, unsere Sachen in Module einteilen, Grenzen bezüglich unserer Besitztümer festlegen, die »Eins rein – eins raus«-Regel beherzigen und die Menge unseres Krams einschränken, können wir danach nicht einfach Feierabend machen und zu alten Gewohnheiten zurückkehren. Bloß nicht! Wir müssen Tag für Tag etwas dafür tun, dass der minimalistische Zustand, den wir uns so mühevoll erschaffen haben, auch erhalten bleibt.

Ein Minimalist zu werden heißt nicht, einfach einen Großteil unserer Besitztümer in einer gigantischen Entrümpelungsaktion zu beseitigen und dann das Ganze als erledigt abzuhaken. In diesem Fall ist ein Jo-Jo-Effekt, wie man ihn von Diäten kennt, ziemlich wahrscheinlich. Stattdessen müssen wir unsere Einstellung von Grund auf ändern (deshalb haben wir all die mentalen Übungen gemacht) und neue Angewohnheiten entwickeln (deshalb haben wir die Rationalisierungsmethode erlernt).

Wir müssen den Minimalismus nicht als einmalige Aktivität, sondern als umfassende Änderung unserer Lebensweise begreifen.

Am wichtigsten ist nun, dass wir auch weiterhin aufmerksam gegenüber Gegenständen bleiben. Erinnerst du dich noch daran, wie wir darüber sprachen, gute Wächter zu sein? Um unsere Lebensweise als Minimalist aufrechtzuerhalten, dürfen wir niemals unachtsam werden. Dinge können sehr schnell außer Kontrolle geraten, wenn wir es zulassen. Zum Glück wird dir diese Achtsamkeit schon bald in Fleisch und Blut übergehen. Du musst lediglich Routinen einführen, um hereinkommende Sachen, wie Post, Kataloge und Geschenke, zu handhaben – und du musst am Ball bleiben! So kann es beispielsweise wahre Wunder bewirken, wenn du Recycling- und Spendenkisten in der Nähe der Haus- oder Wohnungstür aufstellst.

Dennoch kann es sich manchmal so anfühlen, als ob du ständig in der Defensive bist und im Alleingang versuchst, den Tsunami von Dingen zu stoppen, der dein Zuhause bedroht. Dann geh in die Offensive! Steig aus Mailinglisten aus, kündige Zeitschriftenabos, klinke dich beim Austausch von Geschenken aus, und lass möglichst viele Leute wissen, dass du einen minimalistischen Lifestyle anstrebst. Der letzte Punkt ist wichtiger, als du vielleicht denkst: Beim Anblick deiner »leeren« Räume könnten wohlgesinnte Freunde und Verwandte das Fehlen an Sachen fälschlicherweise als ein *Brauchen* von Sachen auffassen …

Hab außerdem ein scharfes Auge auf Ramsch-Gefahrenherde. Wie du weißt, verursacht Krempel stets weiteren Krempel. Wenn du einmal zulässt, dass sich ein eigentlich nicht benötigter Gegenstand ein Weilchen bei dir herumtreibt, macht er es sich schon bald gemütlich und lädt ganz viele Freunde ein. Lass nicht zu, dass nun eine wilde Party beginnt! Es ist viel einfacher, *einen* unwillkommenen Gast rauszuschmeißen als eine ganze Meute. Wenn du nicht gleich bei den ersten Anzeichen von Ramsch reagierst, wird sich deine Wahrnehmung schnell trüben. Stell Dir einmal eine vollkommen freie Oberfläche vor … und nun eine Fläche mit einem Ding darauf, das dort nicht hingehört. Das eigensinnige Objekt sticht hervor wie ein bunter Hund. Allerdings ist der Kontrast zwischen einer Fläche mit einem unpassenden Gegenstand darauf im Vergleich zu einer Fläche mit zwei solchen Objekten nicht mehr ganz so krass. Und sogar noch weniger zwischen einer Fläche mit zwei Sachen und einer mit drei (und so weiter). Am besten ist es, Krimskrams sofort wegzuräumen, sobald du ihn siehst, anstatt eine erneute Ansammlung zu riskieren.

> Das Beste an einem Leben als Minimalist ist, dass die Belohnung immer unmittelbar erfolgt.

Beim Entrümpeln wirst du es auch oft mit dem Ramsch anderer Leute zu tun haben. Da du meist nicht die Freiheit besitzt, ihn selbst zu entsorgen, ist die beste Option, ihn schnellstens seinem rechtmäßigen Besitzer zurückzugeben. Wenn die Gegenstände jemandem gehören, der nicht bei dir zu Hause wohnt, dann ruf schnell an oder schreib eine E-Mail und erkläre deine Entrümpelungsbemühungen. Das sollte die anderen veranlassen, ihr Eigentum schnellstens abzuholen.

Häufiger gehören die unberechenbaren Gegenstände jedoch anderen Mitgliedern in deinem Haushalt. In dem Fall leg sie in den privaten Raum des Besitzers zurück (Kinderzimmer, Büro, Bastelraum ...). Der Gedanke dahinter ist nicht, deiner Familie alles hinterherzutragen, sondern einen Bumerangeffekt einzuführen – jeglicher Kram, der sich in den der ganzen Familie gehörenden Raum wagt, wird prompt seinem Inhaber zurückgegeben. Mit etwas Glück werden die Betroffenen es irgendwann verstehen. Man kann den Eigentümer auch einfach auf das entsprechende Objekt hinweisen und ihn vor die Wahl stellen, es zu beseitigen oder zu verkaufen.

Behalte das Entrümpeln bei! Der erste Durchlauf ist nicht der Weisheit letzter Schluss, eigentlich ist es sogar erst der Anfang. Du wirst feststellen, dass deine minimalistischen Kräfte mit der Zeit stärker werden, und dass die Must-haves, die das erste Entrümpeln überlebt haben, in der zweiten Runde schon nicht mehr ganz so unverzichtbar aussehen. Aus diesem Grund empfehle ich, das Entrümpeln in regelmäßigen Abständen neu anzugehen. Nach ein paar Wochen oder Monaten wirst du deine Besitztümer mit anderen Augen und aus einer routinierteren Perspektive sehen. Du wirst bereits die Erfahrung der Freude und der Freiheit des Minimalisten-Lifestyles gemacht haben, was dich motivieren wird, noch mehr zu entsorgen. Du wirst erstaunt sein, wie viel einfacher es ist, sich von Dingen in der zweiten, dritten, vierten (oder zehnten oder zwanzigsten!) Runde zu trennen!

Natürlich macht auch hier Übung den Meister. Du musst für dich selbst herausfinden, welche Entrümpelungsstrategie für dich am besten funktioniert. Anstatt das Gerümpel stoßweise zu beseitigen, bevorzugst du vielleicht eine langsame und kontinuierliche Vorgehensweise wie das »Eins-pro-Tag-Entrümpeln«: Jeden Tag wird ein Gegenstand entsorgt, sei es nun ein altes Paar Socken, ein Buch, das du niemals lesen wirst, ein nicht sehr attraktives Geschenk, ein Hemd, das nicht passt, oder eine alte Zeitschrift. Das kostet dich kaum Zeit oder Mühe, und am Ende des Jahres wird dein Zuhause um dreihundertfünfundsechzig Dinge leichter sein. Um zu verhindern, dass Nützliches auf der Mülldeponie landet, halte in deinem Keller oder im Flurschrank eine Spendenkiste bereit. Hier landen deine Ausgestoßenen, und wenn die Kiste voll ist, spende sie einer Hilfsorganisation.

Alternativ kannst du Entrümpelungsziele für bestimmte Zeiträume festsetzen: wie zum Beispiel zehn Gegenstände pro Woche oder einhundert pro Monat. Führe ein ständiges Register über deine abgelegten Sachen, um deinen Fortschritt zurückzuverfolgen und deine Motivation aufrechtzuerhalten. Aber das Wichtigste ist, dass du *Spaß* dabei hast! Das Beste an einem Leben als Minimalist ist, dass die Belohnung stets unmittelbar folgt: Jeder Gegenstand, von dem du dich trennst, entlastet dich augenblicklich. Mach es täglich, und du wirst dich fantastisch fühlen. Du wirst lediglich bereuen, dass du nicht schon früher damit angefangen hast!

RAUM FÜR RAUM

Jetzt zum spannenden Teil: Es wird Zeit, unsere neuerworbenen Entrümpelungsfähigkeiten einzusetzen! In den folgenden Kapiteln werden wir die Rationalisierungsmethode auf bestimmte Räume anwenden – wir werden lernen, jedes einzelne Zimmer zu entrümpeln, die Gegenstände dort einzugrenzen und den erreichten Zustand aufrechtzuerhalten. Such dir aus, mit welchem Raum du beginnen möchtest. Starte mit dem leichtesten, dem schwersten, dem kleinsten, dem größten – wie du magst. Während du die Zimmer der Reihe nach in Angriff nimmst, werden sich Platz und Klarheit in deinem Zuhause ausbreiten. Also, kremple die Ärmel hoch und mach dich ans Werk!

WOHNZIMMER

In diesem Kapitel werden wir uns auf das Wohnzimmer konzentrieren, den Raum, in dem die Familie zusammenkommt, in den Besucher gebeten werden. In den meisten Häusern und Wohnungen ist es der größte und am meisten genutzte Raum, deshalb werden unsere Entrümpelungsbemühungen hier auf wunderbare Weise den Ton für den gesamten Haushalt vorgeben.

Bevor wir beginnen, möchte ich dich allerdings bitten, dein Zuhause zu verlassen. (Ja, du hast richtig gelesen.) Steh auf, geh durch die Tür und schließe sie hinter dir. Wenn du draußen bist, genieße für eine Weile die frische Luft und kriege den Kopf frei. Bis du wieder zurückgekehrt bist, werde ich mit meinen magischen Minimalisten-Superkräften dein Zuhause komplett entrümpelt haben!

Okay, das war nur Spaß – aber es gibt natürlich einen Grund für diese Übung.

Komm wieder herein, aber wenn du durch die Eingangstür gehst, *stell dir vor, dass du hier nicht wohnst.* Tritt ein, als wärst du ein Gast, der alles mit anderen Augen und aus einer neuen Perspektive betrachtet. Wie ist dein erster Eindruck? Magst du das, was du siehst? Ist dein Wohnzimmer klar strukturiert und einladend, heißt es dich willkommen? Oder ist es chaotisch und überladen und weckt in dir den Wunsch wegzulaufen? Noch zugespitzter formuliert: Wenn all dieser Kram nicht dir gehören würde, würdest du dann überhaupt das Verlangen verspüren, dich hinzusetzen und inmitten dieses ganzen Krempels Zeit zu verbringen?

Wir betrachten unser Wohnzimmer jetzt mit anderen Augen, weil Krempel in der Regel »verblasst«, wenn wir uns erst einmal daran gewöhnt haben. Wenn der Couchtisch seit Wochen, Monaten oder sogar Jahren mit Zeitschriften, Krimskrams, Bastelbedarf und Kinderspielzeug bedeckt gewesen ist, gewöhnen wir uns an diesen Zustand. Der Korb mit Bügelwäsche in der Ecke, der Bücherstapel neben der Couch und die DVDs rund um den Fernseher, all diese Krempelansammlungen nehmen wir irgendwann gar nicht mehr wahr.

Nachdem du das große Ganze beurteilt hast, schau dir genau an, was sich in dem Raum befindet. Prüfe eingehend jedes Möbelstück, jedes Kissen und jeden Schnickschnack. Ist jeder dieser Gegenstände entweder nützlich oder schön? Harmonieren sie optisch miteinander und sehen sie an dem Platz, an dem sie stehen, gut aus? Oder ähnelt der Schauplatz eher einem Flohmarkt – oder schlimmer noch, einem Lager? Wenn du alle Sachen aus deinem Wohnzimmer im Vorgarten abladen müsstest – würdest du sie dann alle wieder zurückbringen, oder wärst du froh darüber, einen Großteil auf diese Weise losgeworden zu sein?

ENTRÜMPELN

Ein häufiger Ratschlag besagt, klein anzufangen und sich dann zu steigern. Keine schlechte Idee, aber wir wollen es anders angehen – lass uns etwas GROSSES machen. Dein Wohnzimmer beherbergt einige große, wichtige Objekte und bietet eine wunderbare Möglichkeit, gleich mit einem Paukenschlag zu starten. Nur ein unnötiges oder ungeliebtes Möbelstück zu entfernen kann bereits eine spektakuläre Wirkung haben und eine wundervolle Motivation verschaffen, sich kleinere Objekte vorzunehmen. Der abgenutzte Stuhl oder der überflüssige Beistelltisch sind vergleichbar mit einem riesigen Stöpsel in deinem von Dingen verstopften Waschbecken. Wenn du den Stöpsel erst einmal herausgezogen hast, macht er den Weg frei für einen wahren Schwall von Gerümpel.

Also konzentriere dich zuerst einmal auf deine großen Gegenstände. Werden alle Möbelstücke regelmäßig benutzt, oder sind einige davon aus keinem anderen Grund da, als dass »sie immer schon da waren«? Überdenke, wie ihr als Familie den Raum nutzt. Versammelt ihr euch auf der Couch oder auf dem Fußboden? Sitzt irgendjemand jemals auf dem Stuhl in der Ecke? Hättet ihr mehr Platz für gewisse Aktivitäten (faulenzen, Gesellschaftsspiele, Filme schauen), wenn du weniger Möbelstücke besitzen würdest?

> Wenn du einen Gegenstand im Blick hast, bei dem du dir noch nicht ganz sicher bist, ob du ihn wegwerfen sollst, dann entferne ihn für ein paar Tage aus dem Zimmer.

Fühl dich nicht verpflichtet, bestimmte Sachen zu besitzen, nur weil das gemeinhin erwartet wird (»Gute Güte, was würden die Nachbarn denken, wenn wir keine Sessel hätten?«). Als mein Mann und ich im Ausland lebten, beschlossen wir, dass wir keine Couch brauchten. Obwohl wir niemals ein Zuhause ohne ein Sofa gesehen hatten, passte es einfach nicht zu unserer Lebensweise. (Wir hatten weder einen Fernseher noch regelmäßig Besuch und verbrachten unsere Abende und Wochenenden meistens draußen.) Deshalb möblierten wir unser Wohnzimmer lediglich mit zwei bequemen Polstersesseln und einem Couchtisch. Diese drei Möbelstücke reichten völlig aus, um unsere Bedürfnisse zu befriedigen, alles Weitere wäre zu viel gewesen.

Wenn du einen Gegenstand im Blick hast, bei dem du dir noch nicht ganz sicher bist, ob du ihn wegwerfen sollst, dann entferne ihn für ein paar Tage aus dem Zimmer. Verstaue ihn vorübergehend im Keller oder auf dem Dachboden und beobachte, ob ihn jemand vermisst. Manchmal fällt es leichter, sich von etwas zu trennen, wenn es erst einmal seinen angestammten Platz verlassen hat.

Nachdem du dich mit den großen Dingen auseinandergesetzt hast, wird es Zeit, sich den kleineren zuzuwenden, und davon dürfte es in den meisten Wohnzimmern so einige geben. Gerate nicht in Panik, wir werden diese Aufgabe in kleinere, überschaubare Abschnitte unterteilen. Arbeite dich Regal für Regal, Schublade für Schublade, Stapel für Stapel durch. Lege alle Gegenstände vor dich hin und sortiere sie in Wegwerf-, Würdigen- und Weitergeben-Haufen. Am wichtigsten ist es, dass du nicht zu hastig vorgehst. Nimm dir die Zeit, das Sortieren gründlich zu erledigen, selbst wenn es Wochen oder Monate dauern sollte, jede Schublade durchzusehen. Das Resultat wird die Mühe wert sein.

Versuche, den Raum von dekorativen, nicht funktionalen Objekten komplett frei zu machen – hol sie aus den Regalen, vom Ablagetisch, von den Beistelltischen. Verstaue sie in einer Kiste, und stell die Kiste für eine Woche weg. Manchmal können belanglose Dinge unsere Freude an einem Ort dämpfen, ohne dass wir es überhaupt bemerken. Doch wenn sie weg sind, verspüren wir Erleichterung – endlich haben wir Platz, uns auszustrecken und zu bewegen, ohne vielleicht etwas umzustoßen oder zu zerbrechen. Achte darauf, wie Familienmitglieder und Gäste auf den entrümpelten Raum reagieren. Sind sie entspannter? Bewegen sie sich freier? Begeistern sie sich eher für vorgeschlagene Aktivitäten?

Lass uns noch ein paar weitere Möglichkeiten erarbeiten, wie wir den Kram im Wohnzimmer eingrenzen können. Idealerweise wollen wir nicht mehr in diesem Raum haben als das, was unsere Bedürfnisse erfüllt. Ein Wohnzimmer braucht auf jeden Fall

Sitzmöglichkeiten für alle Mitglieder des Haushalts. Extreme Minimalisten (und Menschen aus nicht westlichen Kulturen) mögen mit ein paar Sitzkissen vollkommen zufrieden sein. Ein Junggeselle kann mit einem bequemen Polstersessel auskommen. Eine Familie andererseits könnte ein Sofa als Notwendigkeit ansehen. Überlege genau: Wenn es in deinem Haushalt nur drei Personen gibt, brauchst du dann wirklich Möbel für acht? Du wirst immer die Möglichkeit haben, ein paar Klappstühle aufzutreiben, wenn du Gäste bekommst (oder erschaffe eine fröhliche, unkonventionelle Atmosphäre, indem ihr auf dem Fußboden herumlungert). Bedenke auch die Stellfläche eines Möbelstücks. Ich habe Couchgarnituren gesehen, die beinahe den ganzen Raum ausfüllten. Ist der »Komfort« solch eines Giganten wirklich die Bodenfläche wert, die er verschlingt? Könntest du dein Bedürfnis nach Sitzmöglichkeiten auch mit etwas Kleinerem und Schmalerem erfüllen?

Lass uns als Nächstes über Tische sprechen. Die meisten Wohnzimmer verlangen nach mindestens einem Tisch, der den familiären Aktivitäten entgegenkommt. Ein kleiner Couchtisch kann vollkommen ausreichend sein. Wenn der Raum gleichzeitig als Büro oder Bastelraum dient, ist sicher noch ein zusätzlicher Tisch erforderlich. Alles darüber hinaus ist hingegen oft nur dekorativ. Denke intensiv darüber nach, ob du all die Beistelltische und Ablagetischchen wirklich brauchst!

Eine gute Sache sind auch multifunktionale Möbel. Wie bereits erwähnt, kann ein Schlafsofa sowohl als Familiencouch als auch als Gästebett dienen. Ein Couchtisch mit integrierten Schubladen kann eine andere Aufbewahrung (Regal, Schränkchen) ersetzen und damit wichtige Fußbodenfläche frei machen. Das Gleiche gilt für aufklappbare Polsterhocker. Solche Möbelstücke bieten ein Maximum an Funktionalität bei kleiner Stellfläche und sorgen somit für mehr Raum.

In deinem Wohnzimmer gibt es wahrscheinlich auch einen TV-Hi-Fi-Schrank, in dem der Fernseher, der DVD-Player und die Musikanlage Platz finden. Aber frage dich doch mal: Brauchst du wirklich einen Fernseher? Tatsächlich führen viele Menschen (meine Familie eingeschlossen) auch ohne Fernseher ein erfülltes, unterhaltsames und informiertes Leben. Außerdem kannst du heutzutage so ziemlich alles über deinen Computer streamen. Der Bonus: Wenn du keinen Fernseher besitzt, brauchst du auch kein Möbelstück, um ihn aufzubewahren. (Alternativ kannst du den Fernseher behalten und Platz einsparen, indem du ihn an die Wand montierst.)

In den meisten Wohnzimmern steht außerdem irgendein, für gewöhnlich mit Sachen vollgestopftes Regal. Ich kann dir nur sagen: Je weniger Zeug du besitzt, desto weniger Regale wirst du brauchen – also mach dich an die Arbeit und sortiere diese Ansammlungen aus! Such dir Hobbys, für die man nur wenig Zubehör braucht, wie zum Beispiel Singen, Origami oder Fremdsprachen lernen. Es gibt etliche Gesellschaftsspiele, die nur kleine Kartenstapel erfordern anstatt riesige Spielbretter und hunderte von Teilen. Nutze kreative Strategien, um deine Unterhaltungsbedürfnisse zu befriedigen, wie zum Beispiel etwas von Freunden oder aus der Bücherei ausleihen, anstatt die Sachen selbst zu besitzen.

Für die Dinge, die du gerne *besitzen würdest,* ziehe elektronische Möglichkeiten in Betracht. Downloade Filme, kopiere deine Musik auf eine Festplatte und investiere in einen E-Book-Reader – dieses kleine Gerät ermöglicht dir den Zugriff auf tausende von Büchern und wird möglicherweise deine Bücherregale nach und nach komplett ersetzen. Kaufe Bücher in gedruckter Form nur, wenn du weißt, dass du sie wertschätzen wirst. Speichere all deine Fotos digital und drucke nur diejenigen aus, die du verschenken oder bei dir zu Hause aufstellen oder aufhängen möchtest.

EINGRENZEN

Weil im Wohnzimmer so viel passiert, ist es besonders wichtig, dass hier jedes Ding seinen Platz hat – andernfalls kann es chnell chaotisch werden!

Definiere die Bereiche, in denen du fernsiehst, Filme aufbewahrst, Zeitschriften liest, Gesellschaftsspiele spielst und den Computer benutzt. Gehe sicher, dass die Objekte für die genannten Aktivitäten an einem festen Platz untergebracht sind, und tu alles, was in deiner Macht steht, um zu verhindern, dass sie in fremdes Territorium vordringen. Zeitschriften sollten nicht auf dem Fernseher und Spielzeuge nicht auf der Couch herumliegen. Beziehe jedes Mitglied des Haushalts in den Prozess mit ein, sodass jeder das System versteht und die Verantwortung, es aufrechtzuerhalten, mitträgt.

Je weniger Zeug du besitzt, desto weniger Regale wirst du brauchen – also mach dich an die Arbeit und sortiere den Krempel in deinen Regalen aus!

Wenn das Wohnzimmer auch als Büro oder als Bastelraum dient, beschränke diese Funktion (und die dazugehörigen Dinge) auf einen klar definierten Bereich. Wenn es dir hilft, benutze einen Raumteiler oder eine große Zimmerpflanze, um eine visuelle (und psychologische) Grenze zu erschaffen. Das hat zwei Vorteile: Erstens breitet sich so das Bürozubehör nicht in den Hauptwohnbereich aus. Und zweitens bleibt der Bürobereich von Krempel und Ablenkung frei – du wirst viel produktiver sein, wenn du keine Spielsachen von deinem Tisch räumen musst, bevor du ihn benutzen kannst.

Ordne deine Gegenstände in den Inneren Zirkel, den Äußeren Zirkel und in die Tiefendeponie ein. Zur Erinnerung: Die Sachen im Inneren Zirkel sind jene, die du regelmäßig (täglich oder fast täglich) benutzt. Sie sollten an Plätzen aufbewahrt werden, die leicht zugänglich sind, wie mittelhohe Regale und Schubladen. Zu den Kandidaten des Inneren Zirkels in deinem Wohnzimmer gehören die Fernbedienung, aktuelle Zeitschriften, häufig benutzte Elektrogeräte, Computer und Zubehör (Drucker, Scanner u. ä.) und Lieblingsbücher, -filme und -spiele. Der Äußere Zirkel sollte Dinge umfassen, die seltener als einmal pro Woche benutzt werden wie Hobby- und Bastelbedarf oder Nachschlagewerke. Lagere diese in den obersten und untersten Regalfächern und in weniger gut zugänglichen Schubladen und Schränken. Saisonale Dekoration und Gegenstände, die du schätzt, aber derzeit nicht präsentieren kannst (weil du sie vielleicht vor einem Kleinkind schützen musst), gehören in die Tiefendeponie – bevorzugt in den Keller, auf den Dachboden oder an einen anderen relativ abgelegenen Platz.

Erschaffe als Nächstes Module für deine verschiedenen Sammlungen – wie Computerspiele, Bücher, Zeitschriften und Elektronik. Anstatt alles in einem durcheinandergeworfenen Chaos zu lagern, trenne die Dinge voneinander und bestimme ein besonderes Regalfach, eine Schublade oder einen Behälter für jede Kategorie. Ähnliches zusammenzulegen hilft uns dabei, Reserven schnell zu entdecken, Unerwünschtes auszusondern und das Ausmaß unserer Sammlungen zu begreifen. Dieses System motiviert uns und unsere Familienmitglieder auch, Dinge wieder zurück an ihren festen Platz zu räumen.

Module sind besonders nützlich, um Bastelbedarf und Hobbyzubehör zu organisieren. Am besten trennt man die Materialien nach Tätigkeiten: Stricken, Sammelalbum, Malen, Modellbau, Schmuckherstellung und so weiter. Weise jeder Beschäftigung ihren eigenen Behälter zu: Durchsichtige Aufbewahrungskisten aus Kunststoff oder stabile Kartons funktionieren gut. Tiefe, eckige Körbe werden ebenfalls ihren Zweck erfüllen. Wenn du einem bestimmten Hobby nachgehen willst, hol einfach das entsprechende Modul heraus und pack aus, was du brauchst. Wenn du fertig bist, ist das Aufräumen ein Kinderspiel: Leg alles zurück in den Behälter und stell ihn an seinen Platz zurück.

Als Minimalisten wollen wir unsere Sammlungen bis auf unsere Lieblingsstücke reduzieren, andernfalls tendieren sie dazu, unkontrolliert anzuwachsen und schließlich eine Überschwemmung zu verursachen. Die Grenzen für eine Sammlung können entweder durch eine bestimmte Anzahl von Gegenständen oder eine bestimmte verfügbare Fläche festgelegt sein. Wenn es zum Beispiel um Bücher geht, kannst du dich dafür entscheiden, deine Sammlung auf einhundert Exemplare oder aber auf ein bestimmtes Regal zu begrenzen. Auf jeden Fall ziehst du eine klare Grenze und stellst sicher, dass deine Bibliothek nur deine meistgeliebten und am häufigsten gelesenen Bücher umfasst.

Bestimme in deinem Wohnzimmer Grenzen für jede Art von Besitztümern, die dort einen Platz beanspruchen. Wenn du die Grenze erreicht hast, muss etwas Altes gehen, bevor du etwas Neues hinzufügen kannst. Unser Geschmack ändert sich mit den Jahren. Filme, Musik und Freizeitbeschäftigungen, die wir einst geliebt haben, interessieren uns irgendwann nicht mehr. Anstatt solche Sachen auf unbestimmte Zeit aufzubewahren, sortiere sie regelmäßig aus und verschenke all das, woran du keine Freude mehr hast. Eine frische, abgespeckte Büchersammlung schaut man viel lieber durch als ein wahlloses Sammelsurium. Wenn du nach Neuerscheinungen lechzt, leihe sie dir aus der Bibliothek aus, anstatt sie zu kaufen. Auf diese Weise kannst du eine große

Auswahl genießen, ohne die Verpflichtungen des Besitzens auf dich zu nehmen.

Im Fall von Hobby- und Bastelbedarf setzen dir deine Module eine natürliche Grenze bezüglich der Menge. Wenn sie ihre volle Kapazität erreicht haben, nimm Abstand davon, noch mehr anzusammeln, sondern reduziere deinen Bestand, indem du geplante Projekte anpackst, unfertige zu Ende führst oder einfach das ausräumst, was du nicht mehr benutzen willst. Grenzen zu definieren verschafft dir die perfekte Entschuldigung, ungeliebtes Material zu entsorgen (wie das hellgrüne Garn, die kitschigen Glasperlen oder den billigen Stoff)!

Begrenze auch deine Sammlerstücke. Ich weiß nicht, ob der Trieb zum Sammeln dem Menschen angeboren ist, aber an einem gewissen Punkt in unserem Leben haben die meisten von uns schon mal etwas gesammelt, ob nun Fußballsticker, antike Teetassen, Erstauflagen, Nostalgiefilme, Gedenkmünzen, ausländische Briefmarken oder historische Nussknacker. Wir genießen den Kick der Jagd und den Reiz, etwas Neues zu finden (je seltener, desto besser), um es zu unserer Sammlung hinzuzufügen.

Leider hat jedoch das Internet (und eBay im Besonderen) das Aufstöbern von solchen Schätzen viel zu leicht gemacht. In der Vergangenheit wurden unsere Sammlungen durch begrenzte Verfügbarkeit und schwierigen Zugriff in Schach gehalten. Für neue Fundstücke mussten wir ausdauernd durch Antiquitätenläden und Flohmärkte streifen. Heutzutage nun liegt uns eine Welt der Gegenstände zu Füßen. Innerhalb weniger Stunden können wir uns eine Sammlung beschaffen, deren Aufbau früher Jahre gedauert hätte. Deshalb müssen wir uns unsere *eigenen* Grenzen für Sammelobjekte auferlegen und unsere Anschaffungen limitieren.

Führe zuletzt auch noch Grenzen für Dekoration ein. Lass dich von dem traditionellen japanischen Zuhause inspirieren, in dem nur ein oder zwei sorgfältig ausgesuchte Stücke auf einmal präsentiert werden. Auf diese Weise kannst du jene Gegenstände würdigen und schätzen, die dir am meisten bedeuten, anstatt sie mit einem Dutzend anderer um deine Aufmerksamkeit buhlen zu lassen. Das heißt nicht, dass du den Rest wegwerfen musst (außer natürlich, wenn du es willst). Erschaffe lediglich ein »Dekor«-Modul, um deine Lieblingsstücke zu lagern. Nimm nur einige wenige auf einmal heraus, um sie zu präsentieren, und wechsle sie alle paar Monate aus.

Außerdem hilft uns die »Eins rein – eins raus«-Regel dabei, den Kram in unserem Wohnzimmer zu kontrollieren – sie stellt sicher, dass nicht *mehr* hereinkommt. Wenn wir ein neues Buch oder Spiel kaufen, muss ein altes gehen. Wenn die aktuellste Ausgabe einer Zeitschrift eintrifft, landet die alte im Altpapier (oder wird weitergegeben). Wenn du ein neues Hobby beginnst, gib ein altes auf, das dich nicht länger reizt, und trenne dich von dem entsprechenden Zubehör. Wenn du dich in einen neuen Dekoartikel verliebst, entscheide dich zuerst, welchen alten du dafür aufgeben wirst (wenn das neue Objekt das Opfer nicht wert ist, lass es sausen und warte auf etwas Besseres).

Lass dich vom traditionellen japanischen Zuhause inspirieren, in dem immer nur ein oder zwei sorgfältig ausgesuchte Stücke auf einmal präsentiert werden.

Wenn du all diese Ratschläge beherzigst, wird sich dein Wohnzimmer zum Besseren verändern: Du erschaffst einen dynamischen Ort, der den aktuellen Geschmack deiner Familie widerspiegelt.

ERHALTEN

Wenn ein Nachbar in genau diesem Moment bei dir vorbeischauen würde, könntest du ihm dann ein Getränk auf den Couchtisch stellen? Wenn deine Kinder ein Gesellschaftsspiel spielen oder an einem Kunstprojekt arbeiten wollen – gäbe es einen Platz dafür? Oder würde beides verschoben (oder aufgegeben) werden, weil du zu viel Kram wegräumen müsstest? Wenn du ein paar Yogaübungen machen möchtest – wäre auf dem Fußboden ausreichend Platz oder müsstest du alles Mögliche verrücken, um eine entsprechende Fläche zu schaffen?

In unseren Wohnzimmern findet unser Alltag statt. Wenn wir sie wie provisorische Lager behandeln, zerstören wir die Funktionalität des Raumes und bringen uns und unsere Familien um kostbaren Platz. Besonders die Flächen – wie der Couchtisch, die Beistelltische oder der Schreibtisch – haben oberste Priorität. Wenn sie mit Zeitschriften, Werbepost, Spielsachen, Büchern und unfertigen Bastelprojekten zugeramscht sind, können wir sie nicht nutzen. Jedoch sollten diese Flächen keinesfalls für eine leblose Parade von Keramikfiguren reserviert werden – sie sind dafür da, dass die Kinder malen, die Teenager Gesellschaftsspiele spielen und die Erwachsenen eine Tasse Kaffee genießen können.

Auch den Fußboden, unsere größte Fläche, sollten wir so frei wie möglich halten. Besonders kleine Kinder brauchen Platz zum Herumstreunen, Toben und Tanzen. Sie sollten nicht in einen winzigen Spielbereich zwischen riesigen Möbelstücken und Bergen von Krempel eingepfercht werden. Erwachsene profitieren ebenfalls von klaren, ordentlichen Räumen. Wenn wir nach einem langen Arbeitstag nach Hause kommen, brauchen wir Platz zum Abschalten – sowohl mental als auch physisch. Wenn wir auf unserem Weg zur Couch ständig über Sachen stolpern oder auf ein Durcheinander von Gegenständen blicken, fühlen wir uns gestresst, eingeengt und genervt. Wenn im Gegensatz dazu der Raum frei und aufgeräumt ist, haben wir genug Platz und inneren Frieden, um abzuschalten, zu entspannen und tief durchzuatmen.

Leihen wir uns einen Begriff aus der Geschäftswelt aus und verstehen wir unsere Wohnzimmer als »flexibel nutzbare Fläche«. In einem Büro ist eine flexibel nutzbare Fläche ein Bereich, der von jedem Angestellten benutzt werden darf. Wenn ein Mitarbeiter morgens ankommt, wählt er einen verfügbaren (und leeren) Tisch aus, an dem er arbeiten möchte. Wenn er abends geht, nimmt er alles mit, was ihm gehört, lässt den Tisch also leer zurück für den nächsten, der ihn dann am darauffolgenden Tag benutzen kann. Unser Wohnzimmer sollte in ähnlicher Weise funktionieren. Der Fußboden und die Oberflächen sollten frei sein – bereit, den Beschäftigungen des Tages Platz zu bieten. Wenn diese Aktivitäten enden, werden alle Gegenstände entfernt und die Flächen für den nächsten Benutzer offen und verfügbar gehalten.

Wir sollten unsere Wohnzimmer als »flexibel nutzbare Fläche« verstehen.

Wir müssen gute Wächter über unser Wohnzimmer sein. Dieser Raum ist nur ein paar Schritte von der Eingangstür entfernt und oft die erste Anlaufstelle für hereinkommende Objekte. (Und viele von ihnen sind durchaus willig, für immer dort hängenzubleiben.) Überprüfe diesen Bereich regelmäßig auf Eindringlinge. Was befindet sich in der Kiste bei der Tür? Wessen Jacke hängt über der Couch? Ist das Werbepost dort auf dem Couchtisch? Wenn du Sachen entdeckst, die dir nicht gehören, dann wehre dich! Scheuche die Eindringlinge sofort auf! Hänge Jacken auf, räume Schuhe weg, erledige die Post, und bring neue Anschaffungen direkt zu ihrem Platz.

Behalte ganz genau im Auge, welche Stellen besonders anfällig für Krempel sind – sei es der Couchtisch oder eine andere Oberfläche im Raum. Wenn du nach jeder Tätigkeit alles wieder in Ordnung bringst, hat Kram keine Chance, sich anzusammeln. Entdeckst du während des Staubsaugens oder Putzens verirrte Gegenstände, putz nicht um sie herum, sondern räum sie auf!

Leider ist das Wohnzimmer auch der Ort, an dem du am häufigsten mit dem Ramsch anderer Leute konfrontiert wirst. Im Idealfall wird dieses Problem mit der Zeit nachlassen, da alle, die in deinem Haushalt leben, die flexibel nutzbare Fläche zu schätzen und zu respektieren lernen und persönliche Dinge wieder mitnehmen, wenn sie den Raum verlassen. In der »Übergangszeit« könnte es jedoch sein, dass du die Kontrolle übernehmen und die Sachen wieder zu ihren Besitzern bringen musst. Gewöhn dir an, im Wohnzimmer jeden Abend klar Schiff zu machen und die Sachen wegzuräumen, die dort nicht hingehören. Das dauert nur wenige Minuten, macht aber einen riesigen Unterschied. Du kannst den ganzen Tag meckern und predigen und diskutieren – aber der beste Weg, andere zu inspirieren, ist, mit gutem Beispiel voranzugehen.

SCHLAFZIMMER

Das Schlafzimmer sollte – mehr als jeder andere Raum in deinem Zuhause – ein Ort des Friedens und der Ruhe sein, eine ruhige Oase in unserem hektischen Leben. Um diesen Ruhepol zu erschaffen, liegt einiges an Arbeit vor uns, aber die Mühe wird sich lohnen!

Dein Schlafzimmer sollte der ordentlichste Raum deiner Wohnung sein. Schließlich hat es eine unglaublich wichtige Funktion: Es verschafft dir Erholung – Erholung nach einem harten Tag der Arbeit, Schule, Kinderbetreuung, Haushaltsführung. Deshalb muss es ein Ort der Ruhe und Entspannung werden, nicht nur für deinen Körper, sondern auch für deine Seele.

Nimm dir ein paar Minuten Zeit, schließ die Augen und stell dir dein ideales Schlafzimmer vor. Mal dir jedes Detail aus: die Art des Bettes, die Farbe der Bettwäsche, die Kissen, die Beleuchtung, den Fußboden, das Dekor und die anderen Einrichtungsgegenstände im Raum. Was für eine Stimmung herrscht in deinem perfekten Schlafzimmer vor – ruhig, romantisch, luxuriös? Auch wenn ich deinen persönlichen Geschmack nicht kenne, so bin ich mir doch ziemlich sicher: Es gibt nicht das kleinste bisschen Krempel im Raum deiner Träume. Und das ist völlig richtig so, denn es ist schwierig, sich wohlzufühlen, wenn man zwischen Bergen von Krempel schlafen muss.

Um neu zu beginnen, räum alles aus dem Raum – außer dem Bett. Weil das Zimmer definitionsgemäß fürs Schlafen gedacht ist, darf dieses Möbelstück bleiben. Lass alle großen Objekte, die du definitiv behalten wirst – wie Kleiderschrank oder Kommode –, ebenfalls an ihrem Platz stehen. Doch alles andere fliegt erst mal raus: Tische, Stühle, Aufbewahrungskästen, Wäschekörbe, Topfpflanzen, Laufbänder, Hometrainer, Fernseher, Computer, Lampen, Bücher, Zeitschriften, Vasen, Schnickschnack und so weiter. Leere das Zimmer komplett stell die Sachen vorübergehend in einen benachbarten Raum.

Leg dich jetzt auf dein Bett und schau dich um. Eine ziemliche Veränderung, oder? Dir ist wahrscheinlich niemals aufgefallen, wie viel Platz du eigentlich hast. Fühlt es sich freier, friedlicher und entspannter an? Fällt es dir leichter, dich auszustrecken, den Kopf frei zu bekommen und einmal tief durchzuatmen? *So* sollte ein Schafzimmer sein! Es soll dich stärken und regenerieren, anstatt dich gestresst und müde zu machen. Das Beste daran: Diese idyllische Atmosphäre zu erschaffen, erfordert weder einen Innenarchitekten noch eine teure Renovierung. Alles, was du tun musst, ist entrümpeln!

ENTRÜMPELN

Beginne, dein Schlafzimmer nach dem »Wegwerfen, Wertschätzen oder Weitergeben«-Prinzip auszusortieren. Ärgere dich aber noch nicht mit Kleidung und Accessoires herum, das ist eine Aufgabe für sich, die wir im nächsten Kapitel anpacken werden. Konzentriere dich jetzt erst einmal auf alles andere – besonders auf die Gegenstände, die nichts mit Schlafen und Ankleiden zu tun haben.

Unser Schlafzimmer dient zwei Zwecken: dem Schlafen und der Aufbewahrung von Kleidung.

Wahrscheinlich wirst du auf ein interessantes Dilemma stoßen: Du wirst Dinge finden, die für *keinen* der drei Haufen angemessen sind. Du willst sie nicht im Wegwerf-Stapel entsorgen und sie auch nicht auf den Weitergeben-Haufen geben; eigentlich würdest du die Sachen ganz gerne behalten. Dennoch gehören sie nicht auf den Wertschätzen-Haufen deines Schlafzimmers, weil sie nichts mit Schlafen oder Kleidung zu tun haben. Das Problem: Die Gegenstände mögen vielleicht in dein Leben gehören, aber eben nicht ins Schlafzimmer.

Leider neigen wir dazu, unsere Schlafzimmer als Überlaufbecken für unsere Sachen zu betrachten. Wenn unsere Wohnräume zu voll werden, sickert der Überschuss durch unsere Schlafzimmertüren. Stell dir vor, du erwartest in einer Stunde Gäste und musst schnell noch das Wohn- und das Esszimmer aufräumen. Du hast schon alles, was ging, in Schränke und Schubladen geschoben, aber nun ist alles voll. Was tust du? Du bringst die übrigen Sachen ins Schlafzimmer und schließt die Tür hinter dir. Viel zu oft beanspruchen die eigentlich nur notfallmäßig hier untergebrachten Gegenstände dann ein Bleiberecht, und innerhalb kürzester Zeit benutzt du dein Schlafzimmer ganz selbstverständlich als kurzfristige Lösung für dein Krempel-Problem.

Definiere ruhig deinen Weitergeben-Haufen in einen Transfer-Haufen um und lege dort jedes Objekt hin, das in dein Zuhause gehört, aber in einen anderen Raum. Dieser Stapel kann alles Mögliche beinhalten – angefangen bei Zeitschriften über Spielsachen bis hin zu deinem Rudergerät. Du kannst sogar einige Andenken und Dinge, an denen du hängst, hinzufügen. Geh aber sicher, dass sie *wirklich* einen rechtmäßigen Platz in deinem Haushalt haben. Das Letzte, was du willst, ist ein Haufen von heimatlosem Ramsch. Wenn der Zweck eines Gegenstandes so undefiniert ist, dass du nicht weißt, wo du ihn ablegen sollst, gehört er wahrscheinlich in deine Spendenkiste.

Unser Schlafzimmer dient zwei Zwecken: dem Schlafen und der Aufbewahrung von Kleidung. Wenn wir also die anwesenden Sachen nach ihrer Daseinsberechtigung fragen, muss die Antwort etwas mit Ruhe, Entspannung oder Kleidung zu tun haben – andernfalls landen sie auf dem Transfer- oder Wegwerf-Stapel.

Dein Bett ist vermutlich gerade ziemlich selbstzufrieden, da es weiß, dass es diesen Test mit Bravour bestehen wird. Die Dinge auf deinem Nachttisch, Schminktisch oder auf der Kommode mögen ein bisschen nervös werden, aber einige von ihnen haben jegliches Recht, dort zu sein. Der Wecker gehört dazu, deine Brille, Taschentücher und das Buch, das du gerade liest. Du kannst auch die Vase mit den Blumen und einige Kerzen behalten – sie helfen gewiss dabei, eine romantische oder entspannte Atmosphäre zu erschaffen. Ein paar weitere Objekte mögen ebenfalls Zutritt in dieses begehrte, gemütliche Zimmer erhalten, aber um ehrlich zu sein, fallen mir nicht allzu viele ein, die ein Recht darauf hätten. »Weil es keinen anderen Ort gibt, wo sie sein könnten«, ist *kein* guter Grund, um sie hierzulassen.

Jetzt lass uns über die Dinge reden, die im Schlafzimmer nichts verloren haben, aber oft versuchen, sich ihren Weg hinein zu bahnen. Zum Beispiel dieser lästige Korb mit sauberer Wäsche. Natürlich bietet das Bett eine exzellente Oberfläche, um Kleidung zu falten – aber bring es auch zu Ende! Sockennester und T-Shirt-Stapel sind nicht wirklich förderlich für einen romantischen Abend. Das Gleiche gilt für Spielzeug – es ist schwierig, neben einer Herde von Stofftieren in Stimmung zu kommen.

Bastel- und Handarbeitsbedarf ist ein weiteres Thema. Er wandert oft ins Schlafzimmer, wenn er nirgendwo anders Unterschlupf finden kann. Aber sofern du nicht im Schlaf strickst, sollten Garn und Nadeln aus dem Schlafzimmer verschwinden. Nur wenn es eine Beschäftigung ist, der du tatsächlich vor dem Einschlafen nachgehst, werden wir eine Ausnahme machen.

In diesem Fall bunkere die Sachen in einer Kiste oder einem Beutel unter dem Bett. Finde aber bitte einen anderen Lagerplatz für Trainingsgeräte und Computerzubehör – Hanteln und Festplatten sind weder beruhigend noch entspannend.

Vielleicht sehe ich das etwas zu streng, aber ich finde, Schnickschnack hat im Schlafzimmer nichts zu suchen. Ein paar besondere Dekostücke sind akzeptabel, aber lass es nicht zu viele werden. Je mehr Dinge auf deinen Flächen stehen, desto schwieriger wird das Abstauben – und wer will denn bitte *noch mehr* Zeit mit Hausarbeit verbringen?!

Jetzt lass uns überlegen, wie wir unseren Kram sonst noch reduzieren können. Meiner Meinung nach beginnt hier der wirkliche Spaß des Minimalisten-Daseins! Ich hatte schon immer einen etwas rebellischen Charakter, und mit den gesellschaftlich anerkannten Normen in Bezug auf Besitz und Konsum zu brechen, ist mir ein besonderes Vergnügen!

Unsere Schlafzimmer sind unsere eigenen kleinen Welten. Wenige Außenstehende betreten diesen intimen Raum, und diejenigen, die es tun, kennen uns wahrscheinlich ziemlich gut (und werden nicht aufgrund unseres »Mangels« an Möbeln über uns urteilen). Deshalb können wir hier unsere minimalistischen Fantasien voll ausleben. In deinem Wohnzimmer magst du Skrupel haben, Gäste auf dem Fußboden Platz nehmen zu lassen, aber dein Schlafzimmer geht niemanden etwas an.

Als Kind hatte ich ein gut ausgestattetes Prinzessinnenzimmer: ein schönes Himmelbett, geblümte Bettdecken und Vorhänge und eine komplette Garnitur von Schminktisch, Kommoden und

Bücherschränken. Fast die gesamte Bodenfläche war mit Möbelstücken bedeckt, nur um das Bett herum gab es einen schmalen freien Pfad. Obwohl das Zimmer sehr hübsch war, empfand ich es als erdrückend. Ich hatte das Gefühl, nie genug Platz zu haben, um meine jungen Glieder auszustrecken und mich frei zu bewegen. Als Teenager beschwatzte ich dann meine Eltern, dass ich mein Zimmer »renovieren« durfte. Schminktisch, Kommoden und Nachtschränkchen flogen raus, und ich tauschte das schicke Bett gegen eine Matratze auf einem einfachen Rahmen aus. Das Verhältnis von 80 Prozent Möbel- zu 20 Prozent Bodenfläche verkehrte sich ins Gegenteil – und ich liebte das Ergebnis! (So wurde eine Minimalistin geboren!)

Heute haben mein Mann und ich nichts in unserem Schlafzimmer außer einer Futonmatratze auf dem Boden. Das mag nicht für jeden funktionieren, aber für uns ist es genau richtig. Indem wir den Bettrahmen loswurden, beseitigten wir auch das Bedürfnis nach Nachttischen. Anstatt Kommoden zu benutzen, lagern wir unsere Kleidung in Einbauschränken, organisiert mit hängenden Stoffregalen und einer Handvoll Behälter. Wir haben keinen Schminktisch, denn wir erledigen jegliche Körperpflege im Bad. Aufs absolute Minimum reduziert, hat unser Schlafzimmer eine freie, luftige, geräumige Atmosphäre – genau das, was wir nach einem arbeitsreichen Tag in einer hektischen Welt brauchen.

Ich möchte nochmals betonen, dass du bestimmte Möbelstücke keinesfalls besitzen musst, weil es vielleicht erwartet wird oder logisch erscheint. Nur weil die Schlafzimmergarnitur im Möbelhaus aus sechs zueinanderpassenden Teilen besteht, bedeutet das nicht, dass du alle davon kaufen musst. Nicht jeder benötigt einen Schminktisch, eine Kommode oder einen Nachttisch. Es braucht nicht einmal jeder ein Bett! Vergiss all die Fotos von »perfekten« Schlafzimmern in irgendwelchen Magazinen und Werbespots. Halte stattdessen inne und denk darüber nach, was *du* wirklich brauchst. Reduziere die Sachen in deinem Schlafzimmer bis hin zu einem zweckmäßigen Minimum und erobere dir all den herrlichen Platz zurück. (Deine Nachbarn müssen nie erfahren, dass du ohne Nachttisch lebst.)

Versuch, auch deine Bettwäsche zu reduzieren. Ist es wirklich notwendig, separate Sommer- und Winterbettwäsche zu besitzen? In den meisten Klimazonen wird einfache Baumwolle das ganze Jahr hindurch völlig ausreichen. Entscheide dich für eine Bettdecke, die du das ganze Jahr über benutzen kannst. Anstatt Laken und Bezüge für eine ganze Armee aufzustapeln, beschränke deine Sammlung auf das Nötige. Indem du weise Entscheidungen fällst, kannst du den Inhalt deines Wäscheschranks deutlich reduzieren, ohne dabei an Komfort einzubüßen.

Keinesfalls musst du bestimmte Möbelstücke besitzen, weil es vielleicht erwartet wird oder logisch erscheint.

EINGRENZEN

Damit unser Schlafzimmer friedlich und ruhig ist, muss alles darin einen eigenen Platz haben. Wenn Sachen verstaut sind, herrscht ein Gefühl der Ruhe vor, aber verirrte Dinge stören diese Atmosphäre.

Der Innere Zirkel unseres Schlafzimmers sollte die Gegenstände beinhalten, die täglich benutzt werden wie zum Beispiel Wecker, Lesebrille, Pflegeprodukte und saisonale Kleidung. Natürlich sollten sich diese Dinge alle an ihrem festen Platz befinden, anstatt verstreut herumzuliegen. Kleidung sollte im Schrank und in den Kommoden verstaut sein und *nicht* auf dem Fußboden liegen oder über Stühlen hängen. Mach es dir zur Gewohnheit, deine Kleidung sofort zusammenzulegen, aufzuhängen oder in den Wäschekorb zu werfen, nachdem du dich ausgezogen hast. Verstaue deine Kosmetikutensilien in einer Kosmetiktasche oder in einem anderen Behälter und versicher dich, dass alle Accessoires – wie Schuhe, Gürtel, Handtaschen und Schmuck – ihren festen Platz in deinem Schrank oder in den Schubladen haben. Die Sachen deines Inneren Zirkels sollten sich in Reichweite befinden, aber nicht unbedingt in Sichtweite.

Reserviere deinen Äußeren Zirkel für Dinge wie Extrabettwäsche und nicht saisonale Kleidung. Was die Tiefendeponie betrifft, fällt mir nicht ein einziger Schlafzimmergegenstand ein, der hierfür infrage käme. Garagen, Dachböden und Keller sind keine guten Orte, um Bettwäsche zu lagern, und außerdem sollte jegliches Bettzeug, das du besitzt, regelmäßig benutzt werden.

Wenn du keinen speziellen Wäscheschrank irgendwo anders im Haus hast, benutze im Schlafzimmer Module für dein zusätzliches Bettzeug. Plastikbehälter, die du unter dem Bett verstauen kannst, sind perfekt, um Laken, Bezüge und Decken zu lagern. Wende diese Methode in jedem Schlafzimmer des Hauses an, sodass jedes Familienmitglied leichten Zugriff auf seine Bettwäsche hat. Auf diese Weise wirst du die Unordnung verhindern, die fast zwangsläufig entsteht, wenn all diese Sachen irgendwo zusammen in ein Fach gestopft werden.

Wenn du deine Bettwäsche ordnest, wirst du wahrscheinlich überrascht sein, wie viel du besitzt. Laken und Bezüge scheinen sich zu vermehren, wenn wir gerade nicht hinsehen. Hin und wieder kaufen wir ein neues Set, weil uns das Muster gefällt, unsere alten Bezüge schäbig werden oder Gäste im Anmarsch sind. Die alten Garnituren werden aber »für den Notfall« aufbewahrt, und so wächst unsere Sammlung kontinuierlich an. Die Wäsche in Modulen abzulegen bietet nun die wundervolle Möglichkeit, sie auf eine vernünftige Menge zu reduzieren.

Geh noch einen Schritt weiter und begrenze deine Bettwäsche auf eine bestimmte Anzahl. Zwei Garnituren pro Bett sind in der Regel ausreichend. Bei Bettdecken spielt natürlich das Klima eine Rolle: Je beständiger das Klima in der Gegend ist, in der du wohnst, desto weniger Decken brauchst du. Generell bewahre nicht mehr Bettwäsche auf, als deine Familie (und eure Gäste) zu einem bestimmten Zeitpunkt benutzen kann. Halte an der

»Eins rein – eins raus«-Regel fest – wenn du dir das nächste Mal neue Bettwäsche anschaffst, gib eine alte Garnitur in den Altkleidercontainer.

Wenn du Kosmetikprodukte im Schlafzimmer aufbewahrst, erstelle dafür ebenfalls Module. Lagere Kosmetik, Kämme, Haarbürsten und Stylingprodukte in einer Tasche oder in einem Behälter, der leicht verstaut werden kann, wenn er gerade nicht benutzt wird. Es ist schließlich netter, ein paar Beauty-Geheimnisse zu wahren, als eine romantische Atmosphäre durch eine Aufreihung von Haarspray, Fußpuder, Bodylotion oder Deodorant auf deiner Kommode zu verderben. Empfehlenswert ist auch – gerade für Leute, die keine Handtasche benutzen – eine kleine Schale, Kiste oder Schublade für die wichtigen Alltagsdinge, wie Portemonnaie, Kleingeld, Fahrscheine und Schlüssel. Wenn du sie an einem Ort zusammenlegst, sieht es gleich viel ordentlicher aus, und am nächsten Morgen findest du alles mühelos wieder.

ERHALTEN

Lass uns über die wichtigste Fläche im Schlafzimmer sprechen: das Bett. Es sollte immer frei sein – ohne Wenn und Aber. Dein Bett ist für deine Gesundheit und dein Wohlbefinden essenziell und wird täglich mehrere Stunden lang benutzt, deshalb sollte es seinen Zweck jederzeit erfüllen können.

Dein Bett ist eine zweckmäßige Fläche, keine dekorative – beschränke Dekokissen und andere unnötige Dinge auf ein Minimum. Je weniger Sachen du aufzuräumen und in Ordnung zu bringen hast, umso besser. Nimm dir ein Vorbild an luxuriösen Hotels und halte dein Bett schlicht: Frische, weiße Laken, gute Kissen und eine kuschelweiche Bettdecke machen es zu einem himmlischen, minimalistischen Zufluchtsort.

Wenn ich sage, dass das Bett eine zweckmäßige Fläche ist, meine ich damit nicht, dass es allen möglichen Zwecken dienen sollte. Es ist nicht deine Wäschestation, dein Arbeitsbereich oder der Spielplatz deiner Kinder. Sollte es dennoch temporär einem dieser Zwecke dienen, dann räume sofort danach die Kleidung, den Papierkram oder die Spielsachen weg.

Natürlich ist das Bett nicht die einzige Fläche, die stetig kontrolliert werden muss. Je mehr Möbelstücke du hast – Nachttische, Schminktische, Kommoden, Tische – desto mehr Zeit musst du der täglichen Wartung widmen (ein guter Grund, um weniger Möbelstücke zu besitzen!). Gib verirrten Gegenständen keine Chance, sich dauerhaft niederzulassen. Räume die Oberflächen frei und reserviere sie für eine Handvoll Dinge, die wirklich dorthin gehören. Vergiss auch nicht den Fußboden. Verbanne die Bücher- und Zeitschriftenstapel (wie viele kannst du gleichzeitig lesen?) und alles andere, das sich angesammelt hat. Lass vor allem keine Kleidungsstücke auf dem Fußboden herumliegen. Wenn du einmal damit anfängst, sammelt sich unweigerlich ein Kleiderberg an, und das ist weder für das Ambiente gut noch für die Kleidung. Der einzige Teil des Fußbodens, der Stauraum bieten darf, ist unter dem Bett. Nutze diesen Raum, aber nutze ihn weise. In anderen Worten: Mach daraus kein Versteck für Krempel.

Im Schlafzimmer mag nicht so viel los sein wie in deinen anderen Räumen, dennoch muss es täglich gewartet werden, um sauber und chaosfrei zu bleiben.

Nummer eins auf dem Tagesprogramm: Mach jeden Tag das Bett. Diese simple Tätigkeit dauert nur wenige Minuten, kann den Raum aber komplett verändern. Ein gemachtes Bett gehört zu den kleinen Freuden des Lebens, es lädt dich dazu ein, nach einem harten Arbeitstag hineinzuschlüpfen und zu entspannen. Es strahlt Ruhe aus und lässt das Schlafzimmer ordentlich und aufgeräumt wirken. Wenn das Bett nicht gemacht ist, scheint Unordnung im restlichen Raum weniger aufzufallen. Ein ordentliches Bett lässt die Tarnung des Krempels unmittelbar auffliegen und macht es viel unwahrscheinlicher, dass sich noch mehr davon ansammelt.

Halte dein Bett schlicht: Frische, weiße Laken, gute Kissen und eine kuschelweiche Bettdecke machen es zu einem himmlischen, minimalistischen Zufluchtsort.

Nummer zwei: Kontrolliere den Raum auf Kleidungsstücke. Falls etwas in der Gegend herumliegt, räum es weg. Besonders schwer kann es sein, Schuhe und Handtaschen aufzuräumen, die du gern und oft benutzt. Gib ihnen ihren eigenen, besonderen Platz im Schrank (und leg sie jeden Abend dorthin zurück), sodass sie sich nicht in *deinem* Raum breitmachen.

Nummer drei: Halte Ausschau nach ungeladenen »Gästen«. So privat dieser Raum auch sein mag, schleichen sich doch manchmal Fremde ein (meist mithilfe eines anderen Familienmitglieds). Wenn du das Stofftier deines Kindes oder den Tennisschläger deines Ehepartners in der Ecke entdeckst, befördere diese Dinge umgehend an ihren Platz zurück. Der zu Ende gelesene Krimi hat keinen Anspruch auf den Platz neben deinem Bett. Sofern du kein Bücherregal in deinem Schlafzimmer hast, bring das Buch zu seinem entsprechenden Modul im Wohnzimmer oder Büro zurück, oder leg es in die Spendenkiste.

Räum das Schlafzimmer jeden Abend auf, bevor du deine Augen schließt, und du wirst jeden Morgen in einem wundervollen, ruhigen, klaren Raum aufwachen!

KLEIDERSCHRANK

Es wird Zeit, das Chaos in unseren Kleiderschränken anzugehen. Wenn du viele Klamotten hast, aber nichts zum Anziehen, ist dieses Kapitel genau das richtige für dich. Wir werden herausfinden, wie das Reduzieren unserer Kleidung Zeit, Geld, Platz und Stress einsparen kann und es uns gleichzeitig *leichter* macht, gut angezogen zu sein. Einen kompakten Kleiderschrank zu haben ist eine der wahren Freuden im Minimalisten-Leben!

Deinen Schrank auszumisten muss keine lästige Arbeit sein, im Gegenteil – eigentlich ist es sogar eine meiner Lieblingsbeschäftigungen beim Entrümpeln. Die Aufgabe ist einfacher, als einen ganzen Raum in Angriff zu nehmen, denn es gibt keine Möbel, Nippes oder Kram von anderen Leuten. Ich mag es, dabei Musik anzumachen, ein Glas Wein zu genießen und eine kleine Modenschau nur mit mir und für mich zu veranstalten. Schäbige, alte Sachen rauszuwerfen und tolle neue Outfits zu planen macht Spaß, und am Ende wirst du noch mit jeder Menge Platz im Schrank belohnt.

Um neu zu beginnen, nimm alles aus deinem Kleiderschrank und den Kommoden heraus und leg es auf dein Bett. Und mit alles meine ich *alles*! Greif in alle dunklen Nischen und zieh die

Schlaghose, den Ballonrock und das Brautjungfernkleid von der Hochzeit deiner Schwester hervor. Fisch die Cowboystiefel, Plateausandalen und Riemchen-Stilettos, in denen du niemals laufen konntest, heraus. Wirf Unterwäsche, Socken, Pyjamas und Strumpfhosen aus ihren jeweiligen Schubladen und stelle deine Handtaschen für eine Inspektion auf. Fahr damit fort, bis alle Schubladen, Regale und Kleiderbügel leer sind.

Bevor wir gleich weitermachen, lass uns für eine Gewissensprüfung innehalten. Um einen minimalistischen Kleiderschrank zu erschaffen, müssen wir wissen, was *richtig* für uns ist. Denk über deinen persönlichen Stil nach: Ist er klassisch, sportlich, adrett, punkig, unkonventionell, glamourös, traditionell, romantisch oder modern? Bevorzugst du Pastellfarben, satte Farben oder auffallende Primärfarben? Steht dir eng taillierte oder locker und fließend fallende Kleidung am besten? In welchen Stoffen fühlst du dich am wohlsten? Hab deine Antworten stets parat, während du deine Kleidung beurteilst. Stücke, die nicht zu deinem Stil oder deinen Vorlieben passen, werden vermutlich mehr Zeit in deinem Kleiderschrank verbringen als an deinem Körper.

Stell dir als Nächstes vor, dass ein Feuer, eine Flut oder ein anderes Unglück deine ganze Garderobe vernichtet hat und du dich komplett neu einkleiden musst. Deine finanziellen Möglichkeiten sind begrenzt, also musst du kluge Entscheidungen treffen. Mach dir Gedanken, was das absolut Notwendige für eine typische Woche wäre. Auf deiner Liste dürften Socken, Unterwäsche, ein oder zwei Hosen, ein paar T-Shirts, eine Jacke, ein vielseitig einsetzbares Paar Schuhe und vielleicht ein Pullover, ein

Rock oder Kleid und eine Strumpfhose stehen (vergiss die letzten beiden Positionen, wenn du ein Mann bist). Du wirst Sachen auswählen, die sowohl für die Arbeit als auch für deine Freizeit angemessen sind und die im Zwiebelsystem getragen werden können, damit du dich bei Kälte ebenso wohlfühlst wie an warmen Tagen. Die ausgewählten Klamotten sollten sich alle miteinander kombinieren lassen und aufeinander abgestimmt sein, damit du mit nur wenigen Kleidungsstücken eine Vielzahl von Outfits erschaffen kannst. Diese Übung rückt deine zweckmäßigsten Stücke ins Blickfeld und legt eine gute Grundlage für deine minimalistische Garderobe.

ENTRÜMPELN

Da jetzt alles aus deinem Schrank vor dir liegt, probiere auch alles einmal an. Wenn du das Partykleid oder den Dreiteiler schon seit fünf Jahren nicht mehr getragen hast, woher willst du dann wissen, dass das Kleidungsstück überhaupt noch passt? Zieh alles der Reihe nach an und dreh dich vor dem Spiegel. Wir alle wissen, dass Sachen, die auf dem Bügel gut aussehen, noch lange nicht an uns gut aussehen müssen – und umgekehrt.

Sortiere in Wegwerf-, Wertschätzen- und Weitergeben-Haufen und motiviere dich, einige schwierige Entscheidungen zu treffen. Benutze Kisten oder Müllbeutel für deine ausrangierten Kleidungsstücke – nicht um sie wegzuwerfen sondern, um sie außer Sichtweite aufzubewahren. Das wird die Versuchung zügeln, eigentlich aussortierte Dinge wieder zurückzuholen. Wenn deine Entschlossenheit ins Wanken gerät, leg eine Pause ein und lies noch einmal die Philosophie-Kapitel in Teil eins. Manchmal braucht es nur ein paar aufmunternde Worte, um weitermachen zu können!

Auf dem Wegwerf-Haufen legst du all die Dinge ab, die nicht mehr zu reparieren sind (oder die du nicht reparieren kannst oder willst) wie zum Beispiel der löchrige Pullover oder das Hemd mit dem hartnäckigen Fleck. Wenn du eines deiner Kleidungsstücke nicht einfach aus deinem Schrank ziehen und in der Öffentlichkeit tragen kannst (weil es fleckig oder kaputt ist), dann gehört es nicht mehr in den Schrank. Das bedeutet nicht, dass du alles wegschmeißen musst. Wenn du die Sachen für einen anderen Zweck benutzen kannst, umso besser – aber behalte sie nur, wenn du eine besondere Verwendung im Sinn hast. Ansonsten wirf sie weg, und zwar in den Altkleidercontainer. Auch kaputte Sachen, Lumpen und Stoffreste kannst du getrost dort entsorgen – sie werden sortiert und weiterverwertet, z. B. als Dämmmaterial.

Der entscheidende Grund, ein Kleidungsstück zu behalten, ist, dass *du es trägst.*

Wenn wir es nur mit verschlissenen Sachen zu tun hätten, wäre das Entrümpeln ein Kinderspiel! Etliche unserer Klamotten liegen jedoch schon lange, bevor sie abgenutzt sind, nur noch in unserem Schrank herum, ohne je das Tageslicht zu sehen. Leg auf deinen Weitergeben-Haufen alle Sachen, die dir ein Gefühl von Befangenheit, Unbehagen oder Überholtheit vermitteln. Anders gesagt: all die gut erhaltenen Klamotten, die aber nicht mehr gut für dich sind. Anstatt sie in deinem Kleiderschrank vor sich hindümpeln zu lassen, gib ihnen die Chance auf ein zweites Leben. Wenn du etwas entdeckst, das noch sein Etikett trägt, versuch, es zurückzugeben – das ist innerhalb eines gewissen Zeitrahmens eigentlich immer möglich. Andernfalls verkauf es online oder spende es einer Wohltätigkeitsorganisation.

Arbeite die Rationalisierungsmethode durch, um deine Kostbarkeiten zu finden, und bald schon hast du eine minimalistische Garderobe.

Wenn du lieber langsam vorgehen möchtest, ist hier eine alternative Technik, die nur wenig Mühe kostet. Du brauchst grüne, gelbe und rote Bänder. Wenn du ein Kleidungsstück getragen hast, binde eine Schleife um seinen Kleiderbügel oder an einen Reißverschluss, Knopf oder Ähnliches: grün, wenn du dich darin fabelhaft gefühlt hast; rot, wenn du dich damit altmodisch oder unwohl gefühlt hast; oder gelb, wenn du unentschlossen bist. Nach sechs Monaten behalte die grünen und gelben Kleidungsstücke und leg die roten in den Wegwerf- oder Weitergeben-Haufen. Wenn etwas gar keine Schleife hat, bedeutet das, dass du es nicht getragen hast – das Schicksal dieses Kleidungsstückes dürfte klar sein!

Der entscheidende Grund, ein Kleidungsstück zu behalten, ist, dass *du es trägst*. Das klingt einfach, oder? Würde das nicht den Großteil unserer Klamotten rechtfertigen? Moment, nicht so schnell. Laut dem Pareto-Prinzip oder der 80/20-Regel tragen wir zwanzig Prozent unserer Garderobe in achtzig Prozent unserer Zeit. Oha! Das bedeutet, dass wir den Großteil unserer Klamotten *nicht* tragen – zumindest nicht oft. Wir könnten unsere Garderobe auf ein Fünftel reduzieren und würden kaum etwas vermissen!

Kleidung, *die dir passt,* hat einen guten Grund, in deinem Kleiderschrank zu bleiben. Wenn sie nicht passt, kannst du sie nicht tragen, und warum solltest du etwas behalten, das du ohnehin nicht anziehen kannst? Kleidungsstücke für eventuelle dünnere oder dickere Zeiten zu lagern ist reine Platzverschwendung.

Sachen, die *dir gut stehen,* sind in deinem Kleiderschrank ebenfalls willkommen. Entscheide, welche Ärmellänge deine Arme sexy aussehen lässt und welche Rocklänge deine Beine am besten zur Geltung bringt. Finde heraus, welche Farben zu deinem Hautton passen und welche unvorteilhaft für dich sind. Mach deine Garderobe von deinem Körper abhängig, nicht von Trends. Wenn du über den Kauf eines Outfits nachdenkst, stell dir zuerst die Frage, ob du es gerne tragen würdest, wenn du fotografiert wirst oder deinem Ex begegnest. Wenn die Antwort »Nein« lautet, kauf es nicht.

Kleidungsstücke, die zu *deinem Lebensstil passen,* wirst du ebenfalls behalten. Mach eine Liste der Aktivitäten, für die du Kleidung brauchst – so wie Beruf, gesellschaftliche Funktionen, Gartenarbeit, Freizeit und Sport – und beurteile die Teile dementsprechend. Widerstehe der Versuchung, an »Fantasie-Klamotten«

festzuhalten – ein Kleiderschrank voller Cocktailkleider wird aus dir keinen Filmstar machen. Verwende den Platz stattdessen für die Dinge, die du im echten Leben tragen wirst. Pass deine Garderobe deinen aktuellen Lebensumständen an: Verbann die Hosenanzüge, wenn du jetzt zu Hause arbeitest, werde den Thermoparka los, wenn du in eine wärmere Klimazone gezogen bist.

Behalte etwas nicht nur, weil du viel Geld dafür ausgegeben hast. Ich weiß, dass es hart ist, den Kaschmirpullover oder die Designer-High-Heels abzustoßen, selbst wenn du sie niemals trägst. Wenn sie in deinem Schrank liegen, hast du wenigstens das Gefühl, dein Geld nicht verschwendet zu haben. Aber dir wird es besser gehen, wenn du die Sachen verkaufst und noch etwas Geld dafür bekommst, oder wenn du sie spendest. Im letzten Fall kommen sie zumindest noch einem guten Zweck zugute.

Im Wesentlichen ist die Garderobe eines Minimalisten das, was allgemein als Capsule Wardrobe, Kapsel-Garderobe, bekannt ist: ein kleiner Bestand an essenziellen Stücken, die alle zueinander passen und miteinander kombiniert werden können, sodass man aus ihnen eine Vielzahl von Outfits zaubern kann. Zuerst such dir eine Grundfarbe aus – wie beispielsweise Schwarz, Braun, Grau, Marineblau, Creme- oder Khakifarben –, und begrenze deine Basisteile auf diesen Farbton. Ich habe mich für Schwarz entschieden – hauptsächlich, weil mir die Farbe schmeichelt, vielseitig einsetzbar ist und Flecken kaschiert. All meine dunkelblauen und braunen Kleidungsstücke sortierte ich aus, nachdem diese

Entscheidung gefallen war. Diese Strategie verkleinerte nicht nur drastisch meine Garderobe, sondern half mir auch enorm dabei, meine Accessoires zu reduzieren. Ich freute mich riesig darüber, dass ich nicht mehr länger Schuhe und Handtaschen in vielen Farben brauchte. Eine schwarze Handtasche oder ein Paar schwarze Schuhe passen zu allem in meinem Kleiderschrank, was bedeutet, dass ich mit weitaus weniger auskomme.

Idealerweise solltest du imstande sein, dich im Dunkeln anzuziehen und immer noch fabelhaft auszusehen.

Diese Strategie bedeutet natürlich nicht, dass du dich fortan einfarbig anziehen musst, denn jetzt suchst du dir deine Akzentfarben aus. Wähle eine Handvoll von Farbtönen, die dir schmeicheln und gut mit deiner Grundfarbe harmonieren. (Ich habe mich für Burgunderrot, Pflaume, Türkis und Petrol entschieden.) Bleib bei diesen Farben, wenn du Hemden, Pullover und andere Teile aussuchst, die du zu deinen Basics trägst. Für mehr Abwechslung kannst du eine zweite neutrale Farbe auswählen: Ich habe Röcke und Hosen in Grau und Schwarz. Du könntest Khaki zuzüglich zu Braun auswählen oder Cremefarbenes zu Marineblau – gehe nur sicher, dass all deine Farben zueinander passen. Idealerweise solltest du imstande sein, dich im Dunkeln anzuziehen und immer noch fabelhaft auszusehen.

Als Nächstes konzentriere dich auf die Flexibilität. Jeder Kandidat für deine Kapsel-Garderobe muss ein Multitalent sein. Du solltest deine Sachen bei verschiedenen Wetterverhältnissen sowie bei einer Vielzahl von Anlässen tragen können. Entscheide dich für Teile, die du im Zwiebelprinzip übereinander tragen kannst, anstatt für dicke Kleidungsstücke: Ein Langarmshirt kombiniert mit einem Cardigan kann zum Beispiel weitaus häufiger getragen werden als ein dicker Pullover. Wähle eher einfache Silhouetten als verspielte: Ein T-Shirt mit V-Ausschnitt kann vielfältiger kombiniert werden als eines mit Rüschen. Entscheide dich für Sachen, die mit allem tragbar sind anstatt mit fast nichts: Einfache schwarze Pumps sind unendlich vielseitiger als lindgrüne Stilettos.

Bevorzuge Klamotten, die man sowohl aufpeppen als auch leger tragen kann. Lass Paillettentops, Kapuzensweatshirts und alles andere sausen, das für dein tägliches Leben zu elegant oder zu leger ist. Entscheide dich stattdessen für die Bluse, die du sowohl im Büro als auch zum Ausgehen tragen kannst; das Kleid, das mit einer Perlenkette aufgepeppt oder relaxed mit einem Paar Sandalen getragen werden kann; das Hemd, das sowohl mit Anzug und Krawatte als auch mit Jeans kombiniert werden kann. Du willst das Ganze noch etwas aufpeppen? Mach es wie die immer modisch gekleideten Franzosen und benutze schicke Akzente, wie zum Beispiel eine besondere Krawatte, einen auffallenden Gürtel oder ein schlichtes Armband. Mir ist aufgefallen, dass mich immer jemand auf mein »neues Outfit« anspricht, wenn ich einen auffälligen Schal zu einem alten Ensemble trage. Das ist die Macht der Accessoires – sie peppen einen langweiligen Look sofort auf und brauchen nur wenig Lagerraum.

EINGRENZEN

Bewahre deine Kleidung in einem Schrank, in einer Kommode oder Regaleinheit auf. Lass deine Schuhe nicht im Wohnzimmer herumliegen oder deine Shirts sich im Schrank deines Ehepartners verstecken. Gib jedem Kleidungsstück einen Platz: Ordne bestimmte Borde deinen T-Shirts zu, leg Schubladen für die Unterwäsche fest und reserviere spezielle Bereiche des Schranks für Jacken, Anzüge und Kleider. Bewahre in deinem Inneren Zirkel die Teile auf, die du täglich oder wöchentlich trägst – wie Socken, Unterwäsche, Pyjamas, Arbeitskleidung, Klamotten fürs Wochenende, Sportbekleidung und Sachen, die du zu Hause trägst. Diese in greifbarer Nähe zu haben spart Zeit beim Anziehen und macht es leichter, sie wieder wegzuräumen.

Reserviere deinen Äußeren Zirkel für Dinge, die du seltener trägst – von ein- bis zweimal im Monat bis zu ein- bis zweimal im Jahr. Dies betrifft wahrscheinlich elegante und formelle Kleidung. Aber warum sie überhaupt behalten, wenn du sie so selten trägst? Weil es sein kann, dass du zu einer Hochzeit, einer Party oder einer anderen gesellschaftlichen Veranstaltung eingeladen wirst und es weniger stressig ist, etwas im Schrank zu haben, als shoppen gehen zu müssen. Du musst nicht drei Smokings haben oder fünf Ballkleider – ein Anzug oder ein kleines

Schwarzes dürften genügen. Weil solche Anlässe nur selten sind, kommst du vermutlich damit durch, immer dasselbe zu tragen. Dein Äußerer Zirkel könnte auch saisonale Kleidung beinhalten, wie Ski- oder Badebekleidung. Verlege sie zur passenden Jahreszeit in deinen Inneren Zirkel.

Nur sehr wenig (besser gar keine) Kleidung sollte sich in der Tiefendeponie befinden. Dinge, an denen man hängt, sind hierfür potenzielle Kandidaten, falls du dich zum Beispiel dafür entschieden hast, dein Hochzeitskleid zu behalten. Vielleicht benutzt du die Tiefendeponie auch, um Kinderkleidung für ein jüngeres Geschwisterchen aufzubewahren. Sei nur vorsichtig, wo du sie lagerst: Dachböden, Keller und Garagenräume bieten nicht immer ein ideales Klima für Stoffe. Finde, wenn möglich, einen trockenen, abgelegenen Ort dafür.

Wenn du deine Kleidung in Module zusammenlegst, können die Resultate verblüffend sein! Möglicherweise realisiert du, dass du zehn schwarze Hosen besitzt, zwanzig weiße Hemden oder dreißig Paar Schuhe. Wenn du all die ähnlichen Sachen zusammen siehst, wirst du schnell begreifen, dass du *mehr* als genug hast. Behalte das Modulsystem bei, denn so kommst du nicht in Versuchung, noch etwas zu deiner Sammlung hinzuzufügen. Hänge alle Röcke, alle Hosen, alle Kleider, alle Jacken zusammen. Lagere Pyjamas, Sportbekleidung und Pullover in eigenen Fächern, und Socken und Unterwäsche in speziell dafür vorgesehenen Schubladen.

Wenn du möchtest, kannst du deine »Kategorie«-Module noch zusätzlich nach Farbe, Saison oder Typ gliedern. Separiere zum Beispiel all deine marineblauen Hosen, braunen Blazer oder Khaki-Shorts. Deine Shirts kannst du in ärmellos, kurze Ärmel und lange Ärmel aufteilen, deine Röcke in Mini, Knielänge und Knöchellänge. Du kannst deine Kleider in leger und formell trennen und deine Anzüge in Sommer- und Wintermodelle. Je feiner gegliedert deine Module sind, desto leichter hast du den Überblick, was du alles besitzt. Tu dasselbe mit Accessoires. Nur weil sie klein sind, sollten sie nicht vergessen werden. Leg deine Schals zusammen und trenne sie nach Saison. Leg deine Schuhe zusammen und sortiere sie nach Aktivität. (Wie viele Paar Sneakers besitzt du?) Leg deinen Schmuck zusammen und teil ihn auf, in Ohrringe, Ketten, Broschen, Ringe und Armreifen. Leg deine Handtaschen zusammen und trenn sie nach Farbe, Saison oder Zweck.

Wenn du einmal alles zusammengelegt hast, ist es an der Zeit, auszusortieren. Stellst du fest, dass du zu viele Gegenstände von einer Kategorie hast, behalte nur die schönsten und diejenigen, die dir am besten stehen – wahrscheinlich trägst du ohnehin nur diese.

Natürlich ist es nachvollziehbar und sinnvoll, mehrere Exemplare eines Kleidungsstücks zu besitzen. Nur für wenige Menschen ist ein einziges T-Shirt oder nur eine Hose ausreichend. Selbst buddhistische Mönche besitzen normalerweise zwei Gewänder. Problematisch wird es, wenn du so viele ähnliche Sachen hast, dass du das meiste davon kaum trägst.

Wenn du aussortiert hast, weise allen Kleidungsstücken einen Platz zu und halte diese Ordnung aufrecht. Das bedeutet nicht, dass du zwanzig neue Plastikbehälter kaufen musst – du kannst deine Anziehsachen einfach in einem bestimmten Regal, in einer bestimmten Schublade oder in einem bestimmten Bereich deines Schranks aufbewahren. Kleine Gegenstände lagert man am besten in Behältern: Benutze Kisten oder Körbe für Dinge wie Strumpfhosen, Schals, Uhren und Schmuck. Das wird sie organisiert halten und buchstäblich einen Deckel auf weitere Ansammlungen legen.

In unseren Zeiten der Massenproduktion ist Kleidung billig und schnell erhältlich. Wir können auf Shoppingtour gehen und mit einer Wagenladung neuer Klamotten zurückkommen, wenn das unserem Naturell entspricht. Außerdem ändert sich die Mode ständig. Was in dieser Saison angesagt ist, ist in der nächsten schon wieder out, nur um von neuen Dingen abgelöst zu werden, die man unbedingt haben muss. Während unsere Urgroßeltern jedes Jahr nur wenige neue Sachen anschaffen konnten, unterliegen wir nicht solchen Einschränkungen. Kein Wunder also, dass unsere Kleiderschränke oft aus allen Nähten platzen!

Wenn wir unsere Garderobe auf den neuesten Stand bringen, müssen wir sie auch von altmodischen, nicht mehr passenden und ungeliebten Sachen befreien.

Deshalb spielen Grenzen eine so große Rolle in unseren minimalistischen Garderoben – sie halten unsere Kleidung und Accessoires auf einem überschaubaren Maß. Begrenze deine Klamotten unbedingt auf den verfügbaren Stauraum – lass sie nicht aus deinem Schrank ins Zimmer hineinströmen. Das eigentliche Ziel sollte aber sein, deinen Schrank nicht bis zur Belastungsgrenze vollzustopfen. Entferne genug, um etwas Freiraum zu schaffen. Es ist nicht gut für deine Klamotten (und deine Nerven), wenn du sie mühsam von Bügeln zerren oder in Schubladen quetschen musst. In diesem Sinne lass uns die obige Aussage wiederholen: Begrenze deine Kleidung auf *weniger,* als der verfügbare Stauraum hergibt.

Natürlich kann ich dir nicht vorschreiben, wie viele Shirts, Pullover oder Hosen du besitzen solltest – das musst du selbst entscheiden. Als ich ins Ausland zog, passten nur vier Paar Schuhe in mein Gepäck, somit besaß ich eben vier Paar. Als ich einen Kleiderbügel kaufte, auf dem fünf Röcke Platz fanden, begrenzte ich meine Sammlung auf diese Anzahl. Ich habe meine Jacken auf eine pro Saison reduziert und meine Socken und Unterwäsche auf einen Zehntagesvorrat. Deine Grenzen werden anders sein als meine und von deiner persönlichen Situation und deinem Komfortlevel abhängen. Hab Spaß dabei auszuprobieren, wie viele Outfits du aus einer festgelegten Anzahl von Sachen machen kannst – es ist eine großartige Möglichkeit, deine Kreativität und deinen Stil auszuleben.

Die Mode ändert sich schneller, als unsere Kleidung sich abnutzt. Wenn wir uns jede Saison etwas Neues anschaffen, werden sich unsere Schränke schnell füllen. Deshalb müssen wir, wenn wir unsere Garderobe auf den neuesten Stand bringen wollen, sie von altmodischen, nicht mehr passenden und ungeliebten Sachen befreien. Wende die »Eins rein – eins raus«-Regel an und mach einen »Etwas Ähnliches für etwas Ähnliches«-Austausch: Wenn du ein neues Paar Sneakers kaufst, sortiere dafür ein altes Paar aus. Wenn du ein tolles neues Kleid mit nach Hause bringst, gib ein altes in die Kleiderspende. Wenn du einen neuen Anzug anschaffst, weise einem alten die Tür. So wird deine Garderobe eine frische, sich ständig verändernde Sammlung sein anstatt ein Modearchiv.

Und wenn deine alten Klamotten »zu gut« sind, um sie zu entsorgen, frag dich, ob du *wirklich* etwas Neues brauchst. Worin liegt der Sinn, deiner Garderobe etwas hinzuzufügen, wenn deine derzeitige Kleidung vollkommen ausreicht? Fühl dich nicht dazu genötigt, alle Modetrends mitzumachen – sie sind nichts weiter als eine Marketingstrategie und darauf ausgerichtet, dir dein hart verdientes Geld aus der Tasche zu ziehen. Anstatt jede Saison die Sachen zu kaufen, die man angeblich »haben muss«, investiere dein Geld lieber in klassische, zeitlose Stücke. Du wirst mehr Geld haben, mehr Platz im Schrank und viel weniger Arbeit mit dem Aufräumen und Entrümpeln.

ERHALTEN

Wir haben Platz in unseren Kleiderschränken geschaffen und gelernt, trotz einer kleineren Garderobe umwerfend auszusehen. Zeit, uns einmal selbst auf die Schulter klopfen – das haben wir wirklich gut gemacht! Jetzt müssen wir nur noch sichergehen, dass die Dinge nicht wieder aus dem Ruder laufen.

Erstens: Halte deinen Schrank ordentlich. Sobald du ein Kleidungsstück ausziehst, häng es auf, lege es zusammen oder wirf es in den Wäschekorb. Indem du die Sachen in ihren entsprechenden Modulen lagerst, hast du immer einen Überblick darüber, was du besitzt und verhinderst somit, dass sich fünf neue Pullover hineinschleichen. Halte den Boden deines Schranks leer, indem du dein Zeug mit Hilfe von Borden, Schuhregalen, Kleiderschrankstangen oder Hängeaufbewahrungen lagerst. Das verhindert, dass sich Krempel anpirscht und hält deine Kleidung in einem besseren Zustand. Wenn du dich für ein Vorstellungsgespräch oder ein erstes Date anziehst, willst du doch nicht deine Bluse oder deinen Blazer zerknittert vom Schrankboden aufklauben!

Zweitens: Gib auf deine Klamotten acht. Du kannst es dir nicht leisten, dass ein wichtiges Stück wegen eines Saucenflecks oder eines ausgefransten Kleidersaums nicht mehr nutzbar ist. Benutze deinen gesunden Menschenverstand, um Schäden zu verhindern: Trag deine Wildlederschuhe nicht im Regen und deine weiße Hose nicht zum Fußballspiel deiner Kinder. Ein bisschen vorbeugende Instandhaltung reicht weit: Nähe kleine Risse und Löcher, bevor aus ihnen große werden, und behandle Flecken umgehend. Wenn du deinen Klamotten etwas Pflege gönnst, brauchst du kein großes Reservedepot.

Drittens: Geh nicht aus Spaß, zur Unterhaltung oder aus purer Langeweile shoppen – dann ist das Desaster vorprogrammiert.

Du weißt doch, wie das läuft: Du schlenderst durch ein Kaufhaus, und ein süßes Kleid fällt dir ins Auge. Fünfundvierzig Minuten später kommst du mit diesem Kleid aus dem Geschäft – plus dazu passenden Schuhen, einer Handtasche, einer Stola, Ohrringen und noch ein paar weiteren Teilen. Geh Versuchungen aus dem Weg und bleib der Fußgängerzone und den Onlineshops fern. Wenn Du wirklich etwas Neues brauchst, erstelle eine Inventurliste deiner Kleidung und nimm sie mit, wenn du shoppen gehst. Wenn du auf deiner Liste siehst, dass du dreiundzwanzig T-Shirts im Schrank hast, ist es viel unwahrscheinlicher, dass du noch ein vierundzwanzigstes kaufst.

Entrümple schließlich noch mit dem Wechsel der Jahreszeiten. Herbst und Frühling sind wunderbare Zeiten, um deine Garderobe neu zu bewerten. Wenn du deine Mäntel und Pullover in Vorbereitung auf die kalte Jahreszeit herausholst, nimm dir etwas Zeit, um sie durchzusehen. Unsere Geschmäcker ändern sich, unsere Körper verändern sich, und so tut es auch die Mode. Die Jacke, die du letztes Jahr geliebt hast, könnte mittlerweile abgenutzt, nicht mehr zeitgemäß oder uninteressant aussehen. Vielleicht sind auch deine Skinny Jeans ein bisschen zu eng geworden sein, seit du sie das letzte Mal getragen hast. Beseitige alles, von dem du glaubst, dass du es nicht mehr anziehen wirst, und starte mit Extraplatz in deinem Kleiderschrank in die nächste Saison!

ARBEITSZIMMER

Unser nächstes Projekt ist das Entrümpeln unseres Arbeitsplatzes oder -zimmers. Wir werden Berge von Papierkram sortieren, um unsere Schreibtische freizulegen, und Systeme entwickeln, um zukünftige Anhäufungen zu vermeiden. Das mag nach einer gewaltigen Aufgabe klingen, aber wir werden uns Schritt für Schritt vorarbeiten, und ich verspreche dir, dass es viel mehr Spaß macht, als Rechnungen zu bezahlen oder die Steuererklärung zu machen. Und der Lohn für die Mühe ist ein sauberes, klar strukturiertes Büro, in dem du viel lieber und produktiver arbeiten wirst als zwischen deinen alten Papierstapeln!

Stell dir vor, du sitzt an deinem Schreibtisch und arbeitest konzentriert an einem wichtigen Projekt. Du kommst gut voran, bis du plötzlich ein bestimmtes Dokument brauchst. »O weh«, denkst du und beäugst die Papierstapel, die wild verstreut auf deinem Tisch herumliegen. Du beißt die Zähne zusammen und fängst an, dich durchzuwühlen. Du betest, dass sich das Dokument schnell finden wird. Aber keine Chance. Stattdessen entdeckst du eine Rechnung, die noch bezahlt, ein Formular, das abgeschickt, und ein Beleg, der zu den Akten gelegt werden muss. Schnell kümmerst du dich um diese Angelegenheiten, dann setzt du deine Suche fort. Als du das Dokument schließlich als »verloren« abhaken willst, erblickst du es in einem anderen Stapel auf der anderen Seite des Raumes. Aber inzwischen ist deine Konzentration dahin, und du hast keine Zeit mehr. Das Projekt wird noch einen weiteren Tag unerledigt liegen bleiben müssen.

Wenn dein Raum hingegen frei ist, ist auch dein Kopf frei – du kannst ohne Ablenkung arbeiten und produktiv sein. Ein schluderiger Schreibtisch ist wie eine Straßensperre auf dem Weg zum Fortschritt. Wenn dein Raum zu chaotisch ist, kann es sein, dass du überhaupt nichts zustande bekommst!

Also, wie machen wir am besten einen Neuanfang? Hier hilft es ganz besonders, die Aufgabe in kleine Abschnitte aufzuteilen. Anstatt unsere Schreibtische, Bücherregale und Aktenschränke in den Flur zu schieben, werden wir zuerst deren Inhalte in Angriff nehmen. Wenn wir die Sachen so weit reduzieren können, dass wir damit sogar ein ganzes Möbelstück einsparen, ist das natürlich fantastisch! Allerdings sind Papiere und Büromaterialien klein und zahlreich, und du wirst manchmal schier verzweifeln, weil es so lange dauert, eine einzige Schublade oder einen Ordner auszumisten. Gerate aber deshalb nicht in Versuchung, es hastig zu erledigen. Nimm dir die Zeit, es gründlich zu machen, dann werden deine Bemühungen eine weitaus größere Wirkung haben.

Leere die ausgewählte Schublade oder das Regal komplett aus. Es bringt nichts, ein oder zwei Dinge herauszufischen und wegzuschmeißen – kippe den gesamten Inhalt aus! Wenn einmal alles draußen liegt, kannst du jeden Gegenstand eingehend unter die Lupe nehmen und entscheiden, ob er es wert ist, dass du ihn behältst. Wenn du jemals davon geträumt hast, ein allmächtiges Wesen zu sein, ist jetzt deine Chance gekommen: Das Schicksal von Hunderten Heftklammern, Büroklammern, Stiften, Papieren und Gummibändern liegt in deinen Händen. Lass deine magischen Kräfte wirken und erschaffe ein minimalistisches Paradies!

Denk währenddessen gewissenhaft darüber nach, wie und wo du deinen Papierkram und das Büromaterial aufbewahren wirst. Nur weil dein Tacker immer in der hinteren linken Ecke deiner zweiten Schublade lag, bedeutet das nicht, dass er dorthin zurückkehren muss. Neu zu beginnen ist eine wundervolle Möglichkeit, Sachen auszutauschen und eine neue Anordnung auszuprobieren – eine Gelegenheit, deinen Arbeitsbereich so zu gestalten, dass er dir maximale Effektivität und Produktivität ermöglicht.

ENTRÜMPELN

Fang zuerst mit etwas Einfachem an: Werde all die Werbepost los, die sich angesammelt hat. Der Großteil davon – Kreditkartenanträge, Ankündigungen von Schlussverkäufen, Kataloge, Broschüren und Flyer – ist völlig bedeutungslos. Wenn es nicht so wichtig ist, dass du *jetzt sofort* darauf reagieren willst, gehört es in die Altpapiertonne. Denk nicht ewig über jedes Schreiben nach – es ist sehr unwahrscheinlich, dass du jemals bereuen wirst, Werbepost weggeschmissen zu haben.

Schmeiß außerdem alles raus, was eindeutig Ramsch ist: ausgetrocknete Stifte, rostige Büroklammern, ausgeleierte Gummibänder, abgenutzte Radiergummis, alte Kalender, kaputte Stifte, verschlissene Ordner, nicht mehr haftende Post-its, benutzte Briefumschläge, leere Druckerpatronen und alles Undefinierbare. Wie konnte so viel kaputtes und veraltetes Bürozubehör unserem Blick entgehen und so lange in unserem Arbeitszimmer herumlungern? Weg damit!

Das war ein toller Start, oder? Hat es sich nicht gut angefühlt, alles auszuräumen? Da wir uns jetzt mental eingestimmt haben und so richtig in Schwung sind, schrecken uns auch größere Herausforderungen nicht mehr.

Zuerst möchte ich dir sagen, dass nicht nur Schrott auf deinem Wegwerf-Haufen landen sollte, sondern auch Büromaterial, das eigentlich noch »gut« ist. Bevor du nun »Frevel!« brüllst, lass es mich erklären. Büromaterial sammelt sich mit der Zeit an, oft über eine *lange* Zeit, und wir entrümpeln diese Sachen nur sehr selten. Über die Jahre verändern sich aber Technologie, Geschmäcker und Bedürfnisse, und einiges in unserer Sammlung wird uns kaum noch von Nutzen sein.

Für ein wirklich minimalistisches Arbeitszimmer beschränke dein Büromaterial auf das Wesentliche.

Ich gebe es ja nicht gerne zu, aber während meiner letzten großen Säuberungsaktion fand ich ein Päckchen Fotoecken (meine Bilder sind mittlerweile alle digitalisiert), eine Kiste mit Disketten, Etiketten für Videokassetten und – ob du es glaubst oder nicht – Schreibmaschinen-Korrekturbänder. Ich bin sicher nicht die Einzige, die solche überholten Sachen an einem modernen Arbeitsplatz entdeckt hat. Vielleicht beförderst auch du ein paar solcher Antiquitäten ans Tageslicht. Sie könnten immer noch funktionsfähig sein, aber sie sind überholt, und wenn sie dir oder irgendjemand anderem keinen Nutzen bringen, sollte klar sein, wo sie hingehören.

Wenn wir über Ramsch reden, müssen wir auch alte und/oder kaputte Computer und Elektrogeräte erwähnen. In den meisten Fällen haben wir diese längst ersetzt. Also warum liegt der fünfzehn Jahre alte Monitor immer noch in der hintersten Ecke deines Büros herum? Glaubst du wirklich, dass du ihn nochmal benutzt, wenn dein neuer plötzlich nicht mehr funktioniert? Bei kaputten Geräten sind die Reparaturkosten oftmals höher als der Preis für ein neues. Also, raff dich auf und bring den ganzen alten Krempel zum Wertstoffhof! Auch Weitergeben ist möglich: Manchmal freuen sich soziale Projekte und Organisationen über ältere, noch funktionstüchtige Geräte – ruf am besten kurz an und erkläre, was du abzugeben hast. Oder du findest einen Bastler, der gern alte Festplatten und Speicherriegel ausbaut.

Weitere Kandidaten für deinen Wegwerf-Haufen sind Dinge, die etwas mit vergangenen Projekten und Interessen zu tun haben. Ich weiß, dass es verlockend ist, solche Sachen zu behalten, quasi als Beweise für deine harte und erfolgreiche Arbeit. Mir ging es so mit meinen alten Uni-Unterlagen. Sie repräsentierten die Mühsal, aber auch den Erfolg eines anstrengenden Studiums. Wirklich brauchen konnte ich sie jedoch nicht mehr. An dem Tag, an dem ich sie der Altpapiertonne übergab, fühlte ich mich sofort um etliche Kilos leichter und war bereit, meine Zukunft zu umarmen, anstatt mich an meiner Vergangenheit festzuklammern.

Nun, da du die kaputten und obsoleten Gegenstände beseitigt hast, wirf einen sorgfältigen Blick auf die übrig gebliebenen und gib großzügig Dinge auf den Weitergeben-Haufen. Auch wenn *du* keine fünfzig Ordner brauchst oder einen lebenslangen Vorrat an Bleistiften einer bestimmten Sorte, könnte jemand anderes sie benötigen – eine Schule, ein Krankenhaus, eine gemeinnützige Organisation. Eine kurze Internetrecherche oder ein paar Anrufe dürften genügen, um diesen Sachen ein gutes neues Zuhause zu geben.

Geh hart mit deinen Dingen ins Gericht, um herauszufinden, welche auf den Wertschätzen-Stapel gehören. Brauchst du wirklich Textmarker in fünf verschiedenen Farben oder Briefumschläge in sechs verschiedenen Größen? Wie viele Dinge mit Datums- und Uhrzeitanzeige benötigst du. (Wenn du eine Uhr, einen Computer und ein Handy besitzt, sind dann eine Schreibtischuhr und ein Kalender überhaupt notwendig?) Erfüllt der Briefbeschwerer seine Aufgabe, oder steht er einfach nur so rum und sieht hübsch aus? Diese Gegenstände mögen nützlich erscheinen, aber alle zusammengenommen können sich zu beträchtlichem Platz auf deinem Schreibtisch aufsummieren.

Für ein wirklich minimalistisches Arbeitszimmer beschränke dein Büromaterial auf das Wesentliche. Wenn du nur zehn Briefumschläge im Jahr benötigst, brauchst du nicht fünfhundert vorrätig zu haben. Wenn du nur selten ein Gummiband brauchst, eliminiere die Reserven in deiner Schreibtischschublade. Wie viele Tacker, Lineale, Tesafilmroller, Bleistiftanspitzer und Scheren besitzt du? Wenn die Antwort »mehr als ein Exemplar« lautet, sind es zu viele! Für solche Sachen brauchst du keinen Ersatz. Falls sie doch einmal kaputtgehen sollten, können sie günstig und leicht ersetzt werden. Verschwende nicht kostbaren Platz, um Reserven zu bunkern.

In der heutigen Zeit ist es kaum notwendig, sich mit etwas einzudecken. Fast alles kann bequem beim Laden um die Ecke oder im Internet besorgt werden – es ist fast so, als hätte man eine riesige externe Abstellkammer, deren Inhalt man jederzeit abrufen kann. Finde dein eigenes Komfortlevel: Wenn du das Gefühl hast, du kannst nicht ohne einen Fünfjahresvorrat an Papier oder Druckerpatronen arbeiten, dann sei's drum. Aber wenn dein Platz knapp bemessen ist, mach dir bewusst, dass du wahrscheinlich mit weniger auskommen *kannst.* Zumindest wäre das doch ein lohnendes Experiment – du wirst feststellen, dass die Erde nicht aufhört, sich zu drehen, wenn einmal deine Büroklammern zur Neige gehen.

Mit ein wenig Kreativität kannst du auch deine Bürogeräte reduzieren. Mach aus deinem Laptop deinen wichtigsten Computer und gib dem großen PC den Laufpass. Entscheide dich für multifunktionale Geräte wie beispielsweise einen Drucker, der auch scannen und kopieren kann, anstatt für drei Geräte einen Platz finden zu müssen. Stell dich der Herausforderung, deine Arbeit mit der kleinstmöglichen Menge an Apparaten zu erledigen.

Ruf schließlich all deine minimalistischen Kräfte herbei und lass sie auf deinen Papierkram los. Für diesen Zweck empfehle ich nachdrücklich einen Scanner – er wird weniger Platz in Anspruch nehmen als die Papierstapel, die er beseitigt. Du wirst dich fragen, wie du jemals ohne dieses erstaunliche Gerät leben konntest! Ich digitalisiere mit seiner Hilfe Zeitungsartikel, Grußkarten, Briefe, Rechnungen, Kontoauszüge, Anleitungen, Fotos, Broschüren und mehr – alles, was ich zwar brauche, aber nicht unbedingt im Original. (Natürlich solltest du auch beim Verwalten und Aufräumen deiner Computerdateien äußerst gewissenhaft sein, damit du nicht irgendwann in einem Großeinsatz dein digitales Gerümpel aufräumen musst.) Natürlich kann der Scanner nicht *alle* Papierunterlagen ersetzen. Ein paar Sachen muss man trotzdem auf Papier aufheben, manche ein Leben lang, manche nur für einen bestimmten Zeitraum. Geburts-, Heirats- und Sterbeurkunden, Bank-, Steuer- und Rentenversicherungsunterlagen oder Versicherungspolicen fallen in diese Kategorie. Falls du dir nicht sicher bist, frag bei der entsprechenden zuständigen Stelle nach.

Denk in Zukunft gewissenhaft nach, bevor du etwas ausdruckst – warum noch mehr Papier erzeugen, mit dem du dich am Ende auseinandersetzen musst? Sortiere die E-Mails in deinem Posteingang in Unterordner und markiere Websites mit

Bookmarks, um sie wiederzufinden. Wenn dir eine Information besonders wichtig erscheint, speichere sie als PDF-Datei auf deiner Festplatte. Diese Methode eignet sich z. B. für Zahlungs- und Buchungsbestätigungen oder auch für Rezepte und Anleitungen. Achte aber darauf, dass du deine Dateien regelmäßig sicherst!

Wir können sortieren und entrümpeln, so viel wir wollen, aber einer der wesentlichen Schlüssel zu einem minimalistischen Büro ist, den *Zustrom* an Gegenständen zu kontrollieren. Die Macht liegt in deinen Händen: Du kannst erfolgreich eine Tür schließen, damit keine Sachen hereinkommen. Das Problem ist jedoch, dass sich in der Tür ein Briefschlitz befindet. Und durch diesen Schlitz wird fast täglich jede Menge Papierkram hereinströmen! Lass uns also jetzt noch versuchen, diese postalische Flut in den Griff zu bekommen.

Um Werbepost einen Riegel vorzuschieben, schreib den Firmen oder Organisationen, die dich regelmäßig kontaktieren, eine E-Mail und fordere sie auf, deine Daten aus ihrer Adressliste zu löschen (meist reicht auch ein Anruf aus).

Schütze von nun an deine persönlichen Daten wie einen Schatz. Bring einen Aufkleber mit der Aufschrift »Keine Werbung, keine kostenlosen Zeitungen« an deinem Briefkasten an. Um Werbepost zu vermeiden, kannst du dich auch in eine Robinsonliste eintragen. Lehne Kundenkarten, Umfragen und Gewinnspiele grundsätzlich ab – sie sind perfekte Marketingwerkzeuge für die Gewinnung von Kundendaten. Sende keine Produktregistrierungen und Garantiekarten ein und fordere keine Kataloge an. Anstatt Zeitungen und Zeitschriften zu abonnieren, lies sie online.

Diese Strategien werden den Großteil deiner unerwünschten Post eliminieren. Weiter reduzieren kannst du deine Post, indem du dich zum Beispiel dafür entscheidest, Rechnungen, Kontoauszüge und Kreditkartenabrechnungen künftig nur noch auf elektronischem Weg zu erhalten.

EINGRENZEN

»Ein Platz für alles und alles an seinem Platz« ist die beste Möglichkeit, um einen ordentlichen Arbeitsplatz zu schaffen und zu erhalten. Anstatt Stifte, Büroklammern und Gummibänder überall herumliegen zu lassen, bewahre sie an definierten Plätzen auf und *gehe sicher, dass sie dort auch bleiben.* Bestimme spezielle Aufbewahrungsorte für Ordner, eingehende Post, ausgehende Post, Kataloge, Magazine, Rezepte und jede weitere Kategorie von Büromaterial und Papierkram, die du hast. Wenn es dir hilft, beschrifte Behälter, Schubladen und Regalfächer mit ihrem entsprechenden Inhalt.

»Ein Platz für alles und alles an seinem Platz« ist die beste Möglichkeit, um einen ordentlichen Arbeitsplatz zu schaffen und zu erhalten.

Dein Innerer Zirkel sollte aus regelmäßig benutztem Büromaterial und Papieren, die du aktiv verwendest, bestehen. Das bedeutet, dass sich (unter anderem) Kugelschreiber, Bleistifte, Büroklammern, Briefumschläge, Briefmarken, Notizblöcke, Unterlagen fürs Online-Banking und eingehende sowie ausgehende Post in Reichweite befinden sollten. In unseren Äußeren Zirkel gehören Papierkram und Ordner, die du immer wieder mal brauchst (wie Rechnungen, Rezepte, Kontoauszüge und Reserven wie Kopierpapier und Druckerpatronen). Benutze die Tiefendeponie für Papierkram, der langfristig oder auf unbestimmte Zeit aufbewahrt werden muss. Überlege, ob sich für diese schwer zu ersetzenden Unterlagen eine feuerfeste Kiste oder ein Bankschließfach lohnt.

Während du deine Module erstellst, gib jeder Kategorie von Büromaterial ihren eigenen speziellen Behälter, selbst wenn es nur ein Gefrierbeutel mit Reißverschluss oder eine kleine Vorratsdose ist. Büroklammern sollten sich nicht in Gummibänder verstricken, Briefmarken nicht an Stecknadeln kleben, und Ordner sollten sich nicht mit Zeitschriften und Katalogen verbrüdern. Alles jeweils zusammenzulegen hilft dir dabei, Dinge schneller wiederzufinden und den Überschuss zu identifizieren. Wenn du dreißig Bleistifte zusammengelegt hast, wirst du erkennen, wie absurd es ist, so viele zu besitzen – und das wird dich hoffentlich dazu bewegen, die meisten loszuwerden.

Alternativ kannst du dein Büromaterial nach »Aktivität« sortieren – dann hast du die nötigen Utensilien für regelmäßige Arbeiten immer parat. Ein Beispiel wäre ein Steuererklärung-Modul, in dem du das ganze Jahr über alle relevanten Quittungen und Unterlagen sammelst; oder Projekt-Module, in denen du Materialien und Papierkram deponierst, die du für ein spezielles Projekt, Recherchen oder Schriftverkehr benötigst.

Das Problem, dass du wahrscheinlich mehr Stifte, Büroklammern, Heftklammern, Gummibänder und andere diverse Artikel besitzt, als du jemals benutzen kannst, hatten wir bereits besprochen. Viele dieser Gegenstände kann man nur in großen Mengen kaufen; andere – wie Stifte – scheinen uns bei jeder Gelegenheit zuzulaufen. Leg Grenzen für jede Kategorie fest, entsorge den Überschuss, und in Zukunft kaufst du Büromaterial minimalistisch ein, indem du auf Riesenpackungen verzichtest oder sie mit anderen teilst.

Module und Grenzen halten auch den Papierkram unter Kontrolle. Selbst wenn wir alles immer gleich ablegen, enden wir irgendwann mit Ordnern, die zum Bersten voll sind, deren Inhalte sich in noch mehr Ordner ergießen – und ehe man sichs versieht, braucht man ein weiteres Regal. Das Ablegen sollte keine Einbahnstraße sein: Sachen sollten nicht nur herein-, sondern genauso auch wieder *heraus*kommen. Zu diesem Zweck begrenze deinen Papierkram nach Themen und danach, wie viel davon in einen Ordner passt – wenn er zu voll wird, sortiere aus, wirf weg oder verlege alte Unterlagen, die du aufheben musst, in die Tiefendeponie.

Wenn du keinen festen Arbeitsbereich hast, könnte auch dein ganzes Büro ein Modul sein. Nicht jeder braucht unbedingt ein eigenes Arbeitszimmer, und nicht jede Wohnsituation gibt eines her. Oft beschränkt sich der Bürobereich auf einen Schreibtisch in einer Ecke des Wohn- oder Schlafzimmers, andere bewahren vielleicht ihr ganzes »Büro« in einer Tragetasche oder einem Plastikbehälter auf und benutzen wechselnde Flächen für notwendige Arbeiten. Wäre es nicht wundervoll, wenn wir unser gesamtes Büromaterial, Ordner und Arbeitsgeräte tatsächlich auf einen einzigen tragbaren Behälter reduzieren könnten? Wenn die Sonne scheint und die Vögel zwitschern, könnten wir uns dann auf der Veranda, dem Hinterhof oder im Park niederlassen. Ah, der Traum eines jeden Minimalisten!

ERHALTEN

Gerade in deinem Büro ist es äußerst wichtig, alle Oberflächen frei zu halten. Betrachte deinen Schreibtisch als flexibel nutzbare Fläche und wisch ihn immer ab, wenn du mit der Arbeit des Tages fertig bis – so, als ob ihn morgen jemand anderes benutzen würde. (Natürlich wird das nicht passieren, aber ist es nicht schön, sich an einem sauberen Platz niederzulassen?) Bewahre Büroartikel in Schubladen oder Behältern auf, anstatt sie überall auf dem Tisch herumliegen zu lassen. Investiere in ein Regal für Ordner und benutze eine Pinnwand für Terminerinnerungen, Karten, Notizen und Ähnliches, anstatt diese Papiere in deinen Arbeitsbereich eindringen zu lassen.

Etwas Erstaunliches (und Erschütterndes) passiert in Arbeitsbereichen: Auf der noch so kleinsten horizontalen Fläche beginnt sich Kram anzusammeln. Ich habe Papierstapel und Büromaterial schon auf Regalen, Aktenschränken, Fenstersimsen, Druckern, Scannern, Stühlen, Lampen, Kisten und Übertöpfen gesehen. Widersteh bitte dem Drang, deine Umgebung chaotisch und unorganisiert »vollzumüllen«. Freie Flächen sind nicht nur für das Auge angenehm, sondern auch für die Seele. Ohne visuelle Ablenkung wirst du imstande sein, klarer zu denken, und wirst produktiver arbeiten können.

Auch auf die Gefahr hin, dass ich mich wiederhole: Der Fußboden ist keine Ablage! Bürofußböden sind äußerst fruchtbar: Einzelne Bücher, Zeitschriften und Papiere wachsen hier schnell zu Stapeln und schließlich zu ganzen Wäldern. Normalerweise stelle ich das Aussortieren und Entrümpeln immer über zusätzliche Aufbewahrung, aber wenn in deinem Arbeitsbereich wirklich Platzmangel herrscht, ist es besser, sich einen weiteren Schrank anzuschaffen, anstatt weiterhin die Stapel auf dem Boden zügellos gedeihen zu lassen.

Freie Flächen sind nicht nur für das Auge angenehm, sondern auch für die Seele.

Unsere Büros sind dynamische Räume, Dinge kommen rein, Dinge gehen raus, täglich herrscht Bewegung. Die Sachen in diesem Bereich reduziert und aufgeräumt zu halten, erfordert ständige Aufmerksamkeit.

Sei ein guter Wächter: Halte einen Recycling-Behälter an der Eingangstür bereit und hindere Werbung (falls du immer noch welche bekommst) daran, überhaupt über die Türschwelle zu kommen. Für die Post, die es in dein Büro schafft, gilt: Öffne jeden Brief und reagiere *sofort* darauf, anstatt ihn irgendwo aufzustapeln. Zerschneide oder zerreiße Papiere, die du nicht mehr brauchst, die aber persönliche Informationen enthalten. Scanne oder hefte jedes Dokument ein, das du aufbewahren musst. Sortiere Rechnungen, Briefe, auf die du noch reagieren musst, oder Informationen, die nach einer Überprüfung verlangen, in den entsprechenden Eingangsbehälter. In einem idealen System würde jedes Stück Papier nur einmal bearbeitet werden.

Wenn du deinen Arbeitstag beendest, leg alles Büromaterial an die vorgesehenen Plätze zurück und alle Schriftstücke in die entsprechenden Ordner. Alternativ sortiere die Sachen in Module ein. Dann kannst du später da weitermachen, wo du aufgehört hast, ohne dass du die benötigten Materialien wieder zusammensuchen musst. Halte ebenfalls Ausschau nach verirrten Gegenständen, die sich aus anderen Zimmern hereingeschlichen haben. Bring die Hausaufgaben deines Kindes, das Buch deines Ehepartners oder das Spielzeug deines Hundes zu ihren jeweiligen Besitzern zurück, bevor die Sachen eine Chance bekommen, sich bei dir einzunisten. Du hast mit deinem eigenen Kram schließlich schon genug zu tun.

Eine tägliche Instandhaltung wird deinen Schreibtisch frei und deine Dinge unter Kontrolle halten. Jedoch musst du deine Unterlagen regelmäßig aussortieren. Versuche der »Eins rein – einsraus«-Regel zu folgen. Überfliege deine Aktenordner monatlich oder alle drei Monate. Entsorge, was nicht mehr länger wichtig ist, und bring alte Unterlagen mit Aufbewahrungspflicht in deine Tiefendeponie. Darüber hinaus plane jedes Jahr eine Säuberungsaktion im großen Stil ein. Räum das Alte aus, um Platz für Neues zu schaffen. Ich erledige das gerne früh im Januar – der perfekte Start in ein neues Jahr!

KÜCHE UND ESSZIMMER

Nach dem funktionalsten Raum im Haus gefragt, würden wohl viele von uns die Küche nennen. Schließlich ist dies der Ort, an dem wir die Dinge, die uns nähren, lagern, zubereiten und oft auch essen. Oft dient die Küche als beliebter Versammlungsort der Familie.

Angesichts ihrer wichtigen Rolle in unserem Leben ist es nicht weiter verwunderlich, dass unsere Küche sehr viele Dinge beinhaltet. *Zu viel* kann jedoch die Zweckmäßigkeit des Raumes gefährden und das Vergnügen schmälern, dort zu arbeiten und Zeit zu verbringen. Also lass uns herausfinden, wie wir hier am besten Sachen reduzieren und den Raum so gut wie möglich rationalisieren können.

Bist du jemals durch ein Möbelhaus spaziert und hast dir ausgemalt, deine eigene Küche gegen eine der ausgestellten einzutauschen? Hast du neidisch ihre glänzenden Oberflächen betrachtet und darüber sinniert, wie wundervoll es doch wäre, in solch einer gepflegten und funktionalen Umgebung zu kochen?

In den meisten Fällen ist das, was uns an den Ausstellungsküchen so anzieht, nicht die Zusammenstellung hochwertiger Haushaltsgeräte, die speziellen Arbeitsflächen oder die raffinierte

Aufteilung – sondern es ist der Platz! Ausstellungsküchen sind sauber, spartanisch eingerichtet und frei von Krempel. Und *das* ist es, was sie so reizvoll macht. Die gute Nachricht: Du musst kein Vermögen dafür ausgeben, um deine eigene Küche so aussehen zu lassen. Du kannst sie einfach nur, indem du sie entrümpelst, drastisch verschönern und verbessern.

ENTRÜMPELN

Um neu anzufangen, leere jede Schublade, jeden Schrank, und jedes Regal der Reihe nach aus. Komm – genauso wie bei allen anderen Räumen – nicht in Versuchung, irgendetwas an seinem Platz zu lassen, weil du »weißt«, dass du es wieder an diese Stelle zurückstellen wirst. Nimm alles weg, bis der betreffende Platz leer ist – das bedeutet, all deine Teller, Tassen, Gläser, Gabeln, Löffel, Messer, Töpfe, Pfannen, Haushaltsgeräte, Lebensmittel, Folien, Vorratsdosen und den Inhalt deiner Ramsch-Schublade. Denk daran, dass die Idee dahinter nicht ist, die Dinge auszuwählen, die wir loswerden wollen, sondern diejenigen auszusuchen, die wir behalten werden. Wenn erst einmal alles ausgeräumt ist, wirst du die Sachen sorgfältig durchsehen und nur die besten, nützlichsten, unentbehrlichsten zurück an ihren Platz legen. Stell dir vor, du stattest eine brandneue Traumküche aus. Warum sollte deine eigene weniger großartig sein?

Solltest du irgendwelche Vorbehalte haben, alles komplett auszuräumen, so liefert dir dieses Vorgehen noch einen speziellen

Bonus: die fantastische Möglichkeit, die Schränke zu *säubern*. Wie lange ist es schon her, seit sie ordentlich gereinigt wurden? Während des Kochens wird es in der Küche fettig und schmutzig, und während wir ziemlich gut darin sind, die Oberflächen glänzend zu halten, neigen wir dazu, das *Innere* unserer Schränke zu vergessen. Darum beseitige, während du den Krempel entfernst, auch den Schmutz. Schrubbe, bis keine Flecken mehr zu sehen sind, und du wirst wirklich einen Neubeginn haben!

Während du deine Küche putzt, wirst du vermutlich auf viele Sachen für deinen Wegwerf-Haufen stoßen. Wenn du nicht gerade kürzlich deine Vorräte sortiert hast, dürfte vieles davon Essbares sein. Überprüfe das Verfallsdatum von allem, was dir zwischen die Finger kommt, und schmeiß alles weg, was verdorben, abgelaufen oder anderweitig nicht mehr zu gebrauchen ist. Gewürze, Soßen und Würzmittel haben ebenfalls eine begrenzte Lebensdauer, also bezieh sie unbedingt ins Entrümpeln mit ein. Wenn die Flasche mit Sojasoße älter als dein Kleinkind ist, dann wirf sie weg und besorg dir bei Bedarf eine neue. Mach dasselbe mit anderen begrenzt haltbaren Lebensmitteln, besonders wenn du dich nicht daran erinnern kannst, wie lange du sie schon hast oder wann du sie das letzte Mal benutzt hast.

Auch anderer Ramsch dürfte sich in deiner Küche versteckt halten – beschädigte Teller, gesprungene Gläser, verbogenes Besteck. Zoll deinem Essen den Respekt, den es verdient, und serviere es auf (und mit) unbeschädigtem Geschirr. Bewahre die ramponierten Teile nicht als Reserve auf. Wirf auch kaputte Geräte weg. Wenn du dir bis jetzt noch nicht die Mühe gemacht hast, sie zu reparieren oder zu ersetzen, kannst du ganz offensichtlich ohne sie leben.

Auf deinen Weitergeben-Haufen gehören all jene Gegenstände, die für jemand anders nützlich sein können. Aus irgendeinem Grund neigen wir dazu, viel mehr Küchenutensilien anzusammeln, als wir täglich brauchen oder benutzen. Einige davon treten als Hochzeits- oder Einzugsgeschenke in unser Leben, andere als Spontankäufe. Einige Artikel dürften uns praktisch vorgekommen sein, als wir sie kauften, stellten sich dann aber als zu kompliziert oder zu zeitaufwendig heraus; also gib die Pasta- oder Eismaschine jemandem, der sie zu würdigen weiß. Sei ehrlich zu dir selbst, während du deine Sachen durchsiehst. Wenn du deine Küchenmaschine nicht benutzt, weil die Reinigung zu nervig ist, dann pack die Gelegenheit beim Schopfe und werde sie los.

Vergiss nicht, dass Lebensmittel ebenfalls auf deinen Weitergeben-Haufen wandern können. Was noch haltbar ist, von uns aber nicht mehr gemocht oder gebraucht wird, kann einen anderen Menschen vor nacktem Hunger bewahren. Fühl dich nicht schlecht, weil du Lebensmittel entsorgst – betrachte es als wundervolle Chance, etwas Gutes zu tun! Spende Konserven, Tütensuppen und ähnliche Artikel einer örtlichen Tafel oder Suppenküche oder biete sie online auf einer Foodsharing-Plattform an.

Du könntest dich mit dem Verstoßen einiger Küchenartikel schwertun, weil du vielleicht meinst, dass du sie eines Tages doch wieder brauchen könntest (und du bist ziemlich sicher, dass es genau der Tag sein wird, nachdem du sie weggeschafft hast). Wenn das der Fall ist, eröffne eine »Unentschlossen«-Kiste. Leg die Dinge hinein, die du nicht regelmäßig benutzt, aber von denen du denkst, dass du sie bald einmal benutzen *könntest* – wie die Brotbackmaschine, das Muffinblech und das ausgefallene Kuchen-Dekorationszubehör. Kennzeichne die Kiste mit einem Datum und spende alles, was du nach Ablauf einer bestimmten Frist (z. B. sechs oder zwölf Monaten) nicht herausgeholt hast. Das ist eine gute Möglichkeit, mit »unentschlossenen« Gegenständen umzugehen. Falls nötig, sind sie verfügbar, aber nehmen dennoch keinen kostbaren Platz in unseren Schränken und Schubladen ein. Noch besser ist, dass du merkst, wie das Leben ohne sie ist – und es könnte gut sein, dass du sie kein bisschen vermisst!

Auf deinen Weitergeben-Haufen gehören all jene Gegenstände, die für jemand anders nützlich sind, allerdings nicht für *dich*.

Die Küche ist ein wunderbarer Platz, um mit deinen Sachen ins Gespräch zu kommen. Manche davon haben so lange in der Dunkelheit herumgelungert, dass du sie vielleicht nicht einmal mehr kennst. Hier ist deine Chance, dich wieder mit ihnen vertraut zu machen und sicherzugehen, dass eure Beziehung immer noch von beiderseitigem Nutzen ist.

Was bist du, und was tust du? Diese Frage sollten wir unseren Küchenutensilien eigentlich nicht stellen müssen, aber oft haben sich in unsere Küchen einige der hoch spezialisierten Geräte verirrt, die es heutzutage für jede nur erdenkliche Tätigkeit gibt. Vielleicht haben wir sie auch ein paarmal benutzt, ihre Existenz dann aber völlig vergessen. Wenn du also den Ananasausstecher oder das Teigrädchen nicht sofort als das erkennst, was es ist, dann ist es ganz offensichtlich nicht wichtig in deiner Küche. Lass es los und gönne ihm ein neues Zuhause, wo es geschätzt und benutzt wird.

Wie oft benutze ich dich? Ah, die Eine-Million-Euro-Frage! Sachen, die »jeden Tag« antworten oder »einmal in der Woche« dürfen sich getrost auf den Rückweg in deinen Schrank machen. Auch die Geflügelschere, die du nur einmal im Jahr an Weihnachten benutzt, musst du nicht loswerden; überleg dir nur genau, wo du sie lagern willst. Bei Gegenständen, die seltener als einmal im Jahr zum Einsatz kommen, sollte man sehr gründlich überlegen, ob sie den Platz, den sie beanspruchen, wirklich wert sind.

Machst du mein Leben einfacher (oder schwieriger)? Sicher, ich kann Reis und Wasser auch auf der Herdplatte kochen, aber mein Reis- und mein Wasserkocher machen mir das Leben leichter. Deshalb verdienen sie einen Platz in meiner Küche. Dafür habe ich meine Cappuccino-Maschine abgeschafft, weil ich es hasste, sie zu reinigen und es eigentlich viel schöner fand, eine Tasse im Café zu genießen. Wenn etwas schwierig aufzubauen, zu benutzen oder zu säubern ist (und der Nutzen die Mühe nicht rechtfertigt), überleg dir, dem Ding den Laufpass zu geben.

Hast du einen Zwilling? Küchenutensilien sind ein bisschen wie Büroartikel – sie scheinen sich heimlich zu vermehren. Sofern du nicht überaus geschickt bist, wirst du nicht mehr als einen Kartoffelschäler oder Dosenöffner gleichzeitig benutzen können. Sollte einer tatsächlich seinen Dienst versagen, kannst du dir problemlos einen neuen besorgen. Schmeiß die Reserve weg und mach den Platz für etwas Nützlicheres frei.

Bist du zu gut, um benutzt zu werden? Ich wette, mit dieser Frage haben deine Sachen nicht gerechnet! Hochzeitsporzellan und geerbtes Tafelsilber können ziemlich selbstgefällig werden, weil sie davon ausgehen, jahrzehntelang bei dir rumlungern zu dürfen, ohne etwas tun zu müssen. Aber oftmals haben sie recht: Sie werden in Geschirrschränken verstaut und bekommen kaum je das Tageslicht zu sehen. Wir sind zu sentimental, um sie loszuwerden und zu ängstlich, um sie zu benutzen. Hier ist ein radikaler Gedanke: Anstelle des ganzen Tafelservices behalte nur ein oder zwei Gedecke – benutze sie als Dekoration oder für romantische Candle-Light-Dinner mit deinem Partner.

Ich wünschte, ich könnte dir eine Musterliste mit allem, was in eine minimalistische Küche gehört, in die Hand geben. Doch das ist leider unmöglich – in erster Linie deswegen, weil wir alle unterschiedliche Vorstellungen davon haben, was für uns notwendig ist. Natürlich kannst du auch ein Minimalist sein, wenn du eine Guglhupfform oder eine Fritteuse besitzt. Doch die meisten von uns werden ohne Frage mit deutlich weniger als dem zurechtkommen, was Kochbücher und Zeitschriften als unentbehrlich bezeichnen.

Mein Mann und ich haben festgestellt, dass wir all unsere Mahlzeiten mit nur vier Teilen an Kochgeschirr zubereiten können: einer großen Bratpfanne, einem Kochtopf, einem Pastatopf und einer Backform. Unsere kleinen Geräte sind begrenzt auf Mikrowelle, Wasserkocher und Reiskocher. An anderen Utensilien besitzen wir: Kaffeepresskanne, Kochmesser, Fleischmesser, Gemüsemesser, Sieb, Dampfgarer, Schneidebrett, Messbecher, Pfannenwender, Servierlöffel, Schneebesen, Dosenöffner, Korkenzieher, Käsereibe, Edelstahl-Rührschüssel und Wasserfilter. Einige von euch werden unsere Liste unzureichend finden, während sie für andere schon übertrieben sein mag. Für *uns* ist sie jedoch ausreichend.

Bevorzuge multifunktionale Gegenstände gegenüber Geräten mit Einzelfunktion.

Du selbst musst dein »Genug« festlegen und deine Küchengeräte dementsprechend eingrenzen. Um dies zu tun, bevorzuge multifunktionale Geräte gegenüber jenen mit Einzelfunktion. Außer wenn du sie oft benutzt, rechtfertigen Gegenstände wie Kirschentkerner, Melonenausstecher, Waffeleisen, Hummerschere, Erdbeerentstieler und Apfelteiler in der Regel nicht den Platz, den sie in deinen Küchenschränken besetzen. Bevorzuge stattdessen schlichte Geräte, die eine Vielzahl von Funktionen ausüben können. Gleichermaßen brauchst du keine ganze Palette von Bratpfannen und Kochtöpfen; ein oder zwei Exemplare in gängigen Größen sind normalerweise völlig ausreichend.

Vermeide es ebenfalls, Geschirr in speziellen Größen und Formen anzusammeln (wie Eierbecher und Sushi-Teller) und nutze stattdessen vielseitige, multifunktionale Schüsseln. Anstatt »gutes Porzellan« *und* Alltagsgeschirr zu lagern, entscheide dich für eine Garnitur und benutze sie für alle Anlässe. Spare ebenfalls an Gläsern. Sofern du kein Hobby-Barkeeper bist, brauchst du keine Unmenge an verschiedenen Gläsern. Ich habe ein einfaches Set Trinkgläser, das sich für alle Arten von kalten Getränken eignet, und um ehrlich zu sein, trinke ich tatsächlich lieber aus diesen Gläsern als aus empfindlichen Sektflöten oder unhandlichen Cognacschwenkern.

Während du deine Küche rationalisierst, denk auch darüber nach, dass in manchen Kulturen einfachste Gerätschaften für eine Vielzahl von Küchenarbeiten reichen (müssen). Nicht die schicken Töpfe in unseren Schränken, sondern unsere Kreativität, unser Herz und unsere Hände sind es, die köstliche, wohltuende Gerichte entstehen lassen.

EINGRENZEN

Damit alles organisiert und effizient bleibt, leg fest, wo du gewisse Aufgaben durchführst – wie Vorbereiten, Kochen, Servieren, Essen, Spülen und Abfallbeseitigung – und lagere die dazugehörigen Gerätschaften dementsprechend. Bewahre zum Beispiel die Messer dort auf, wo du schneidest, die Töpfe in der Nähe des Herdes und das Geschirrspülmittel am oder unter dem

Spülbecken. Wenn der Küchentisch auch für nicht küchenrelevante Dinge genutzt wird, z. B. für Büroarbeiten oder zum Malen, räume hinterher alles sofort wieder auf, um Stiften und Papieren gar nicht erst die Chance zu geben, sich ihren Weg in deine Gewürzschublade zu bahnen oder sich auf der Arbeitsfläche anzuhäufen.

Reserviere einen speziellen Platz für jeden einzelnen Gegenstand. Die Teller sollten so und nicht anders aufgestapelt sein und alle gleichen Tassen und Gläser zusammenstehen. Gabeln, Messer, Löffel, Töpfe, Pfannen und Haushaltsgeräte müssen alle ihre festen Plätze haben. Wenn es dir hilft, benutze kleine Etiketten an Schränken und Schubladen, um dich (und deine Familienmitglieder) daran zu erinnern, wo alles hingehört.

Teile die Sachen deinem Inneren Zirkel, Äußeren Zirkel und deiner Tiefendeponie zu. Dein Innerer Zirkel sollte das Geschirr, die Töpfe, Pfannen, Geräte und Lebensmittel beinhalten, die du regelmäßig benutzt. Reserviere für sie deine am leichtesten erreichbaren Lagerplätze. Du solltest nicht auf eine Trittleiter steigen müssen, um eine Kaffeetasse zu holen. Genauso wenig solltest du den Raum durchqueren müssen, um dein Gemüsemesser zu finden.

Lagere in deinem Äußeren Zirkel – höhere Schränke, tiefere Schubladen und hintere Ecken – die Gegenstände, die du seltener als einmal pro Woche benutzt, aber häufiger als einmal im Jahr. Potenzielle Kandidaten sind Kuchenformen, Schmortöpfe, Salatschleudern, Waffeleisen und Backbleche.

In die Tiefendeponie gehören die Sachen, die einmal im Jahr oder seltener zum Einsatz kommen (normalerweise um die

Feiertage herum) – wie Bowleschüsseln, Saucieren, Auflaufformen, Dessertständer, Servierteller und Tischdecken für besondere Anlässe. Lagere diese in den höchsten, tiefsten und entferntesten Bereichen deiner Küche oder deines Esszimmers. Aber nur weil du Dinge in der Tiefendeponie ablegen *kannst,* bedeutet das nicht, dass du das tun *musst.* Wenn du die Sachen nicht wirklich brauchst (oder sie dir auch ausleihen könntest), tu dir keinen Zwang an – werde sie los!

Module sind in der Küche, wo doppelte Utensilien und überschüssige Zutaten üblich sind, besonders wertvoll. Sie zeigen uns unbarmherzig, wie sich bestimmte Gegenstände mit der Zeit (oft unbemerkt) angesammelt haben. Sie lassen uns Fragen stellen wie: »Warum haben wir achtzehn Trinkgläser für unsere vierköpfige Familie?«, »Werden wir jemals zwanzig Paar Essstäbchen benutzen?«, und »Brauche ich zwei Fleischthermometer, drei Korkenzieher oder vier Gläschen Zimt?« Reserven auszusortieren geht schnell und ist einfach – wir müssen uns nicht den Kopf darüber zerbrechen, ob wir auch wirklich ohne einen bestimmten Gegenstand auskommen, denn schließlich haben wir ja noch einen. Es schafft Platz in unseren Schränken und Schubladen und macht es deutlich leichter, das zu finden, was wir brauchen.

Wenn wir Module erstellen, bemerken wir oft, dass wir weitaus mehr Geschirr besitzen, als wir tatsächlich brauchen. Warum? Weil wir nur selten ein altes Set wegwerfen, wenn wir uns ein neues anschaffen. Die Teile sind normalerweise immer noch funktionstüchtig, denn wir ersetzen sie um der Neuerung willen.

Also werden sie in den Tiefen unserer Schränke verstaut – »nur für den Notfall«. Alternativ könnten wir Geschirr auch geschenkt bekommen oder geerbt haben und fühlen uns nun verpflichtet, ihm ein Zuhause zu geben. Denk darüber nach, deine Teller, Tassen, Schüsseln, Gläser und Geräte zu reduzieren und sie der Größe deiner Familie anzupassen. Wenn dein Haushalt aus vier Personen besteht, warum solltest du dann deine Schränke mit sechzehn Gedecken vollstopfen? Beschränke deine Sachen auf die aktuellsten, besten oder schönsten Stücke und beseitige die alten.

Ah, aber was ist denn bitte, wenn wir Besuch bekommen, fragst du jetzt? Denk auf alle Fälle auch an mögliche Gäste, wenn du deine Bestände aussortierst. Werde dir darüber klar, wie viele Personen du maximal *regelmäßig* einlädst und halte genug Geschirr bereit, um so eine Gruppe zu versorgen. Aber wenn du nur alle Jubeljahre einmal größere Gesellschaften empfängst, kannst du das, was du dann brauchst, mieten oder ausleihen. Bist du immer noch nicht bereit, deine Gedecke aufzugeben? Begrenze sie in deinen Schränken für deinen täglichen Bedarf und verstaue den Rest in der Tiefendeponie, bis er gebraucht wird.

Begrenze Geräte auf jene, die du oft benutzt, und wenn du bessere Exemplare kaufst, gib die alten weg. Überlade deine Schränke nicht mit alten Toastern, Mixern und Kaffeemaschinen – ein junges Paar oder ein Student freuen sich über diese Sachen. Und bremse dich bei Vorratsdosen. Sie sind ja wirklich sehr nützlich, aber sie häufen sich schnell an. Such dir eine Handvoll aus, die du behältst, und gib den Rest weg.

Leider wäre keine Küche ohne die berühmte Ramsch-Schublade komplett – der Platz, wo wir all die Ketchuptütchen, Lieferservice-Prospekte, Batterien, Geburtstagskerzen, Bindedrähte, Teelichter, Scheren, Plastikutensilien und sonstigen Gegenstände unterbringen, die zu klein sind, von denen es zu wenige gibt oder die zu einzigartig sind, um sie irgendwo anders unterzubringen. Was können wir mit diesem Mischmasch von Sachen anstellen? Beurteile jedes einzelne Objekt und sammle diejenigen zusammen, die den Sprung in ein Nützlichkeit-Modul schaffen (gleiche Schublade, neuer und verbesserter Name!). Grenze Ähnliches in Reißverschlussbeuteln oder in einem Schubladen-Organizer ein. Wenn alles bequem zugänglich, leicht zu identifizieren und wirklich nützlich ist, muss es nicht als Ramsch abgestempelt werden.

Wenn du ein besseres Kochbuch für eine bestimmte Küche oder ein besseres Rezept für ein bestimmtes Gericht findest, entsorge das alte Exemplar.

Zuletzt lass uns über Rezepte und Kochbücher sprechen. Mit der Zeit sammeln sie sich an, und nur selten tauschen wir eines aus, sondern wir fügen das neue Exemplar einfach unserer Sammlung hinzu. Und plötzlich haben wir mehr Rezepte zum Nachkochen, als es Tage im Jahr gibt! Halte deine Auslese aktuell. Wenn du ein besseres Kochbuch für eine bestimmte Küche oder ein besseres Rezept für ein bestimmtes Gericht findest, entsorge das alte Exemplar. Betrachte deine Sammlung eher als dynamisch denn als statisch. Lass sie sich weiterentwickeln, damit sie stets zu deinem aktuellen Geschmack und deinen derzeitigen Ernährungsgewohnheiten passt.

ERHALTEN

Die Küche ist solch ein Zentrum der Aktivität, dass sie nicht nur tägliche, sondern *permanente* Wartung erfordert!

Dinge können hier leicht außer Kontrolle geraten – und das innerhalb kürzester Zeit, wenn wir nicht den Überblick behalten. Schmutzige Teller, Töpfe, und Pfannen türmen sich in der Spüle; Nahrungsmittel, Geräte und Verpackungen sammeln sich auf den Arbeitsflächen; Rechnungen, Hausaufgaben und Zeitungen stapeln sich auf dem Tisch; Spielzeug, Rucksäcke und Einkaufstüten liegen auf dem Fußboden; Speisereste sammeln sich im Kühlschrank an.

Je mehr Menschen in einem Haushalt leben, desto mehr Sachen landen in der Küche. Irgendwann kann der Krempel so übermächtig werden, dass du dort nicht mehr kochen und essen kannst. Wenn es keinen Raum mehr zum Waschen, Schnippeln und Braten gibt, steigt die Wahrscheinlichkeit, dass du ein Fertiggericht in die Mikrowelle schmeißt oder den Pizzaservice anrufst.

Lass dich nicht von Krempel um ein gesundes, selbst gekochtes Essen bringen – halte deine Küchenoberflächen frei! Sie sollten (wenn überhaupt) nur jene Gegenstände bereithalten, die du täglich benutzt. Wandmontierte Ablagen für Gewürze, Messer und andere Arbeitsgeräte und Hängekörbe für Früchte und Gemüse können sehr nützlich sein. Geräte, die unter Oberschränken angebracht sind – wie Mikrowellen, Minibacköfen und Kaffeemaschinen – machen ebenfalls wertvollen Platz verfügbar. Verzichte für eine attraktive und funktionale Küche auf kitschigen Schnickschnack. Ich verspreche dir: Einfach nur jeglichen Krempel von den Arbeitsflächen zu verbannen wird dich dazu inspirieren, etwas richtig Leckeres zu kochen oder zu backen.

Mach nach jeder Mahlzeit alles sauber. Wenn du kochst, räum Geräte, Zubehör und Zutaten weg, sobald du sie nicht mehr brauchst. Nach dem Essen räum den Tisch und die Arbeitsflächen ab. Kümmere dich sofort um das Geschirr – spüle es per Hand oder stell es in die Spülmaschine. Verbringe lieber ein paar Minuten damit, nach jeder Mahlzeit aufzuräumen, als vor dieser Aufgabe zu stehen, wenn du die nächste Mahlzeit vorbereiten willst. Ein Stapel von schmutzigem Geschirr kann deinen Enthusiasmus schnell dämpfen. Versuch nach folgender Regel zu leben: Verlass die Küche niemals, wenn noch Geschirr in der Spüle liegt. (Geh zumindest nicht ins Bett, bevor es weggeräumt ist.) Es ist wundervoll, jeden Tag einen Neubeginn zu haben, aber noch besser ist es, ihn zu jeder Mahlzeit zu haben!

Die Küche ist solch ein Zentrum der Aktivität, dass sie nicht nur tägliche, sondern *permanente* Erhaltungsbemühungen erfordert!

Die Küche gilt (nicht nur) in unserer Kultur als das Herz des Hauses, ein Platz für Familien, um sich zu treffen und schöne Stunden miteinander zu verbringen. Aber eben weil sie solch ein lebendiger Hotspot ist, sind ihre Ablagen geradezu Magnete für Krempel. Achte darauf, dass jeder, der ein Spielzeug, ein Buch, eine Zeitung oder Post mit in die Küche bringt, das Objekt beim Verlassen des Raumes wieder mitnimmt. (Oder sprich die Warnung aus, dass es sonst in deinem nächsten Auflauf landen könnte!)

Achte auch sehr genau darauf, dass der Fußboden frei ist. Wenn du schwere Töpfe und heiße Flüssigkeiten durch den Raum trägst, können Sachen, die auf dem Boden herumliegen, schlimmstenfalls eine Katastrophe verursachen.

Und schließlich ist die Küche auch noch ein fantastischer Ort für das »Eins-pro-Tag-Entrümpeln«. In diesem Raum kann immer *irgendetwas* entsorgt werden, ob es nun die gestrige Zeitung ist oder Speisereste von letzter Woche. Mach eine Gewohnheit daraus, deinen Kühlschrank, Gefrierschrank und die Vorratsregale regelmäßig nach abgelaufenen, veralteten oder nicht mehr gemochten Artikeln durchzuschauen und entsorge sie umgehend. Verpflichte dich dazu, jeden Tag mindestens eine Sache wegzuschmeißen – ob es nun verdorbenes Essen ist, eine zusätzliche Kaffeetasse, ein verwaistes Essbesteck, ein nicht zum Rest des Geschirrs passender Teller oder ein nur selten benutztes Gerät. Deine Ramsch-Schublade allein könnte dich vermutlich ein Jahr lang beschäftigt halten. Denk dran: Deine Schränke werden mit jedem Tag, der vergeht, geräumiger!

BADEZIMMER

Lust auf eine ganz einfache Aufgabe? Lass uns mit unseren erlernten Minimalisten-Strategien unsere Badezimmer verschönern. Dieser Raum ist normalerweise der kleinste in unserem Zuhause, mit nur wenigen Aufbewahrungsmöglichkeiten und Ablageflächen, und verglichen mit Wohnzimmer, Büro oder Küche ist das Rationalisieren hier ein Kinderspiel! Mit wenig Aufwand und einigen Regeln kannst du einen Raum erschaffen, der deine Seele beruhigt, während du dir die Zähne putzt.

In den anderen Räumen, die wir entrümpelt haben, mussten wir die Arbeit oft in kleine Abschnitte aufteilen. Dank der geringen Ausmaße unseres Badezimmers können wir wahrscheinlich den ganzen Raum auf einmal in Angriff nehmen. Allerdings bedeuten die wenigen Aufbewahrungs- und Stelloptionen auch, dass wir besonders gut überlegen müssen, wie wir den Raum optimal organisieren und nutzen. Es geht keinesfalls darum, wie viele Sachen wir hineinpacken können, sondern eher, wie *wenig* wir wirklich darin brauchen. Unser Ziel ist es, ein klares, Spa-ähnliches Ambiente zu erschaffen.

Als Erstes schließ deine Augen und mal dir dein ideales minimalistisches Badezimmer aus. Stell dir freie, saubere Ablagen vor – mit keiner einzigen Haarsprayflasche oder herumliegenden Wimperntusche. Schau dir den schönen, leeren Fußboden an – keine aufgetürmten Handtücher in der Ecke oder zig Flaschen mit Putzmitteln unterm Waschbecken! Bestaune die glänzenden Flächen und die sorgfältig ausgewählten Pflegemittel auf der Duschablage. Öffne die Schubladen und den Spiegelschrank und bewundere die ordentliche Aufstellung von Hygiene- und Körperpflegeartikeln. Kein einziger Gegenstand wirkt hier fehl am Platz, keiner ist zu viel. Lass deinen Blick auf der Kerze oder der Orchidee ruhen, welche die Ablage ziert. Aaah … du könntest den ganzen Tag in diesem ruhigen, entspannenden Raum verbringen.

Okay, zurück in die Realität. Besser noch: Wir machen jetzt unser Wunschbild zur Realität! Fang an, indem du – genau wie in den anderen Zimmern auch – Schubladen, Regale und Schränke ausleerst. Räum auch die Ablagen komplett leer, und vergiss die Badewanne oder Duschkabine nicht. Trag alles aus dem Badezimmer hinaus und leg die Gegenstände zur Begutachtung irgendwo anders hin (zum Beispiel auf den Schlafzimmerboden oder den Esszimmertisch). Entrümpeln ist viel effektiver, wenn du die Sachen aus ihrer gewohnten Umgebung entfernst und sie erst dann beurteilst. Während du genau entscheidest, was du brauchst, bringst du die Dinge (gegebenenfalls) – eins nach dem anderen – wieder zurück.

ENTRÜMPELN

Um deine Sachen in Wegwerf-, Wertschätzen- und Weitergeben-Haufen einzuteilen, erledige gedanklich deine tägliche Routine. Stell dir vor, wie du deine Zähne putzt und leg dann Zahnbürste, Zahnpasta und Zahnseide auf den Wertschätzen-Haufen. Stell dir vor, wie du dein Gesicht wäschst und füge Gesichtsreiniger und Waschlappen oder Wattepads dazu. Mach das Gleiche fürs Rasieren, Schminken, Haarestylen und sämtliche anderen regelmäßigen Körperpflege-Aktivitäten – alles, was du dafür brauchst, wandert auf den Wertschätzen-Haufen. Diese Übung zeigt dir *ganz genau,* welche Produkte du wirklich regelmäßig benutzt und was in dein Badezimmer gehört. Außerdem verrät sie auch, was du *nicht* benutzt, und fordert dich auf zu hinterfragen, warum du diese Sachen dann behältst.

Manche Dinge gehören schon allein aufgrund ihres Alters auf deinen Wegwerf-Haufen. Kosmetik, die du nicht regelmäßig benutzt, könnte beispielsweise unbrauchbar geworden sein. Kosmetika haben sehr wohl ein Verfallsdatum: Flüssigkeiten und Cremes – besonders jene, die an den oder um die Augen herum verwendet werden – haben eine Lebensspanne von drei bis sechs Monaten, Puder, Concealer, Rouge und Lippenstift sind in der Regel ein Jahr lang haltbar. Der Grund für ihre Verderblichkeit: Feuchtigkeit führt dazu, dass sich Bakterien vermehren, die Hautirritationen und Infektionen auslösen können.

Sei verantwortungsbewusst beim Entsorgen alter Medikamenten. Richte dich nach dem aufgedruckten Verfallsdatum. Frag bei Zweifeln bei deinem Arzt oder in der Apotheke nach. Medikamente gehören weder in den Hausmüll noch in die Toilette – bring sie stattdessen für eine ordnungsgemäße Entsorgung in eine Apotheke.

Der beste Grund, etwas in deinem Badezimmer zu behalten, ist, dass *du* es *benutzt.*

Der beste Grund, etwas in deinem Badezimmer zu behalten, ist, dass *du* es *benutzt.* Im umgekehrten Fall ist der beste Grund, etwas nicht in deinem Badezimmer zu behalten, dass *du* es *nicht benutzt.* Während du deine Dinge aussortierst, leg alles beiseite, was du in den letzten sechs Monaten nicht angerührt hast. Sofern du keinen sehr guten Grund hast (zum Beispiel einen medizinischen), etwas zu behalten, wirf es weg und mach den Platz im Schrank frei. Wenn es ein begrenzt haltbarer Artikel ist, dürfte er ohnehin das Ende seiner Lebensspanne erreichen, während er noch unbenutzt bei dir herumsteht.

Eine Ausnahme von dieser Regelung ist der Erste-Hilfe-Kasten. In dieser Kategorie sind die »Vielleicht irgendwann brauchbar«- und »Nur für den Notfall«-Sachen äußerst willkommen. Halte einen gut gefüllten Erste-Hilfe-Kasten bereit, ergänzt um eine sinnvoll bestückte Hausapotheke. Was für dich und deine Familie idealerweise hineingehört, kannst du in der Apotheke erfragen. Es ist egal, ob du die darin enthaltenen Dinge schon oft oder noch nie verwendet hast – halte sie bereit, denn wenn du sie brauchst, müssen sie da sein. Überprüfe natürlich in regelmäßigen Abständen Verfallsdaten und ersetze veraltete Medikamente.

Ein weiterer guter Grund, einen Gegenstand zu behalten, ist, dass *er für dich funktioniert.* Du weißt, wovon ich rede: das Shampoo, das dein krauses Haar bändigt, die Creme, die deine Haut optimal pflegt, oder der Lidschatten, der deine Augenfarbe so gut zur Geltung bringt. Umgekehrt heißt das, dass es keinen Grund gibt, einen Gegenstand zu behalten, der *nicht für dich* funktioniert, wie beispielsweise diese teure Lotion, die deine Haut irritiert.

Es gibt einen weiteren Grund, warum sich bestimmte Dinge in deinem Badezimmer anhäufen: *weil sie gratis waren.* In diese Kategorie fallen die Werbegeschenke aus der Parfümerie oder Apotheke, Pröbchen aus Zeitschriften und die Minifläschchen mit Duschgel oder Shampoo, die man gerne aus Hotels mitnimmt. Ich weiß, dass diese winzigen Hygieneartikel supersüß sind, aber wenn du sie nicht benutzt, sind sie nichts weiter als supersüßer Ramsch. Lass sie zukünftig dort, wo sie dir angeboten werden, außer wenn du wirklich beabsichtigst, sie zu benutzen (z. B. auf kurzen Reisen).

Um ein Minimalisten-Badezimmer zu erschaffen, hilft es auch, unsere Körperpflegeroutinen zu überdenken und eventuell einzuschränken. Spezialprodukte können unser Pflegeprogramm kompliziert und zeitaufwendig machen; Gesichtsreinigung aus fünf verschiedenen Komponenten, drei verschiedene Anti-Aging-Cremes oder Schlammmasken, die mehrmals wöchentlich angewendet werden müssen. Unser Haar locken, glätten, stylen, gelen und besprühen wir. Für unser Gesicht benutzen wir Foundation, Make-up, Highlighter, schminken, betonen, tuschen, decken ab. Wow! Morgens fertig zu werden ist schon der erste große Job des Tages!

Wirf einen scharfen Blick auf deine Gewohnheiten und überlege, wo du dich einschränken kannst. Ich bin mir sicher, dass du genauso umwerfend aussehen wirst, wenn du nur die *Hälfte* von dem tust, was du jetzt machst. Wenn du deine Gesichtsreinigung auf ein All-in-One-Produkt reduzieren würdest, könntest du fünf verschiedene Komponenten wegschmeißen. Wenn du einsiehst, dass gegen Falten ohnehin kein Kraut gewachsen ist, könntest du die drei verschiedenen Anti-Falten-Cremes gegen eine simple Feuchtigkeitspflege eintauschen. Wenn du dein Make-up dezent und deinen Haarschnitt pflegeleicht halten würdest, könntest du eine ganze Schublade voll von Produkten einsparen. Wahre Schönheit kommt ohnehin von innen. Anstatt vermeintliche Wundertinkturen anzusammeln, entscheide dich lieber für natürliche Schönheitsverstärker wie Sport, gesunde Ernährung, viel Wasser und ausreichend Schlaf.

Um die Gegenstände in deinem Bad weiter einzuschränken, wähle multifunktionale 2-in-1-Produkte (z. B. Shampoo/Spülung, Duschgel/Shampoo, Reinigungsmilch/Gesichtswasser). Sogar manche Haushaltsartikel lassen sich im Badezimmer nutzen.

Backnatron kann als Peeling, zum Zähneputzen, Händewaschen, als Fußbad und Haarpflege benutzt werden. Olivenöl ist nicht nur eine gute Feuchtigkeitscreme, sondern auch Make-up-Entferner, Haarspülung, Nagelhaut- und Lippenbalsam. Vaseline macht die Haut an Händen, Füßen, Ellenbogen und Knien weicher.

Lass uns als Nächstes über Handtücher sprechen. Die vermehren sich ja bekanntlich schneller, als man gucken kann. Warum? Weil wir, wenn wir neue kaufen, kaum jemals die alten wegschmeißen. Sie sind einfach so praktisch, und wir bringen es einfach nicht übers Herz, sie zu entsorgen. Unsere neuen erhalten den Ehrenplatz auf der Handtuchablage, die alten werden »für den Notfall« weggepackt, und unsere Wäscheschränke werden mit jedem Jahr voller. Mach eine Inventur: Wie viele Handtücher besitzt du? Wie viele Personen leben in deinem Haushalt? Wenn es zwischen diesen beiden Zahlen eine große Differenz gibt, musst du dringend ein paar Handtücher loswerden.

Bestimme, wie viele Handtücher jedes Mitglied in deinem Haushalt benötigt. Wenn du ein extremer Minimalist bist, könnte deine magische Zahl »eins« lauten, allerdings glaube ich, dass sich die meisten Menschen mit zwei Exemplaren wohler fühlen. Mit einem zweiten Handtuch hast du eine Reserve für Gäste oder während du deine Wäsche wäschst. Reduziere deine Handtücher außerdem auf eine oder zwei vielseitig einsetzbare Größen. Je weniger du zu lagern, zu waschen und zu verwalten hast, umso besser.

Das Badezimmer ist ein kleiner, funktionaler Raum, also widersteh bitte dem Drang, es mit Krimskrams vollzustopfen.

Dekorative Gegenstände gehören nicht hierher, außer vielleicht eine Kerze oder eine kleine Schale mit Blumen. Die Sachen werden nass, schmutzig und sind dir bei deiner Körperpflegeroutine im Weg. Schließlich willst du dich nicht darum sorgen, vielleicht irgendetwas zu zerbrechen, während du gerade deine Haare föhnst. Und was Lesestoff betrifft: Nimm ihn ruhig mit hinein, aber bring ihn beim Verlassen des Raumes wieder mit hinaus – das Badezimmer ist schließlich keine Bibliothek!

EINGRENZEN

Der Platz im Badezimmer kann beengt sein und die Aufbewahrungsmöglichkeiten knapp bemessen. Deshalb ist es hier besonders wichtig, dass jeder Gegenstand einen festen Platz hat und dort auch bleibt.

Weise deine Sachen deinem Inneren Zirkel, Äußeren Zirkel und der Tiefendeponie zu. Dein Innerer Zirkel sollte den Großteil der Dinge in deinem Badezimmer beinhalten, kurzum: das, was du jeden Tag benutzt. Typische Artikel dürften Zahnbürste, Zahnpasta, Zahnseide, Gesichtspflege, Feuchtigkeitscreme, Make-up, Bürste, Kamm, Rasierer, Rasiercreme, Wattestäbchen, Wattebäusche, Waschlappen und Handtücher sein. Diese Sachen sollten in Reichweite liegen. Dein Äußerer Zirkel sollte das beinhalten, was du nicht ganz so oft verwendest, wie Lockenstab, Nagelschere und -feile, Haarschneidemaschine, Sonnencreme, zusätzliche Handtücher und Hygieneartikel. Benutze die

Tiefendeponie, wenn du ein bestimmtes Produkt in großen Mengen kaufst – wie Papiertaschentücher oder Toilettenpapier – und dir der Stauraum im Badezimmer fehlt.

Während du alles durchsiehst, leg ähnliche Gegenstände in Modulen zusammen. Wirf einen langen, kritischen Blick auf jedes einzelne Modul. Aller Wahrscheinlichkeit nach wirst du dabei etliche Exemplare entdecken, die du mehrfach hast. Sortiere überflüssige Kämme, Pinzetten und Nagelknipser aus. Hast du achtzehn Nagellacke oder sechzehn Lotionen angesammelt? Wenn du sie alle zusammen siehst, scheint das ein bisschen übertrieben zu sein, oder? Frag dich, wie viele davon du wirklich brauchst, und reduziere deinen Bestand auf deine Favoriten.

Für wahren Minimalismus im Bad versuch, deine Kosmetikartikel auf einen pro Produktart zu reduzieren.

Wenn du einmal deine Badezimmervorräte aussortiert hast, benutze Behälter, um lose Dinge einzusperren. Bewahre Kosmetika in einem Make-up-Köfferchen auf und Haaraccessoires in ihrem eigenen Beutel oder Kästchen. Mach das Gleiche mit Medikamenten, Schönheitscremes, Nagelpflegeartikeln und allem anderen. Wenn die Sachen in einer Schublade umherrollen, ist es schwierig, sie von einer Vermehrung abzuhalten, und außerdem liefert die Unordnung einen wunderbaren Versteckplatz für weiteren Krempel. In separaten Behältern sind die Sachen leichter wiederzufinden und unter Kontrolle zu halten. Du kannst sogar kreativ werden und deine Module zusätzlich eine dekorative Pflicht erfüllen lassen: Wattebällchen, Wattestäbchen und Badesalze sehen in Apothekengläsern hübsch aus und verleihen deinem Badezimmer einen Hauch von Luxus.

Teile jedem Familienmitglied eine Schublade oder ein Regalfach im Badezimmer zu. Auf diese Weise hat jeder sein persönliches Modul, einen definierten Platz für seine Sachen. Wenn die Stylingprodukte deines Teenagers oder die Shampoos deines Ehepartners ihren festgelegten Platz überschwemmen, muss der Überschuss entsorgt oder anderswo deponiert werden. Ist Stauraum knapp, installiere Haken für Kulturtaschen. Dies reduziert den Krempel auf den Ablagen.

Wenn du Grenzen in deinem Badezimmer anwendest, ist die magische Zahl *eins.* Für wahren Minimalismus im Bad versuch, deine Kosmetikartikel auf einen pro Produktart zu reduzieren: ein Shampoo, eine Haarspülung, ein Gesichtsreiniger, eine Feuchtigkeitscreme, ein Parfüm, ein Aftershave, eine Bodylotion, eine Zahnpasta, ein Lippenstift, ein Lidschatten, eine Wimperntusche, ein Rouge, ein Nagellack und so weiter. Eins von jedem bedeutet weniger Krempel in deinen Schränken und weniger, worüber du morgens nachdenken musst. Eins von jedem bedeutet weniger negative Auswirkungen auf die Umwelt. Eins von jedem bedeutet, das Konzept von *genug* anzunehmen.

Brauche das alte Produkt auf, bevor du ein neues kaufst. Ich weiß, das ist leichter gesagt als getan. Wenn wir etwas über die

»perfekte« Nachtcreme oder die »magische« Wimperntusche hören, können wir gar nicht schnell genug in den Drogeriemarkt eilen! Versuch, diesen Impulskäufen zu widerstehen, besonders wenn du schon ein ähnliches Produkt zu Hause hast – oder entsorge zumindest das alte, halb aufgebrauchte, wenn du einen Ersatz nach Hause bringst. Fühl dich nicht verpflichtet, an den Resten festzuhalten, weil du meinst, du solltest sie irgendwann doch noch aufbrauchen; sie werden wahrscheinlich verderben, bevor du dazu kommst, sie zu benutzen. Lass keine quasi leeren Zahnpastatuben oder Shampooflaschen herumstehen; es ist unwahrscheinlich, dass du übermenschliche Kräfte entwickelst, um noch die letzten verbliebenen Moleküle herauspressen zu können. Behalte deine Make-up-Kollektion genauso scharf im Auge. Wenn du den neuen Lippenstift der Herbstpalette oder einen neuen Lidschatten aus der Frühlingskollektion kaufen möchtest, verabschiede dich von den Farbtönen der letzten Saison. Eine frische, kompakte Auswahl macht mehr Spaß, als ein Riesendepot an angeschmuddelten Vorräten.

ERHALTEN

Ein einmal rationalisiertes Badezimmer instand zu halten ist ein Kinderspiel! Genau genommen ist es ein großartiger Ort, um deine Minimalisten-Kräfte zu perfektionieren und deine Fähigkeiten sowie deine Zuversicht zu stärken, den Rest deines Zuhauses ebenfalls in Angriff nehmen zu können.

Sei ein guter Wächter und ständig auf der Hut vor Eindringlingen – besonders, wenn du das Bad mit anderen Familienmitgliedern teilst. Jedes Mal wenn du den Raum verlässt, nimm irgendetwas mit, das nicht dorthin gehört: die Trinkflasche deines Kindes, die Turnschuhe deines Teenagers, die Zeitschrift deines Ehegatten oder das Buch, das du gelesen hast, während du gestern in der Badewanne lagst. Geh sicher, dass der Fußboden nicht als improvisierter Wäschekorb oder vorübergehender Lagerplatz missbraucht wird.

Freie Flächen sind nicht nur attraktiver,
sie sind auch hygienischer.

Halte im Idealfall die Oberflächen im Badezimmer von allem frei, das gerade nicht benutzt wird. Ich weiß, dass es verlockend ist, die Zahnpastatube oder das Deodorant auf der Ablage aufzubewahren – diese Dinge braucht man schließlich täglich. Die Gefahr ist jedoch groß, dass sich binnen Kurzem eine Haarbürste, ein Rasierer, ein Lippenstift, eine Bodylotion und ein Fläschchen Parfüm dazugesellen. Wenn nun die anderen Familienmitglieder diesem Beispiel folgen, werden die Ablagen innerhalb kürzester Zeit komplett zugestellt sein. Letztendlich ist es einfacher, immer alles gut verstaut aufzubewahren.

Aus dem gleichen Grund sollte sich auch absolut nichts auf deinem Badezimmerboden befinden: weder Handtücher noch

Wäsche oder Extravorräte. Sammle schmutzige Wäsche in einem Wäschekorb und bewahre deine überschüssigen Reserven in Schränken, Körben oder stapelbaren Behältern auf (oder in einem anderen Teil deines Zuhauses). Benutze Haken und Stangen für Handtücher und Bademäntel. Badewannenränder sollten ebenfalls leer sein. Installiere ein Fach oder eine Duschablage für Duschgel und Shampoo.

Freie Flächen sind nicht nur attraktiver, sondern auch hygienischer, denn Badezimmer sind warme, feuchte, geschlossene Milieus. Schmutz, Schimmel und Bakterien gedeihen hervorragend unter solchen Bedingungen und werden sich an jedes anwesende Objekt heranmachen. Je weniger Wirte wir ihnen anbieten, desto besser! Außerdem sind Ablagen viel einfacher zu putzen, wenn du sie nicht erst abräumen musst.

Räum zumindest immer die Oberflächen auf, bevor du abends ins Bett gehst. Stell alle Hygieneartikel, Geräte und Kleinkram zurück an ihren vorgesehenen Platz, hänge alle Handtücher auf, und wisch die Ablagen einmal kurz ab. Mach daraus eine regelmäßige Routine, und du wirst jeden Morgen ein wundervolles minimalistisches Badezimmer betreten!

LAGERRÄUME

Da wir jetzt unseren gesamten Wohnraum rationalisiert haben, lass uns noch etwas Großes angehen und einen Blick auf die Lagerräume werfen – den Dachboden, den Keller, die Abstellkammer oder die Garage. Oft endet unser Gerümpel hier: Kisten mit allem möglichen Krimskrams, Möbel, die wir nicht mehr brauchen, kaputte Fahrräder, alte Blumentöpfe … wir alle wissen, wovon ich rede. Das Problem ist, dass all dieser Kram zwar vorläufig aus unserem Blickfeld, nicht jedoch aus unseren Gedanken verschwindet.

Die Lösung scheint offensichtlich zu sein: mehr Stauraum! Wie geordnet wäre unser Leben, wenn wir einen großen Keller, einen riesigen Dachboden oder eine Doppelgarage hätten, wo wir all unseren Kram reinstopfen könnten! Leider geht diese »Lösung« aber oft nach hinten los: Die Sachen breiten sich wie von selbst aus, füllen auch den neuen verfügbaren Raum, und schneller, als wir gucken können, haben wir mehr Zeug als je zuvor, mit dem wir uns auseinandersetzen müssen.

Mein Ehemann und ich lebten früher ziemlich zufrieden in einer Einzimmerwohnung mit einer einzigen Abstellkammer. Dann zogen wir in ein Haus mit mehreren Zimmern, einem Dachboden, einem Keller und einer Garage. Und was passierte? Unsere Habseligkeiten wuchsen drastisch an! Während unserer Jahre in der Wohnung mussten wir jedes Mal, wenn wir ein Möbelstück, eine Sportart oder ein Hobby satthatten, das Ding selbst oder sämtliches Zubehör loswerden – wir hatten einfach keinen Platz, um es zu lagern. Aber nachdem wir in unser Haus gezogen waren, landeten solche Sachen im Keller – »für den Notfall«, falls wir sie eines Tages doch noch mal brauchen sollten. Diese »Notfall«-Sachen sammelten sich rasch an und erschufen ein uns völlig neues Ramschproblem. Ehrlich gesagt denke ich, dass es einfacher ist, als Minimalist zu leben, wenn du *keinen* Stauraum hast!

Um Ramschansammlungen zu vermeiden, halte deinen Lagerraum genauso rationalisiert wie deinen Wohnraum. Nur weil du eine große Garage besitzt, heißt das noch lange nicht, dass du jeden Quadratmeter auch füllen musst. Es ist besser, dein Auto darin unterzubringen als jede Menge Krimskrams, den du nicht einmal benutzt. Darüber hinaus können diese Bereiche als zusätzliche, flexibel nutzbare Flächen verstanden werden: Sie sind zum Beispiel ideale Orte, um Hobbys nachzugehen, die Dreck oder Lärm mit sich bringen. Lass es nicht zu, dass nutzloser Ramsch dich daran hindert, die potenziellen Möglichkeiten dieser Räume auszuschöpfen.

Deine Lagerräume kannst du auf zweierlei Art auf Vordermann bringen: entweder gemütlich in kleinen Schritten oder alles auf einmal. Wenn dich der Ehrgeiz packt, dann mach es RICHTIG! Plane ein ganzes Wochenende dafür ein! Stell die Inhalte des Kellers, des Dachbodens oder der Garage in deinen Garten oder deine Auffahrt. Es ist leicht, Sachen zu übersehen, wenn sie sich in dunklen Ecken versteckt halten; bring sie zur Begutachtung hinaus ins Tageslicht. Das kann dir helfen, deinen Drang, etwas behalten zu wollen, zu überwinden: Siehst du die Dinge außerhalb ihres gewohnten Umfeldes, wirkt die Idee plötzlich absurd, die alten Fußballschuhe oder das kaputte Fahrrad noch länger herumstehen zu lassen.

Um Ramschansammlungen zu vermeiden, halte deinen Lagerraum genauso rationalisiert wie deinen Wohnraum.

Um die besten Resultate beim Ausmisten zu erzielen, beziehe die ganze Familie mit ein und mach eine Party daraus. Schalte Musik an, stell Getränke bereit und erschaffe eine fröhliche Atmosphäre, sodass es sich mehr nach Spiel als nach Arbeit anfühlt. Für zusätzliche Motivation schmiedet Pläne, wie ihr euren »neuen« Raum nutzen wollt. Dein Teenager wird das Projekt mit weitaus mehr Enthusiasmus annehmen, wenn daraus ein Partykeller oder ein Proberaum für seine Band werden soll.

Wenn dir eine große Aufräumaktion zu übermächtig erscheint, kannst du das ganze Unternehmen auch Kiste für Kiste anpacken. Solch eine umfangreiche Aufgabe kann weniger einschüchternd wirken, wenn immer nur ein bisschen erledigt wird. Um voranzukommen, stell einen Zeitplan auf: Schau zum

Beispiel eine Kiste pro Tag oder Woche durch. Hol sie aus dem Lagerbereich heraus und stell sie in einen anderen Teil des Hauses, um ihren Inhalt zu überprüfen. Wenn du dich langsam vorarbeitest, kannst du über jeden Gegenstand in Ruhe nachdenken und gegebenenfalls Fotos, Dokumente oder andere Erinnerungsstücke digitalisieren, bevor du sie endgültig entsorgst.

Solltest du sogar eine Speichereinheit außerhalb deines Grundstückes haben, werde sie auf jeden Fall los! Das ist so, als ob du ein zweites Haus für deinen überschüssigen Kram mieten würdest – *Kram, den du nicht einmal genug magst, um mit ihm leben zu wollen.* Denk über Folgendes nach: Kannst du auswendig auflisten, was sich in deiner Lagereinheit befindet? Falls das nicht der Fall ist: Brauchst du *wirklich* Sachen, von denen du noch nicht einmal weißt, dass du sie besitzt? Wann hast du sie das letzte Mal benutzt? Lohnt es sich, Geld dafür auszugeben, dass du Dinge lagerst, die du nie verwendest? Wenn du die Sachen nicht in deinem Zuhause haben willst, warum willst du sie dann überhaupt behalten? Du dürftest feststellen, dass du in dieser Situation am besten neu anfangen kannst, wenn du die Speichereinheit leer räumst (und die Schlüssel abgibst)!

ENTRÜMPELN

Wenn du deine Sachen in Wegwerf-, Wertschätzen- und Weitergeben-Haufen einteilst, halte dich an die folgende Regel: Wenn du etwas länger als ein Jahr nicht mehr angerührt hast, fliegt es definitiv raus. Diese Zeitspanne ist ausreichend, um Feiertagsdekorationen mit einzubeziehen, saisonales Zubehör wie Gartenmöbel und Schneeschaufeln sowie jahreszeitenabhängige Sportausrüstung. Genauso wird es Zeit, sich zu fragen, *warum* du bestimmte Dinge immer noch lagerst, wenn du letztes Jahr (oder schon seit mehreren Jahren) doch gar nicht Ski gefahren bist, deine Campingausrüstung nicht benutzt oder die Feiertagsdekoration nicht aufgestellt hast.

Vermutlich wirst du viel für deinen Wegwerf-Haufen finden, da Lagerplätze oft Aufbewahrungsorte für kaputte Sachen sind. Überleg dir, wie wahrscheinlich es ist, dass du den defekten Fernseher oder Rasenmäher reparieren wirst, wenn du ihn bereits gegen ein neues Gerät ausgetauscht hast (ich vermute: nicht sehr!). Gleichermaßen frag dich, ob der Stuhl mit dem beschädigten Sitz oder der Tisch mit dem kaputten Bein jemals wieder in dein Wohnzimmer kommen wird. Wenn du diese Dinge *wirklich* reparieren wolltest, dann hättest du es doch schon längst getan. Befreie dich von der Pflicht, indem du sie loslässt – das wird eine Last von deiner Seele nehmen und dir die Zeit geben, anderen (angenehmeren) Beschäftigungen nachzugehen.

Dein Weitergeben-Haufen wird sich ebenfalls schnell erhöhen, da Lagerräume alles Mögliche auffangen – sowohl aufgegebene Projekte als auch einst geliebte Hobbys. Oft fühlen wir uns schuldig, eine Beschäftigung einzustellen, wenn wir bereits Geld für Zubehör und Training ausgegeben haben. Wir verstauen dann die Ausrüstung und schwören, dass wir eines Tages das Hobby wieder aufnehmen werden. Aber du bist keinesfalls dazu verpflichtet! Spende den alten Tisch, den du niemals zu Ende lackiert hast, gib deinem Nachbarn die Angelrute, die du seit Jahren nicht mehr angerührt hast, oder verkaufe die Nähmaschine, die du nie zu bedienen gelernt hast. Gib dir selbst die Erlaubnis weiterzumachen – es ist so befreiend! Wenn diese Gegenstände nicht mehr länger auf dir lasten, hast du die Energie und den Enthusiasmus, dich neuen Vorlieben zu widmen.

Das Gleiche gilt für Möbel. Wenn wir etwas umstellen oder neu kaufen, passen bestimmte Stücke nicht mehr dazu – aber anstatt sie loszuwerden, bunkern wir sie in unserer Garage oder unserem Keller. Aber wenn niemand auf ihnen sitzt, an ihnen isst, an ihnen arbeitet oder in ihnen schläft, wozu sie dann noch behalten? Besonders Babysachen werden oft auf unbestimmte Zeit weggepackt, aber der einzige Grund, Kinderbett, Hochstuhl und Laufstall aufzubewahren, ist eine noch nicht abgeschlossene Familienplanung. Bunkere nicht den alten Kinderwagen, weil er dich an die charmanteren Jahre deines Teenagers erinnert – er besitzt nicht die Macht, die Zeit zurückzudrehen! Gib die Sachen jemandem, der sie wirklich braucht, zum Beispiel einer jungen Familie, die aufs Geld schauen muss.

Verwandle deine Lagerräume nicht in ein Museum deiner Vergangenheit. Wirf einen kritischen Blick auf Schulhefte, Sporttrophäen, Dias und andere Erinnerungsstücke. Behandle Erbstücke, die sich hier versteckt haben, auf die gleiche Weise: Wenn sie nicht besonders genug sind, um in deinem Wohnraum aufbewahrt zu werden, dann frag dich, ob sie besonders genug sind, um sie überhaupt zu behalten.

Wenn du deinen Wertschätzen-Stapel zusammensuchst, bedenke noch dies: So praktisch Lagerräume auch sein mögen, so sind sie in der Regel weder so sauber noch so trocken wie der Rest deines Hauses oder deiner Wohnung. Staub, Schmutz, Feuchtigkeit und Ungeziefer können deinen Sachen mit der Zeit schaden. Falls du also wirklich einmal einen für den »Notfall« gelagerten Gegenstand wieder brauchen solltest, kann es gut sein, dass er nicht mehr in bestem Zustand ist – dann wirst du ohnehin einen neuen kaufen müssen. (So viel dazu, dass du ihn all die Jahre extra aufbewahrt hast!) Viele Hochzeitskleider, die eigentlich dazu bestimmt waren, an die nächste Generation weitergegeben zu werden, sind auf diese Weise schon in den Müll gewandert. Stell sicher, dass deine Kostbarkeiten im Lagerraum »überleben« können. Ist das nicht möglich, bring sie zur Aufbewahrung in deinen Wohnraum oder lass jemand anderen sie *jetzt* benutzen, anstatt sie dem Verfall preiszugeben.

Obwohl sie aus unserem Blickfeld verschwunden sind, sind die Sachen auf unseren Dachböden, in unseren Kellern und Garagen doch immer da. Schon der Gedanke daran, von Krempel umgeben zu sein, kann psychisch erstickend sein. Reduziere deshalb die Gegenstände in diesen Räumen so weit wie nur möglich: Lagere lediglich das, was du regelmäßig verwendest (oder was du in absehbarer Zeit benutzen wirst). Befüll deine Lagerräume nicht mit »Notfall«-Sachen – das Leben ist viel schöner und einfacher, wenn du mit weniger lebst!

Wenn du mit Dingen aus der Natur dekorierst, hast du immer einen »frischen« Look – im wahrsten Sinne des Wortes. Und was noch besser ist: Nichts davon muss verstaut werden.

Als Erstes überdenke einmal deine saisonale Dekoration. Warum dem im Laden gekauften Dekor so viel Platz widmen, wenn uns die Natur mit schönen, geschmackvollen Dingen beschenkt? Dekoriere zu Weihnachten mit Tannenzweigen, Zapfen und getrockneten Orangenscheiben anstatt mit Kugeln und Lametta. Verschönere dein Zuhause im Herbst mit Kastanien, Eicheln und Blättern und im Frühling mit frischen Blumen und Zweigen. Benutze Steine, Zweige und Früchte anstatt Schnickschnack aus Massenproduktion, um deine Räume mit Struktur und Farbe zu versehen. Wenn du mit Dingen aus der Natur dekorierst, hast du immer einen »frischen« Look – im wahrsten Sinne des Wortes. Und was noch besser ist: Nichts davon muss verstaut werden.

Zweitens, betreibe Sportarten und Hobbys, die nur wenig Zubehör erfordern. Fußball und Tennis sind in dieser Hinsicht weitaus weniger aufwendig als Golf oder Surfen. Und für Yoga, Karate und Tanzen brauchst du so gut wie gar nichts. Du kannst in der freien Natur spazieren gehen oder laufen, anstatt ein Laufband zu kaufen und Freiübungen machen, anstatt Trainingsgeräte zu benutzen. Geh ähnlich auch an andere Hobbys heran: Während Töpfern oder Kunstschmieden zwar wundervolle Aktivitäten sind, braucht man dafür jedoch zahlreiche Geräte und Zubehör. Sprachen lernen, Geocaching oder Zeichnen könnten dir ähnliche Erfüllung bringen – und das ohne den ganzen Kram.

Und zum Schluss: Leih alles, was du nicht regelmäßig nutzt. Wenn du nur hin und wieder mal zum Schlittschuhlaufen gehst, leihe dir Schlittschuhe aus, anstatt welche zu kaufen. Wenn du nur einmal im Jahr deinen Gehweg hochdruckreinigst, miete dir das Zubehör in einem Baumarkt; wenn du nur alle Jubeljahre einmal ein Bolzenschussgerät brauchst, borg dir das von deinem Nachbarn aus. Wenn du dein Auto kaum benutzt, verkauf es und melde dich bei einem Carsharing-Programm an.

EINGRENZEN

In Lagerbereichen – so wie in anderen Teilen des Hauses auch – ist es enorm wichtig, dass alles einen festen Platz hat (und dort auch bleibt). Diese Räume können willkürliche Anhäufungen von Krempel geradezu verschlucken. Widerstehe der Versuchung, etwas einfach in die Ecke zu werfen oder ins nächste Regal zu stopfen. Wenn du das tust, wirst du in einem riesigen, unorganisierten Chaos enden, das stetig mehr Gerümpel anzieht.

> In Lagerbereichen – so wie in anderen Teilen des Hauses auch – ist es enorm wichtig, dass alles einen festen Platz hat (und dort auch bleibt).

Man sollte meinen, dass alles, was sich in Lagerräumen befindet, zur Tiefendeponie gehört, aber das ist nicht der Fall! In unseren Kellern und Garagen befinden sich Gegenstände, die wir regelmäßig verwenden, deshalb müssen wir den Raum so organisieren, dass die am häufigsten benutzten Dinge in Reichweite sind. Verstaue in deinem Inneren Zirkel alles, was du oft brauchst – wie Reinigungsmittel, Gartenausrüstung und Werkzeuge – auf den zugänglichsten Borden, Ablagen und Haken. Betrachte deinen Inneren Zirkel als einen »aktiven« Raum, der alles Nötige an Zubehör und Geräten (und vielleicht sogar die Fläche) bereitstellt, um regelmäßige Arbeiten zu verrichten.

Dein Äußerer Zirkel ist in erster Linie Speicherraum – für Dinge, die einmal im Jahr oder zu wenigen bestimmten Zeitpunkten im Jahr benutzt werden. Verstaue in diesem Bereich deine Feiertagsdekoration sowie Wartungs- und Sportgeräte während der Jahreszeiten, in denen du sie nicht benötigst. Die Tiefendeponie ist für Gegenstände gedacht, die du nach Möglichkeit nie wieder sehen möchtest, aber die du aus irgendeinem Grund trotzdem behalten musst. Hier sollte sich nicht viel befinden, genau genommen sind

Bankunterlagen und wichtige Dokumente so ziemlich das Einzige, was mir einfällt. Am wichtigsten ist es, dass du die Tiefendeponie nicht dazu missbrauchst, um Dinge, mit denen du eigentlich nichts zu tun haben willst, zu »verstecken« (wie Erbstücke).

Weil Lagerbereiche eine große Vielzahl an Objekten beherbergen, sind Module die beste Lösung, um sie zu organisieren. Leg Ähnliches zusammen – vom größten Gegenstand bis hin zum kleinsten: Fasse nicht nur deine Schaufeln und Harken zu einer Gruppe zusammen, sondern sortiere auch Muttern, Bolzen und Schrauben nach Typ und Größe. (Für Organisationstalente ist dies der Himmel auf Erden!) Anstatt ein paar Kisten mit »Reparaturen« zu beschriften, teile sie weiter auf in »Klempnerarbeit«-, »Elektrik«-, »Holzarbeiten«-, »Streichen«- und »Gartenpflege«-Module. Sortiere in gleicher Weise deine Dekoration nach Anlass oder Jahreszeit. So wirst du nicht deine Weihnachtskugeln durchstöbern müssen, um den Geburtstagskranz herauszuholen. Organisiere die Sportausrüstung nach Aktivität oder der Person, die sie ausübt, und lagere Winterausrüstung (wie Stiefel, Mützen und Handschuhe) in einem anderen Modul als die Sommerausstattung (wie Flip-Flops und Strandtücher). Sortiere währenddessen alle Reserven oder Überschüssiges aus.

Finde als Nächstes Behälter, um kleine bis mittelgroße Gegenstände zusammenzusperren. Transparente Kästen und Kisten sind ideal, weil sie dir ermöglichen, den jeweiligen Inhalt zu sehen, ohne den Deckel zu öffnen. Undurchsichtige Behälter beschriftest du am besten deutlich oder kennzeichnest sie mit einer

Farbe, sodass du nicht ein Dutzend Kisten durchkämmen musst, um das ausfindig zu machen, was du brauchst. Noch besser ist es, wenn du einen Schritt weiter gehst: Mach schriftlich eine Inventur vom Inhalt jedes Behälters, drucke die Liste aus und klebe sie vorne auf die Kiste. Mit diesem System wirst du in der Lage sein, blitzschnell das zu finden, was du suchst; gleichzeitig hältst du jegliche streunende Gegenstände fern.

Da Lagerräume in der Regel nicht in unserem direkten Blickfeld liegen, ist es äußerst verlockend, sie mit allem vollzustopfen, was sonst nirgends Platz findet – aber das widerspricht natürlich unseren minimalistischen Ambitionen. Setze Grenzen, um deine Lagerräume unter Kontrolle zu halten. Beschränke deinen Kram darauf, was in die Regale oder in die Aufbewahrung passt. Du wirst wahrscheinlich zunächst Mengen an Gerümpel entfernen, um den Fußboden zur krempelfreien Zone und den Raum für andere Aktivitäten freizumachen (zum Beispiel für dein Auto oder für ein Hobby). Begrenze deine Besitztümer auch nach Kategorie – beispielsweise eine bestimmte Anzahl an Kisten für Sportausrüstung, saisonale Dekoration oder Werkzeuge. Und wenn du irgendwelche Andenken, Erinnerungsstücke oder andere Dinge, an denen du hängst, verstauen *musst,* beschränke sie auf eine einzige Kiste.

Wenn etwas Neues hereinkommt, dann muss etwas anderes hinaus – und das bedeutet *nicht* hinaus in die Garage!

Wenn wir nicht aufpassen, können unsere Lagerräume zu Museen für alte Technologien, zu Altenheimen für ausgemusterten Krempel und zu Gedenkstätten an längst vergangene Zeiten werden. Verhindere das, indem du die »Eins rein – eins raus«-Regel beherzigst: Schmeiß Gegenstände weg, wenn du sie mit durch etwas Neues oder Besseres ersetzt, und gib eine alte Sportart oder ein Hobby (und das dazugehörige Zubehör) auf, wenn du eine Freizeitbeschäftigung für dich entdeckt hast. Wenn etwas Neues hereinkommt, dann muss etwas anderes hinaus – und das bedeutet *nicht* hinaus in die Garage!

ERHALTEN

Halte auf deinem Dachboden, in Keller oder Garage alles komplett frei, was als funktionaler Platz dient – wie Werkbänke oder Tische. Die Arbeiten, die in solchen Bereichen ausgeführt werden, sind manchmal gefährlich, deshalb ist es eine unerlässliche Sicherheitsmaßnahme, Flächen frei zu halten. Anders gesagt: Du willst nicht, dass irgendwelche Tennisbälle herumrollen, wenn du gerade mit einer Motorsäge arbeitest oder mit Chemikalien hantierst. Außerdem ist es entmutigend, wenn du, um ein Projekt in Angriff nehmen zu können, vorher erst jede Menge Kram wegräumen musst. Um deine Arbeitsfläche frei zu halten, installiere eine Lochrückwand darüber. All deine Werkzeuge, Schrauben, Nägel, Bolzen und anderen Kleinigkeiten kannst du daran aufhängen – sie sind dann weg von der Oberfläche, aber doch in greifbarer Nähe.

Tu alles, was in deiner Macht steht, damit der Fußboden frei bleibt. Lagerräume sind nicht immer gut beleuchtet und bergen ein hohes Stolperrisiko, wenn irgendetwas auf dem Boden herumliegt. Mach großzügig Gebrauch von vertikalem Stauraum sowie Regalen und an die Wand montierten Haken und Halterungen. Hänge Gartengeräte wie Harken und Schaufeln, Sportausrüstung wie Skier und Inlineskates und Netzbeutel mit kleineren Gegenständen wie Fußbällen oder Helmen auf. Installiere Halterungen, um Fahrräder und größere Sachen so zu verstauen, dass sie nicht im Weg herumstehen. Idealerweise solltest du in der Lage sein, durch den Raum zu gehen, ohne über irgendetwas drüberzusteigen, um etwas herumzugehen oder in irgendetwas hineinzulaufen.

Um übersichtliche Stauräume beizubehalten, *musst* du ein guter Türwächter sein, denn sind Sachen hier erst einmal eingezogen, ist es schwierig, sie wieder loszuwerden. Nimm jeden Gegenstand, der auf den Dachboden, in den Keller oder die Garage zusteuert, ins Verhör, *bevor er dort ankommt.* Wenn irgendetwas den Wohnraum verlässt, kann es dein Zuhause auch gleich ganz verlassen. Benutze nicht deine Stauräume, um der Realität nicht ins Gesicht blicken zu müssen oder um schwierigen Entscheidungen aus dem Weg zu gehen. Wenn du dich dabei ertappst, wie du mit der Spieluhrensammlung deiner Tante die Treppe zum Dachboden hinaufläufst, halte inne und denk über alternative Möglichkeiten nach, damit umzugehen. Die Sammlung deiner Schwägerin zu überlassen oder sie zu einem Antiquitätenhändler zu bringen, dürfte eine weitaus bessere Lösung sein, als sie für alle Ewigkeit irgendwo zu bunkern.

Um übersichtliche Stauräume beizubehalten, *musst* du ein guter Türwächter sein.

Erwäge zusätzlich eine »Eins-pro-Tag-Entrümpelung«, denn gerade in den Lagerbereichen kannst du deinen Haushalt von immer mehr überschüssigem Kram befreien. Besser noch, es ist *einfach:* Da die Gegenstände außerhalb deines Wohnraumes residieren, hast du dich bereits ein bisschen von ihnen gelöst. Du siehst oder benutzt sie nicht täglich, und du hast schon eine ziemlich gute Vorstellung davon, wie es ist, ohne sie zu leben. Betrachte es einmal so: Wenn du einen Umzug vor dir hättest, würdest du dir dann wirklich die Mühe machen, all diese Sachen mitzuschleppen? Wenn sie nicht besonders (oder nützlich) genug sind, um sie einzuwickeln, einzupacken, durch die Gegend zu fahren und einen neuen Platz für sie zu suchen, kannst du dich genauso gut auch jetzt gleich von ihnen verabschieden.

Führe mindestens einmal im Jahr eine große Entrümpelungsaktion durch. Bring dafür den kompletten Inhalt des Dachbodens, des Kellers oder der Garage zur Inspektion in den Garten oder in die Auffahrt. Sortiere unbenutzte Werkzeuge, ungeliebtes Hobbyzubehör, Sportzubehör, das dich nicht mehr länger interessiert, und alles andere aus, was sich innerhalb der vergangenen zwölf Monate seinen Weg in dein Haus erschlichen hat. Verkauf die Sachen online oder auf einem Flohmarkt und plane die Einnahmen für irgendetwas ein, das Spaß macht – wie zum Beispiel einen Familienausflug oder eine Mitgliedschaft im Schwimmclub. Mach daraus eine Tradition, und jeder wird sich auf den alljährlichen Neuanfang freuen.

GESCHENKE, ERB- UND ERINNERUNGSSTÜCKE

Im Verlauf deiner Entrümpelungsaktionen wirst du immer wieder auf Sachen stoßen, die dir Kopfzerbrechen bereiten. Sie sind weder nützlich noch schön, trotzdem bringst du es einfach nicht übers Herz, sie wegzuschmeißen. Ironischerweise kann es gut sein, dass du dich nicht einmal selbst dazu entschieden hast, sie in dein Leben zu lassen. Es geht um Geschenke, Erb- und Erinnerungsstücke.

GESCHENKE

Geschenke sollen etwas Gutes sein, richtig? Wir sollen sie von Herzen geben, voller Freude empfangen und für den Rest unseres Lebens schätzen. Geschenke hatten schon immer einen starken symbolischen Charakter – sie wurden benutzt, um Respekt auszudrücken, sich einzuschmeicheln, Liebe zu bezeugen, Gastfreundschaft zu betonen, Freundschaften zu besiegeln, um Vergebung zu bitten und noch vieles mehr. Das Schlüsselwort hier ist *symbolisch.* Das Geschenk ist lediglich ein greifbares Objekt einer Gefühlsregung, einer Absicht oder einer Beziehung, welche auch ohne das Objekt besteht und bestehen bleibt. Anders gesagt: Die Verbindung, die durch den »Beste Freunde«-Becher repräsentiert wird, hat nur wenig mit der Tasse selbst zu tun.

Leider ist das moderne Schenken von aggressiver Vermarktung geprägt. Vor Festen und Feiertagen werden wir mit Werbung bombardiert, die uns dazu nötigt, für unsere Liebsten dies und jenes zu kaufen. Uns wird suggeriert, dass unser Familien- und Beziehungsglück unbedingt davon abhängig ist, dass wir die richtigen Geschenke kaufen – und zusätzlich wird auch noch auf die Enttäuschung angespielt, die unsere Liebsten durchmachen werden, wenn sie diese Sachen nicht bekommen. Der Akt des Schenkens wird oft genug nicht mehr durch Kreativität und Liebe inspiriert, sondern von Pflicht, Erwartung und Schuld geleitet.

Dank dieser konsequenten Vermarktung gibt es kaum noch einen Anlass – sei es nun ein Geburtstag, eine Einweihungsparty, eine Hochzeit oder ein Jahrestag –, ohne dass Geschenke ausgetauscht werden. Unsere überfüllten Schubläden und Schränke sind Beweis dafür.

Wenn wir Minimalisten werden wollen, stehen wir vor einer doppelten Herausforderung: ungewollte Geschenke, die wir bereits bekommen haben, loszuwerden – und vermeiden, dass wir neue bekommen!

Der Vorteil an Geschenken ist, dass die meisten Schenkenden schnell vergessen, was sie dir gegeben haben. Kannst *du* dich erinnern, was du deinem Chef zu Weihnachten geschenkt hast oder deinem Ehepartner zu seinem Geburtstag vor zwei Jahren?

Falls dem so sein sollte: Hast du dein Präsent seither noch einmal gesehen – und kümmert dich das überhaupt? Für die meisten Menschen ist der *Akt* des Schenkens das, was zählt, und sie verschwenden keinen weiteren Gedanken an das Ding, nachdem es den Besitzer gewechselt hat. Wenn deine Schwägerin zum Essen kommt, wird sie sich vermutlich nicht nach dem Kerzenhalter umschauen, den sie dir letztes Jahr geschenkt hat. Es ist der Gedanke, der zählt – nicht der Gegenstand.

Deshalb behalte nur das, was du wirklich magst und werde alles los, was dir nichts bedeutet. Betrachte es so, dass du die Großzügigkeit des Gebenden in die Welt verteilst! Leg zukünftig ungewollte Geschenke sofort in deine Spendenkiste, denn es ist leichter, sich von ihnen zu trennen, wenn sie sich gar nicht erst in deinem Zuhause eingewöhnen dürfen. Voraussichtlich werden einige Monate verstreichen, bis du die Spenden zu einer gemeinnützigen Organisation bringst. Wenn dich der Schenker in der Zwischenzeit besuchen sollte, hol den Gegenstand ruhig aus der Kiste und stell ihn irgendwo auf. Noch einfacher ist es, wenn der Schenker weit weg wohnt: Bedanke dich herzlich und füge ruhig ein Foto von dem Geschenk, wie es gerade benutzt wird, bei. Fotografiere dich mit dem selbst gestrickten Schal von deiner Cousine oder der Handtasche von deiner Tante. Schick dem Schenker das Bild und lege den Gegenstand in die Spendenkiste, und jeder wird glücklich und zufrieden sein.

Alternativ kannst du das betreffende Präsent verkaufen und das Geld dafür benutzen, um dir etwas Neues anzuschaffen, was du wirklich brauchst. Auf diese Weise wird das Geschenk symbolisch bei dir weiterleben – in einer funktionaleren oder schöneren Form. Du könntest es auch selbst noch einmal weiterverschenken, wenn du dabei einige einfache Regeln befolgst: Geh sicher, dass sich der Gegenstand für den Empfänger eignet und du ihm ohnehin etwas Ähnliches gekauft hättest. Verschenke ihn nur außerhalb des sozialen Umfelds (und nach Möglichkeit außerhalb des Wohnortes) des Gebenden und verschenke nur Sachen, die du noch nicht benutzt hast.

Am allerbesten ist es aber, wenn du solche Situationen von vornherein umgehen kannst, indem du dich aus dem Austausch von Geschenken komplett ausklinkst. Ich weiß, ich weiß – das ist leichter gesagt als getan! Im Büro oder unter flüchtigen Bekannten dürfte es kein Problem sein, aber mit Freunden und Familie sieht es anders aus. Lieb gewordene Traditionen zu ändern kann eine Herausforderung sein und muss mit Diplomatie und Anstand angegangen werden. Um deine Chance auf Erfolg zu vergrößern, gib dem Ganzen eine positive Wendung: Schlag vor, anstelle von Geschenken Zeit miteinander zu verbringen, oder betone den ressourcenschonenden, umweltfreundlichen Aspekt des Nichtschenkens. Wenn eine Null-Geschenke-Strategie nicht funktioniert, schlag Wichteln vor, dann erhältst du zumindest nur *ein* Geschenk anstelle von fünf, zehn oder zwanzig.

Erzähl allen, die dir dennoch nach wie vor etwas schenken wollen, von deiner Vorliebe für Leckereien. Erwähne, wie gerne du eine besondere Käsesorte, spezielle Pasta, edle Schokolade oder feinen Kaffee magst. Alternativ kannst du auch sagen, dass du ausgefallene Badesalze magst, handgerollte Kerzen oder duftende Bodylotions. Oder wünsche dir Pflanzen, Blumen oder Samen für deinen Garten. Schlag alternativ »Erlebnis«-Geschenke vor, wie Musikstunden, Theaterkarten und Museumstickets, oder aber Gutscheine für Babysitten, Schneeschippen oder Computerunterstützung. Oder, noch einfacher: Geht schön zusammen essen, um den Feiertag zu zelebrieren.

Ein weiterer guter Vorschlag, den kaum jemand ablehnen wird, ist es, anstelle von Geschenken Geld zu spenden. Anstatt shoppen zu gehen, verbringt einen gemeinsamen Nachmittag damit, eine Organisation oder ein Projekt auszusuchen, dem ihr eure Spende zukommen lassen wollt (bezieht bitte auch die Kinder mit ein). Dieses Erlebnis kann viel erfüllender sein, als sich durch die Menschenmassen in der Fußgängerzone zu kämpfen. Sich gemeinsam für etwas einzusetzen, bringt euch einander näher. Es wird eure Anlässe reicher und bedeutungsvoller machen, und du musst nichts zurückgeben, weiterverschenken oder entsorgen.

Schlag vor, anstelle von Geschenken Zeit miteinander zu verbringen.

ERBSTÜCKE

Erbstücke sind eine heikle Angelegenheit. In vielen Fällen hätten wir uns nie für diesen bestimmten Gegenstand entschieden, geschweige denn uns freiwillig dazu verpflichtet, uns bis ans Ende unserer Tage darum zu kümmern. Doch plötzlich ertappen wir uns dabei, wie wir um Hummel-Figuren herum Staub wischen, wie wir überlegen, wo wir das Gemälde mit den Poker spielenden Hunden aufhängen könnten oder wie wir versuchen, eine viktorianische Récamière in unser modernes Wohnzimmer zu integrieren. Oftmals halten wir nicht an diesen Objekten fest, weil sie nützlich oder schön sind, sondern wir tun dies aus einem Schuldgefühl heraus und aus einer sentimentalen Verantwortung, das »Erbe« unserer Familie zu erhalten.

Erbstücke treten normalerweise in unser Leben, wenn geliebte Menschen sterben – dieser Umstand kann uns zunächst lähmen und unser Urteilsvermögen trüben. Wir haben das Gefühl, dass die Sachen alles sind, was uns von dieser besonderen Person noch geblieben ist, und dass wir, wenn wir uns von ihnen trennen, diese letzte Verbindung verlieren. Es ist ein schwieriger emotionaler Prozess, also gib dir genug Zeit, um zu trauern, bevor du die Erbstücke in Angriff nimmst. Bewahre sie, wenn möglich, eingepackt und verstaut auf, bis du bereit bist, ein paar Entscheidungen zu fällen.

Das Wichtigste, woran du denken musst, ist, dass dies hier lediglich Gegenstände sind, die der Mensch, der dir nahestand, einst besaß – genauso wie die Dinge, die du besitzt. Hast du das Gefühl, dass dich deine Teller verkörpern oder dass dein Beistelltisch dein Leben symbolisiert? Natürlich nicht! Gleichermaßen ist der Verstorbene nicht das Objekt auf deinem Kaminsims und sollte nicht damit gleichgesetzt werden. Glaubst du wirklich, dass

Großmutter gewollt hätte, dass du »sie« jede Woche abstaubst? (Oder, noch schlimmer, dass du sie auf einem muffigen Dachboden entsorgst?) Anstatt Erbstücke wegzupacken, erweise der verstorbenen Person die Ehre, indem du mit Freunden und Familienmitgliedern Geschichten und Fotografien von ihr teilst. Deine Erinnerungen sind unendlich viel wertvoller als jedes »Ding«.

Es ist nicht notgedrungen unsere Pflicht, die Gegenstände zu behalten, die wir geerbt haben. Was wir tun müssen, ist, ein Zuhause für sie zu finden – aber es muss nicht notgedrungen unser eigenes sein. Es könnte doch sein, dass ein anderer Verwandter begeistert davon wäre, ein Stück Familiengeschichte zu besitzen. Lass dich nicht von Zankereien unter den Erben dazu verleiten, Dinge zu behalten, die du eigentlich nicht haben willst. Mit anderen Worten: Horte nicht die Servierschüsseln aus Silber, nur damit dein Cousin sie nicht bekommt. Reiche sie großzügig an Interessenten weiter, und lass sie dann die Verantwortung für die sichere Aufbewahrung tragen.

Wenn deine Erbstücke wertvoll oder historisch bedeutend sind, leihe (oder spende) sie einem Heimatmuseum oder einem historischen Verein. Das ist eine wundervolle Möglichkeit, die Hinterlassenschaft der Menschen, die dir nahestanden, mit anderen zu teilen, und die Verwahrung und Verwaltung wertvoller Gegenstände in kompetente Hände zu übergeben. Selbst wenn deine Stücke nicht wertvoll sind, versuch, sie irgendwo unterzubringen, wo sie gewürdigt werden. Spende die Standuhr oder den alten Plattenspieler einem Altenheim. Gib die Puppensammlung deiner Tante einem kleinen Mädchen, das sie bestimmt lieben wird, oder spende Bücherkisten der örtlichen Bücherei. Dein Ziel sollte sein, dass die Gegenstände anderen Menschen Freude bringen, anstatt in deinem Keller Staub anzusammeln.

Alternativ kannst du die Sachen verkaufen und die Einnahmen für einen guten Zweck verwenden. Onkel Max wäre wahrscheinlich begeistert, wenn er wüsste, dass mit seiner Sammlung von Fußballpokalen das Training seines Lieblingsneffen bezahlt wird, so wie sich Tante Erika bestimmt freuen würde, dass ihre kristallene Bowleschüssel deinen neuen Mixer finanziert hat. Es war sicher nicht die Absicht der Verstorbenen, dich mit muffigen Antiquitäten zu belasten. Sie wollten dir etwas Besonderes hinterlassen – also umso besser, wenn du ihre Großzügigkeit in etwas verwandeln kannst, was du wirklich schätzt. Natürlich kannst du die Einnahmen auch für einen Zweck spenden, von dem du weißt, dass er dem oder der Verstorbenen am Herzen lag. Ich kann mir kaum eine bessere Möglichkeit denken, jemandes Andenken in Ehren zu halten!

Wenn ein Erbstück einen finanziellen Wert hat, halte es in Ehren, verschenke, spende oder verkaufe es, aber halte nicht daran fest, weil es eventuell etwas wert sein *könnte.* Vielleicht hoffen wir darauf, dass die geerbte Briefmarkensammlung oder das Ölgemälde unseren Ruhestand finanzieren wird, aber meistens ist das nur eine bequeme Ausrede, um etwas wegzupacken und sich dann nicht mehr weiter damit auseinandersetzen zu müssen. Anstatt nach einer Million Entschuldigungen zu suchen, *finde heraus, was deine Erbstücke tatsächlich wert sind.* Schau dir Onlineshops und Auktionen mit ähnlichen Gegenständen an, um den Marktwert zu ermitteln. Dabei wirst du herausfinden, ob du ein ganz gewöhnliches oder tatsächlich ein wertvolles Objekt geerbt hast. Im letzteren Fall besorg dir eine professionelle Einschätzung oder kontaktiere ein Auktionshaus. Aber verzweifle nicht, wenn du herausfindest, dass du für Großmutters »gutes« Tafelsilber nur noch ein paar Groschen bekommst; jedenfalls kannst du es jetzt loswerden und dich von dem Glauben verabschieden, dass es eines Tages das Studium deines Kindes finanzieren wird. Wenn du es behältst, dann, weil es dir gefällt und weil du es nutzen willst, nicht, weil du auf einen späteren Geldsegen hoffst.

Ganz unabhängig vom Wert, werden deine Gefühle es erschweren, sich von einigen Dingen zu trennen. Aber nur weil du eine große Sammlung an Keramik geerbt hast, bedeutet das nicht, dass du *alles davon* behalten musst. Such ein besonderes Exemplar aus (oder zwei) und präsentiere es voller Stolz. Wenn das Erbstück ein einzelner großer Gegenstand ist, bewahre nur einen *Teil* davon auf: Schneide ein paar Vierecke von der alten Decke ab, oder schraub die Griffe von der antiken Kommode herunter. Dann wirst du immer noch etwas haben, das dich an den früheren Besitzer erinnert – es wird nur kleiner und einfacher zu lagern sein. Du kannst auch das Andenken bewahren, indem du die Erbstücke digitalisierst. Scanne alte Postkarten, Briefe, Dokumente und Drucke und fotografiere größere Objekte. Ein Bild von der nostalgischen Nähmaschine deiner Tante wird die gleichen Erinnerungen zurückbringen wie der Gegenstand selbst, und das ohne auch nur einen Zentimeter an Platz einzunehmen.

Eventuell planst du ja selbst jetzt schon, später ein paar Sachen an deine Kinder weiterzugeben. Vielleicht klingt es brutal, aber es ist recht wahrscheinlich, dass sie sie gar nicht haben wollen. Sie werden ratlos vor deiner Volkskunstsammlung stehen, und deine schöne Art-déco-Anrichte wird nicht zu ihrer Einrichtung passen. Wenn du wertvolle Dinge besitzt, die du gerne vererben würdest, versuch, die Interessen deiner Kinder einzuschätzen oder sprich sogar mit ihnen darüber; es könnte sein, dass sie dir lieber dabei helfen würden, die Sachen *jetzt* zu verkaufen, als sich später mit ihnen auseinandersetzen zu müssen. Mach das Entrümpeln zu einem Teil deiner Nachlassplanung – reduziere deine Besitztümer, während du noch hier bist, und gib keinen Krempel an die nächste Generation weiter.

ERINNERUNGSSTÜCKE

Leider sind Erbstücke nicht die einzigen Gegenstände, an denen wir hängen und über die wir uns Gedanken machen müssen. Im Verlauf unseres Lebens sammeln wir selbst genug Zeug an. Ereignisse, Wendepunkte und das Erwachsenwerden scheinen alle ihre eigenen »Accessoires« mit sich zu bringen, und oft fällt es uns schwer, uns von diesen Erinnerungsstücken zu trennen.

Bereits ab unserer Geburt sammeln wir solche Dinge an – lange bevor wir dabei überhaupt ein Wörtchen mitzureden haben. Deine Eltern behielten wahrscheinlich deinen ersten Löffel oder deine Babytasse, und vielleicht haben sie deine Schulzeugnisse,

Sporttrophäen und etliche deiner Kunstwerke aufbewahrt. Wenn wir älter werden, übernehmen wir diese Angewohnheit: Wir heben Fotos aus der Schulzeit auf, unser Abiballkleid, Konzerttickets, Souvenirs von unseren Reisen, Postkarten, Glückwunschkarten, Briefe und mehr. Dann heiraten wir, bekommen eigene Kinder und fangen an, *ihren* Kram aufzubewahren ...

Die Erinnerungen und die Gefühle, die mit diesen Gegenständen verbunden sind, machen es sehr schwer, sie zu entsorgen. Sich von ihnen zu trennen, fühlt sich so an, als ob wir uns von einem Teil unseres Ichs trennen würden. Aber wir alle wissen, dass das nicht wahr ist! Dein altes Fußballtrikot wegzuwerfen wird aus dir keinen schlechteren Athleten machen, irgendwelchen Krimskrams von deiner Hochzeit zu entsorgen wird deine Ehe nicht gefährden, und die Babyandenken zu beseitigen wird deinem Kind in keiner Weise schaden. Die Ereignisse und Erfahrungen in unseren Leben werden nicht durch diese Sachen verkörpert. Ihre »Lebensdauer« ist ohnehin zeitlich begrenzt – sie können kaputtgehen, verblassen oder verschwinden –, aber Erinnerungen bleiben für immer.

Mit diesem Gedanken im Hinterkopf lass uns einige Gegenstände, an denen wir hängen und die uns während des Entrümpelns ein Bein stellen können, näher betrachten.

Hochzeitserinnerungen

Deine Hochzeit ist eines der wichtigsten und unvergesslichsten Ereignisse in deinem Leben. Allerdings hat es den Anschein, als ob du nicht nur deinen Ehepartner, sondern gleichzeitig auch jede Menge Zeug geheiratet hättest. Fühlst du dich verpflichtet, bestimmte Dinge aufzubewahren, bis dass der Tod euch scheidet? Das Kleid, die Schleppe, den Kopfschmuck, den Schleier, die Schuhe, das Strumpfband, kleine Geschenke, Einladungen, Blumen, Tortenaufsätze, Gästebücher, Fotoalben, Bilderrahmen, Karten, Kerzen, Dekorationen und andere Erinnerungsstücke an diesen so besonderen Tag? Bedenke: Du hast versprochen, deinen Ehepartner zu lieben und zu ehren, nicht Kisten voll mit Hochzeitsramsch.

Die »Lebensdauer« von Dingen ist zeitlich begrenzt – sie können kaputtgehen, verblassen oder verschwinden –, aber Erinnerungen bleiben für immer.

Benutze Grenzen, um mit solchen Gegenständen umzugehen. Such eine Handvoll von Stücken aus, die du aufbewahren willst, oder reduziere deine Sammlung auf einen Behälter. Ich verspreche dir, dass dir der Kleinkram keine schlaflosen Nächte bereiten und deine Ehe kein bisschen darunter leiden wird. Gut, dein Kleid ist noch so ein Thema. Hochzeitskleider sind anfällig, platzraubend und umständlich zu lagern, trotzdem können wir uns kaum vorstellen, sie wegzuwerfen. Aber frag dich: Warum etwas behalten, dass du nie wieder tragen wirst? Wahrscheinlich ist das Kleid auf Fotos oder Videobändern gut dokumentiert, und wenn du Erinnerungen von deiner Hochzeit teilst, ist es um einiges wahrscheinlicher, dass du die Fotos herausholst als das Kleid.

Oder bewahrst du es vielleicht für deine Tochter auf? Das ist wirklich ein schöner Gedanke, aber wahrscheinlich wird sie es nicht tragen. (Hast du etwa das Kleid *deiner* Mutter getragen?) Ein Kleid auszusuchen ist ein Ritual der Braut – die Chance, dass sie sich für ein dreißig Jahre altes Gewand vom Dachboden entscheidet, ist relativ gering. Darüber hinaus kann es schwierig sein, ein solch empfindliches Kleidungsstück angemessen zu lagern. Verkaufe es solange es sich noch in gutem Zustand befindet, spende es, oder lass es abändern – mach daraus zum Beispiel ein Cocktailkleid oder verwende den Stoff für ein Ringkissen, das deine Tochter an ihrem Hochzeitstag bestimmt mehr zu schätzen weiß als ein altes Kleid.

Kindersachen

Es könnte sein, dass du aufräumst wie ein Profi … und dann stößt du plötzlich auf Bilder, die dein Sohn im Kindergarten gemalt hat. Dein Herz schmilzt, und deine Entschlossenheit schwindet. Es ist ein elterlicher Instinkt, möglichst vieles aus der Kindheit ihrer Sprösslinge aufzubewahren – aber deinem Nachwuchs ist besser damit gedient, eine geräumige Umgebung zur Verfügung zu haben, anstatt von Stapeln alter Basteleien und Schulaufgaben umgeben zu sein. Dennoch ... es fällt gar zu schwer, sich von den putzigen Kunstwerken zu trennen.

Du brauchst Hilfe – du brauchst Grenzen! Anstatt alles aufzubewahren, wähle die schönsten Exemplare aus. Wenn dein »Baby« bereits das Haus verlassen hat, liegt die Entscheidung bei dir allein – wenn das Kind immer noch unter deinem Dach lebt, beziehe es mit ein. Dadurch erkennst du, was es selbst am meisten schätzt. Hilf deinem Kind am Ende jedes Schuljahres dabei, sich seine Lieblingsprojekte und Zeichnungen für seine »Erinnerungskiste« auszusuchen. Wenn du willst, kannst du das Ausgemusterte für die Nachwelt digitalisieren und die Originale an Großeltern und andere Verwandte weiterreichen.

Sind deine Kinder schon aus dem Haus, und du willst die Sachen nicht mehr haben, biete ihnen an, sie mitzunehmen. Wenn sie das möchten – großartig! Sie können dann selbst entscheiden, was sie damit anstellen wollen. Wenn sie aber ablehnen, dann mach dir Folgendes klar: Wenn diese Dinge für deine Kinder so wenig Bedeutung haben, gibt es auch keinen Grund, warum *du* sie behalten sollest. Euer Erfolg als Eltern zeigt sich darin, was aus deinen Kindern geworden ist und nicht am Kunstprojekt aus der dritten Klasse! Anstatt in Erinnerungen an früher zu schwelgen, sei ein Teil des jetzigen Lebens deiner erwachsenen Sprösslinge – freue dich an ihren aktuellen Erfolgen, nicht an den vergangenen!

Selbstgemachtes

Hobbys sind ein wunderbares Ventil für unsere Kreativität. Gern erlernen wir etwas Neues, gestalten erste Versuche, produzieren fortgeschrittene Werke ... Zeichnungen, Gemälde, Schals, Socken, Schüsseln, Glasmalerei, Origami, Karten, Kerzen und mehr, es gibt so viel Schönes, was man selbst machen kann! Problematisch wird es allerdings, wenn wir es nicht fertigbringen, Sachen zu entsorgen, weil *wir sie gemacht haben.* Realistisch betrachtet sind jedoch die meisten unserer Bemühungen wahrlich keine Meisterwerke und müssen somit auch nicht notgedrungen aufbewahrt werden. Behalte nur deine Favoriten, gib den Rest weg oder recycle die Materialien für neue Projekte.

Andererseits könntest du auch der Empfänger derartiger »Kunstwerke« sein – deine Schwester strickt dir Socken, dein Freund töpfert eine Schüssel für dich. Nimm den Gegenstand dankbar an, aber wenn er nicht deinem Geschmack entspricht, fühl dich nicht dazu verpflichtet, ihn bis ans Ende deines Lebens zu behalten – schick ihn in die weite Welt hinaus. Und fühl dich nicht schuldig, es könnte schließlich auch sein, dass die Person, die dir das Geschenk überreichte, nur *ihren eigenen* Überfluss loswerden wollte. Wenn du solch ein Geschenk erhältst, bring deine Dankbarkeit zum Ausdruck, aber übertreibe es nicht – sonst wirst du in Zukunft wahrscheinlich mehr von solchen Präsenten erhalten!

Souvenirs

Es gibt wohl kaum einen berühmten Ort auf der Welt ohne einen Souvenirladen. Und ziemlich wahrscheinlich wird es dort von Touristen nur so wimmeln. Aus irgendeinem unerfindlichen Grund haben wir das Gefühl, dass wir einen greifbaren Beweis dafür brauchen, an diesem Ort gewesen zu sein – einen Becher, ein T-Shirt, eine Tragetasche oder eine Miniaturausgabe der Attraktion. Ohne Souvenir können wir einfach nicht heimfahren! Erst wenn wir zu Hause den gläsernen Mini-Eiffelturm auspacken, fragen wir uns, was da eigentlich über uns gekommen ist. Zu spät! Der Gegenstand ist jetzt ein Symbol unserer Reise, und wir haben ihn bis ans Ende unserer Tage am Hals.

Das ist natürlich nicht wahr – unsere Reiseerfahrungen haben *nichts* mit kitschigem Krimskrams zu tun. Den Blumenkranz aus Hawaii oder den Kolosseum-Briefbeschwerer wegzuschmeißen wird deine Flitterwochen oder das romantische Wochenende in Rom nicht ausradieren. Deine Erinnerungen sind weitaus wertvoller als der Schnickschnack aus Massenproduktion, also schmeiß den Touri-Ramsch ohne Reue weg. Widerstehe zukünftig dem Drang, deine Reisen mittels materieller Gegenstände festhalten zu wollen; lass die Finger von japanischen Kimonos, russischen Matrioschkas oder Schlüsselanhängern von sonst woher. Wenn du unbedingt etwas nach Hause mitbringen willst, dann entscheide dich für etwas Kleines: Postkarten oder ausländische Münzen sind Beweis genug für deine Reisen.

Digitale Fotos sind sogar noch besser: Sie nehmen überhaupt keinen Platz in Anspruch und liefern wundervolles Material für das Aufbereiten und Nacherleben deines Trips. Lass es nicht zu, dass die Jagd nach Andenken oder nach dem besten Foto dich davon ablenkt, die Orte, die du besuchst, in vollem Umfang zu erleben und zu genießen! Deine Erinnerungen sind die besten Souvenirs!

DIE MINIMALISTISCHE LEBENSWELT

Nun, da wir unsere Sachen erfolgreich rationalisiert haben, wollen wir noch einen Schritt weiter gehen. Wir werden versuchen, unseren Familien die Weniger-ist-mehr-Philosophie zu vermitteln, und sie motivieren, den Minimalismus gemeinsam mit uns umzusetzen und zu leben. (Aber nicht übertreiben! Das Missionieren von Lebensstilen und Einstellungen kann mitunter wahnsinnig nervig sein. Am besten überzeugt man durch gutes Vorleben, nicht durch erhobene Zeigefinger.) Abschließend werden wir uns ansehen, wie ein schlichterer Lebensstil der Erde, ihren Bewohnern und zukünftigen Generationen zugutekommt – der beste Grund, unseren Konsum einzuschränken und unseren ökologischen Fußabdruck möglichst klein zu halten.

MINIMALISMUS-WEGWEISER FÜR FAMILIEN

Du hast nun eine minimalistische Denkweise entwickelt, die Rationalisierungstechniken erlernt und erfolgreich entrümpelt. Aber während du dich noch in deinem Erfolg sonnst, fällt dein Blick auf die Spielsachen deines Kleinkindes, auf die Schuhe deines Teenagers oder auf den Stapel Büroarbeit deines Ehepartners. Oje … Du hast so hart gearbeitet, um deinen eigenen Krempel unter Kontrolle zu bringen, aber was ist mit dem von allen anderen?

Mach dir keine Gedanken – du *kannst* einen minimalistischen Lebensstil führen, selbst wenn du eine Familie hast (es geht sogar mit einer großen!).

Ja, mehr Leute bedeuten mehr Sachen. Und um die Dinge noch schwieriger zu machen: Je älter deine Liebsten sind, desto weniger Kontrolle besitzt du über ihren Kram. Dein Baby wird nicht mit dir diskutieren, wenn du die Anzahl seiner Schuhe reduzierst, aber du musst um einiges raffinierter sein, um die eingestaubten Plüschtiere deines Vorschulkindes oder die alten Elektrosachen deines Ehepartners aus dem Haus zu bekommen.

Aber fass dir ein Herz – eine krempelfreie Familie zu werden ist machbar, und es ist die Mühe wert! Im Folgenden zeige ich dir einen Plan, der funktioniert – ob ihr nun eine zwei- oder eine zehnköpfige Familie seid. Diese einfachen Schritte liefern eine Anleitung, um einen Haushalt mit mehreren Personen zu entrümpeln und aufgeräumt zu halten – im Wesentlichen ist dieses Kapitel ein familienfreundlicher Energieschub für die Rationalisierungstechniken.

Wenn wir diese erst einmal intus haben, werden wir uns einzelne Familienmitglieder näher anschauen: Säuglinge, Kleinkinder, Vorschulkinder, ältere Kinder, Teenager und Ehepartner. (Vorankündigung: Die Liste reicht vom einfachsten bis zum schwierigsten.) Jede Familie ist anders, also lies ruhig nur das, was auf deine zutrifft – oder was dich im Hinblick auf die Zukunft interessiert.

Nachdem du dieses Kapitel gelesen hast, wirst du feststellen (vielleicht mit einem Seufzer der Erleichterung), dass Minimalismus und Familie sich keinesfalls ausschließen. Genau genommen ist der Minimalismus nicht nur familienfreundlich, sondern darüber hinaus sogar familienstärkend. Wenn wir unser Zuhause von überschüssigem Zeug befreien, können wir unseren Platz, unsere Zeit und Energie den Menschen widmen, die wir lieben. Nun, das ist jetzt doch einmal etwas, das ein wenig Anstrengung lohnt!

Also lass uns nun zu dem Plan kommen. Wir werden mit gutem Beispiel vorangehen, die Richtung vorgeben, Grenzen festlegen, den Kurs angeben und eine »Raus-Kiste« aufstellen. Das ist alles, was nötig ist, um die Rationalisierungsmethode auf Familienebene zu übernehmen. Klingt nicht allzu schwierig, oder?

GEH MIT GUTEM BEISPIEL VORAN

Wenn du einmal die Freuden des Minimalismus entdeckt hast, könnte es sein, dass es dir schwerfällt, deine Begeisterung für dich zu behalten. Du denkst, wer würde denn *nicht* gerne die achtzig Prozent seiner Dinge, die er nicht benutzt, loswerden wollen? Du hast die besten Erfolgschancen, wenn du mit gutem Beispiel vorangehst, bevor du etwas sagst. Deine Liebsten missionieren zu wollen, zu betteln und an ihnen herumzunörgeln, dass sie endlich mit dem Entrümpeln anfangen sollen, könnte den gegenteiligen Effekt haben und sie in ihrem Entschluss, ihren Kram lieber zu behalten, bestärken.

Anstatt einen verbalen Feldzug zu inszenieren, lebe die Praxis vor. Lass die Ruhe und Klarheit ausstrahlenden Plätze, die du erschaffen hast, für deine Familie die Startpunkte auf dem Weg zu einem schlichteren Lebensstil sein. Es mag nicht sofort passieren, aber mit der Zeit wird dein Ehepartner bemerken, dass du weniger gestresst bist und nie mehr deine Schlüssel verlegst; dein Teenager wird feststellen, dass du kaum noch zum Shoppen gehst; deinem Kleinkind wird auffallen, dass du weniger oft putzt und mehr Zeit zum Spielen hast. Und das ist der Punkt, an dem du – ganz behutsam – beginnen kannst, deine Familie in die gleiche Richtung zu lotsen.

Außerdem wird dir die Erfahrung, die du beim Entrümpeln deines eigenen Krams erworben hast, dabei helfen, deine Familie zu unterstützen. Erst wenn du dich mit deinen eigenen Sachen abgequält hast, kannst du die Probleme nachvollziehen, denen *sie* jetzt gegenüberstehen werden, und erst wenn du die Rationalisierungstechniken trainiert hast (immer und immer und immer wieder), kannst du ihnen tatsächlich die Hilfsmittel anbieten, die sie brauchen werden.

Wenn du deinen eigenen Ramsch ausräumst, wird das den Kram der anderen ins Scheinwerferlicht rücken. Er wird keinen Ort mehr finden, wo er sich verstecken kann. Und wenn er erst einmal freigelegt ist, kannst du die Entsorgung in Angriff nehmen.

Nachdem du deinen eigenen Krempel erfolgreich besiegt hast, ist es schwer zu akzeptieren, dass du nicht einfach die Zügel in die Hand nehmen und dasselbe für deine Familie tun kannst. Aber widerstehe der Versuchung, riesige Müllbeutel vollzupacken, sobald deine Lieben aus dem Haus sind. Wenn du willst, dass dein Haushalt auch chaosfrei bleibt, müssen deine Angehörigen in diesem Prozess deine Partner sein.

Lass die Ruhe und Klarheit ausstrahlenden Plätze, die du erschaffen hast, für deine Familie die Startpunkte auf dem Weg zu einem schlichteren Lebensstil sein.

Besonders Kinder lernen viel, indem sie ihre Eltern beobachten und nachahmen. Zeig ihnen, dass sich *dein* Leben und *dein* Glück nicht um Gegenstände drehen, dann wird das auch nicht bei ihnen der Fall sein. Verrenn dich nicht in die Idee, irgendetwas sofort und unbedingt kaufen zu müssen, plane den Samstag für die Familie anstatt für einen Shoppingbummel ein und stopfe deine eigenen Schränke und Schubladen nicht mit überschüssigem Zeug voll. Bevorzuge Erfahrungen gegenüber Gegenständen und Zeit mit der Familie, in der Natur und mit der Gemeinschaft gegenüber Konsum. Einer meiner stolzesten Momente als Minimalisten-Mutter war, als mein dreijähriges Kind verkündete: »Wir brauchen nicht viele Spielsachen. Wir brauchen nur die Sonne.«

Übe dich vor allem in Geduld. Deiner Familie geht vielleicht nicht so schnell ein Licht auf wie dir. In der Zwischenzeit musst du das Licht sein – du musst die Freuden eines einfacheren Lebensstils ausstrahlen und den Weg nach vorn erhellen.

GIB DIE RICHTUNG VOR

Jetzt kommt der aufregende Teil! Wahrscheinlich ist dein freudiges Entrümpeln nicht unbemerkt geblieben. Ob es nun eine Bemerkung am Rande, etwas Neugierde oder vielleicht sogar ein bisschen Bewunderung nach sich gezogen hat, nun ist es jedenfalls an der Zeit, deine Familie dazu einzuladen mitzumachen. Wie du das anstellst, sollte davon abhängen, wie intensiv sie Interesse und Begeisterung zum Ausdruck gebracht haben.

Oft zahlt es sich aus, klein zu beginnen und es langsam angehen zu lassen. Lass deinen Partner oder deine Kinder sich langsam für die Idee erwärmen, indem du die unzähligen Vorteile demonstrierst, die dein Leben leichter machen. Beziehe sie in kleine Entrümpelungsprojekte mit ein, damit sie erste Erfahrungen sammeln können – wie den Flurschrank oder die Ramsch Schublade in der Küche ausräumen. Starte mit einfachen, gemeinschaftlichen Dingen, mit denen sie nur wenig Emotionales verbindet, damit sie ihre Fähigkeit loszulassen entwickeln können.

Andere finden, dass es ihrer Familie auf effektivere Weise Feuer unterm Hintern macht, wenn man gleich in die Vollen geht. Die Garage oder den Keller auszuräumen fördert die Kameradschaft, bringt ein großes Erfolgsgefühl und stärkt die Zuversicht für zukünftige Entrümpelungsaktionen. Es kann die Verbindungen in der Familie stärken – eine Chance, Erinnerungen an die Vergangenheit zu huldigen, während man Platz schafft.

Der Zusammenhalt, die gegenseitige Unterstützung und die Sichtweise von Nahestehenden kann beim Entrümpeln eine Menge ausmachen. Wenn dein Sohn zögert, sein Fußballtrikot loszulassen, aus dem er schon längst herausgewachsen ist, kann ihn seine Schwester daran erinnern, dass er schon viel zu groß für dieses »Baby-Trikot« ist. Oder deine Kinder können ihrem Papa sagen, dass sie ihn lieber auf seiner »guten Gitarre« spielen hören anstatt auf der ramponierten aus der Garage.

Aber egal, ob du klein oder groß beginnst, Kommunikation ist das alles Entscheidende. Wenn der richtige Zeitpunkt gekommen ist, organisiere ein Familientreffen – ob es nun eine förmliche Angelegenheit ist, bei der sich alle um den Esstisch versammeln, oder ein vertrauliches Gespräch mit deinem Ehepartner bei Kerzenschein – und entwickle ein detailliertes Aufräumprogramm.

Als Erstes sprich an, was genau du erreichen willst. »Lass uns entrümpeln« ist zu unkonkret. Gib einen Gesamtüberblick – dass du den Essbereich aufräumen möchtest, damit du dich jeden Abend zum Essen hinsetzen kannst, oder dass du den Keller ausräumen willst, damit ihr ihn künftig als Hobbyraum nutzen könnt. Damit sie mitmachen können, müssen sie das gemeinsame Ziel kennen.

Als Zweites erkläre, *warum.* Lass sie wissen, dass du lieber mit ihnen am Wochenende zum Wandern gehen möchtest, anstatt mühsam den angesammelten Krempel der Woche aufzuräumen. Sag ihnen, dass du willst, dass sie Platz zum Spielen haben, ohne sich dabei an Gegenständen zu stoßen. Malt euch gemeinsam aus, wie ihr morgens schneller und gelassener aus dem Haus kommen könntet – ohne die hektische Suche nach Autoschlüsseln, Rucksäcken und Schulsachen. Mach ihnen klar, dass du weniger Zeit mit Sachen und dafür mehr Zeit mit ihnen verbringen willst.

Zum Schluss besprecht noch, *wie* das Ganze ablaufen soll. Werdet ihr jeweils an einem Schrank arbeiten? Werdet ihr am Wochenende den Dachboden ausräumen? Wollt ihr einen Entrümpelungswettbewerb veranstalten, um zu sehen, welches Familienmitglied am meisten wegschmeißt? Mach einen Spielplan und gib deinen Lieben die Hilfsmittel, die sie brauchen, um Erfolg zu haben. Führe sie in die Rationalisierungstechniken ein, erkläre ihnen, wie man neu anfängt, sich entscheidet, was man behalten soll, einen Platz für alles findet, Grenzen und Module benutzt, Gegenstände reduziert und tägliche Routinen einführt, um chaosfrei zu bleiben.

Du magst dich nun fragen, ob über *jeden* weggeworfenen Gegenstand innerhalb der Familie Einigkeit herrschen muss? Meiner Meinung nach lautet die Antwort »Nein«. Wenn der betreffende Artikel keiner bestimmten Person gehört und nur wenig Wert hat (finanziell, gefühlsmäßig oder anderweitig), tu dir keinen Zwang an und entsorge ihn heimlich. Wenn du jeden nach seiner Meinung fragst, bevor du das überschüssige Besteck oder den schäbigen Türvorleger wegwirfst, wird mit Sicherheit immer irgendjemand dafür plädieren, das Ding zu behalten. Triff eine Entscheidung und handle. Geh dem Konflikt aus dem Weg und befreie deine Familienmitglieder von diesem Problem, sodass sie sich darauf konzentrieren können, ihren eigenen Kram zu entrümpeln.

FÜHRE GRENZEN EIN

Erinnerst du dich noch daran, als du dir ein Zimmer mit deiner Schwester oder deinem Bruder geteilt und in die Mitte eine Trennungslinie geklebt hast, um dein Territorium abzustecken? So etwas in der Art machen wir jetzt auch. Es mag albern klingen, aber es ist absolut unerlässlich für einen Haushalt ohne Krempel.

Das alles Entscheidende ist, *jedem Familienmitglied einen Platz für seine eigenen Sachen zu geben.* Das allein dürfte schon die unmittelbare Panik entschärfen, die sie vielleicht verspüren, wenn sie das Wort »ausmisten« hören. Betone gegenüber deinen Liebsten, dass sie nicht all ihre Sachen entsorgen müssen – sie müssen einfach nur *ihren Kram an ihrem Platz* lassen. Im Wesentlichen ist es die »Grenzen-Technik« im großen Stil und macht jeden für sein eigenes Zeug verantwortlich.

Gib jedem Familienmitglied
Platz für seine Sachen.

Dieser festgelegte Platz kann das Kinderzimmer sein oder eine vereinbarte Ecke im Wohnzimmer; das Büro deines Partners, der Hobbyraum oder ein Teil der Garage (benutze Markierungsklebeband, wenn es nicht anders geht!). Wenn du in einer kleinen Wohnung oder in einem Loft lebst, musst du den Familienmitgliedern Regale, Schränke und »Zimmerbereiche« zuteilen. Das Ziel: persönliches Zeug kontrolliert und den Gemeinschaftsraum übersichtlich halten.

Zu Beginn kann das Aufräumen der Gemeinschaftsräume eine Ansammlung von Krempel in den Privatzimmern zur Folge haben. Das ist völlig normal! Dein Ehepartner oder deine Kinder müssen ihren Krempel *sehen,* um zu lernen, damit umzugehen. Es wird viel überschaubarer, wenn alles zusammengelegt wird und nicht mehr länger überall im Haus verstreut herumliegt. Aber natürlich willst du nicht, dass es im Kinderzimmer aussieht, als hätte eine Bombe eingeschlagen – das ist der Moment, um deine Unterstützung anzubieten und deinem Nachwuchs beim Entscheiden zu helfen, was entsorgt werden und was er behalten soll.

Um erst einmal anzufangen, lege schon mal Wegwerf-, Wertschätzen- und Weitergeben-Haufen an. Deine Tochter würde ihr Puppenhaus, mit dem sie schon längst nicht mehr spielt, sicher bis in alle Ewigkeiten im Wohnzimmer stehen lassen – aber wahrscheinlich würde sie es eher loswerden wollen, als es in ihr eigenes Zimmer zu stellen. Ähnlich bewahrt vielleicht dein Ehemann einen kompletten Jahrgang seines Computermagazins als Stapel auf dem Esstisch auf, würde ihn aber nicht in seinem Büro dulden. Gib ihnen mit den drei Haufen die Möglichkeit, das loszuwerden, was sie nicht in ihrem persönlichen Raum haben wollen.

Am wichtigsten ist es, dass wirklich jeder versteht, dass Platz für die Familie flexibel nutzbarer Raum ist. Anders gesagt: Jeder darf im Wohnzimmer spielen, lesen und basteln, aber wenn man damit fertig ist, muss man alles wieder aufräumen (im Idealfall jeden Abend). Du musst wahrscheinlich hin und wieder Ausnahmen machen, wie zum Beispiel für das Wissenschaftsprojekt auf dem Esstisch, das nächste Woche fertig sein soll. Versieh es aber mit einem Fälligkeitsdatum, damit es nicht in Vergessenheit gerät und immer noch dort herumliegt, wenn dein Kind bereits auf die Uni geht. Denk daran, dass das Setzen von Grenzen Familienaktivitäten nicht einschränken, sondern Platz für sie schaffen soll.

FÜHRE ROUTINEN EIN

Also falls (nein, wenn!) du es geschafft hast, dass ihr gemeinsam erfolgreich etwas entrümpelt habt, nimm dir einen Moment Zeit und feiere. Lobe deinen Partner und deine Kinder und halte inne, um den neugewonnenen Platz zu bewundern (selbst wenn es nur ein bisschen Extraplatz in einem Schrank ist). Betrachte es als Sieg! Wenn sich Entrümpeln positiv und freudig anfühlt (anstatt wie eine lästige Pflicht), wird deine Familie eher dazu tendieren, weitermachen zu wollen.

So, aber jetzt stelle das Champagnerglas für einen Moment ab, weil deine Arbeit noch nicht erledigt ist. Ob du nun eine große oder eine klitzekleine Aufräumaktion vollbracht hast, du musst einige neue Routinen einführen, um einem Rückschlag vorzubeugen. Ich bitte dich aus tiefstem Herzen, diesen Schritt nicht einfach zu überspringen! Systeme tendieren zum Chaos, und dein Zuhause macht da keine Ausnahme: Morgen wird deine Tochter eine Tüte mit Leckereien von einer Geburtstagsfeier mit nach Hause bringen, dein Ehepartner wird ein Technik-Schnäppchen anschleppen, und dein Sohn wird seine Steinsammlung auf dem Couchtisch abladen. Lass diese täglichen Angriffe deine Entrümpelungsfortschritte nicht zu Fall bringen!

Du kannst unmöglich alleine den Überblick behalten – diese Routinen müssen die ganze Familie mit einbeziehen. Die erste Routine ist eine allabendliche Krempelrazzia. Wähle einen Zeitraum zwischen der Abendessens- und der Schlafenszeit und lass jeden durchs Haus gehen, um seine persönlichen Sachen einzusammeln und wieder zurück an ihren festen Platz zu bringen. Ob es nur du und dein Partner seid, die die Küchenarbeitsfläche abräumen oder deine ganze Familie von sechs Personen im Haus ausschwärmt – mach daraus eine Gruppenleistung mit einem eindeutigen Anfang und Ende. Ja, es kann sein, dass du dich anfangs wie ein Feldwebel fühlen wirst, aber mit der Zeit wird es einfacher werden. Und wenn es täglich ohne Jammern und Stöhnen erledigt wird, sollte das Ganze höchstens zehn Minuten dauern.

Diese abendliche Routine ist ein unglaublich effektiver Weg, um Unordnung in Schach zu halten, denn besonders viel kann sich in vierundzwanzig Stunden nicht anhäufen. Ein positiver Nebeneffekt kann sein, dass diese Mühe deiner Familie die Schattenseiten von »mehr« öffnet. Mehr Sachen zu besitzen erfordert mehr aufräumen, wogegen weniger Gegenstände mehr Zeit für schöne Dinge lassen. Die Abendroutine zwingt deine Lieben dazu, sich täglich mit ihrem Kram auseinanderzusetzen, und im Idealfall führt es dazu, dass sie ihre Sachen reduzieren.

Führe eine zweite Routine ein: Alles wird nach Benutzung an seinen festen Platz zurückgebracht. Kinder können und sollten dies so früh wie möglich lernen. Das glaubst du nicht? In Montessori-Kindergärten kannst du schon Zweijährige beobachten, die Gegenstände gewissenhaft an ihre festgelegten Plätze zurückbringen.

Letztendlich ist es nie zu früh, die »Eins rein – eins raus«-Regel in die Tat umzusetzen und dein Kind daran zu gewöhnen, ein altes Spielzeug aufzugeben, wenn ein neues angeschafft wird. Diese Angewohnheit ist besonders effektiv im Kampf gegen die Geschenke-Tsunamis an Geburtstagen und Festtagen. Ermutige deinen Teenager, eine alte Jeans oder die abgelatschten Sneakers aufzugeben, wenn er neue kauft. Wenn die Trennung zu großen Kummer bereitet, kann er eigentlich genauso gut mit dem Kauf noch warten, bis er die Sachen wirklich braucht.

Leider ist Entrümpeln kein einmaliges Ereignis, das unser Leben für immer aufräumt – besonders, wenn wir Familien haben. Aber wenn du deinen Liebsten dabei hilfst, neue Routinen einzuführen, um ihren Kram besser zu organisieren, stehen die Chancen für ein dauerhaft chaosfreies Zuhause gut.

STELL EINE »RAUS-KISTE« AUF

Manchmal kann sich dein Zuhause wie eine große »Rein-Kiste« anfühlen. Rein kommen Spielsachen, Klamotten, Papier, Geschenke, technische Spielereien und mehr. Leider ist der Weg *raus* aus der Tür nicht mehr ganz so einfach. Um den Auszug zu erleichtern, musst du eine »Raus-Kiste« aufstellen. Es ist einfach für Gegenstände hereinzukommen, also müssen wir es ihnen genauso einfach machen, wieder herauszukommen.

Nehmen wir einmal an, dass das wunderbare Beispiel, das du deiner Familie vorgelebt hast, sie dazu inspiriert hat zu entrümpeln. Ihr habt alle einem Tagesprogramm zugestimmt, habt Grenzen aufgestellt und neue Routinen eingeführt. Fantastisch!

Doch dann marschiert dein Teenager-Sohn in den Flur mit einem Paar löchriger Socken in der Hand, das er loswerden will. Er weiß aber nicht, wie und wo, und letztendlich pfeffert er sie in eine Ecke seines Zimmers, um sich »später« darum zu kümmern. Der richtige Augenblick ist vorbei, und der nächste Gegenstand schafft es vielleicht nicht einmal mehr aus seiner Tür heraus.

Wie kannst du solch einen Reinfall und die Gefahr, dass all deine harte Arbeit ins Wanken gerät, vermeiden? *Mach es deiner Familie leicht, Sachen wegzuwerfen.* Behalte den Krempel nicht bis zum nächsten Flohmarkt, sondern leg ihn in die »Raus-Kiste«. Das ist einfacher, als ihn sofort endgültig loszuwerden. Ich schlage dir nicht vor, die Faulheit deiner Familie auszunutzen, um deine Minimalisten-Ziele voranzubringen, aber manchmal zahlt es sich aus, beim Entrümpeln den Weg des geringsten Widerstandes einzuschlagen.

Also lass uns jetzt intensiver über diese »Raus-Kiste« sprechen. Sie soll groß sein (sodass viel hineinpasst), sie soll plakativ sein (sodass deine Familie sie nicht verfehlen kann) und sie soll an einer günstigen Stelle stehen. Natürlich wird die Größe je nach Haushalt variieren. Sei aber eher großzügig, sodass die Person, die eine alte Decke oder einen kaputten Lautsprecher wegwerfen will, nicht durch einen mickrigen Karton entmutigt wird. Mit plakativ meine ich, dass die Kiste auffällig sein soll. Beziehe einen normalen Karton mit leuchtender Klebefolie, sodass der Zweck gar nicht erst hinterfragt werden muss. Ein fröhlicher Farbton wird positive Assoziationen hervorrufen.

Und schließlich: Standort, Standort, Standort – das ist der Hauptfaktor für den Erfolg einer »Raus-Kiste«. Wenn du sie in die hinterste Ecke im Keller oder nach draußen in die Garage stellst, kann es gut sein, dass deine Familie keine Lust hat, sich für Sachen, die sie sowieso nicht mehr interessieren, auf eine lange Wanderung zu begeben. Stell stattdessen die Kiste an einer zentralen Stelle auf, die für jeden praktisch gelegen ist – wie zum Beispiel im Flur, im Garderobenschrank oder im Bad. Noch besser ist es, die Kiste nur ein paar Schritte von der Stelle entfernt aufzustellen, von der du denkst (oder hoffst), dass dort das meiste Gerümpel anfallen wird.

Als Chef-Entrümpler musst du die Überwachung der Kiste übernehmen (aber das ist nur ein kleiner Preis für das wunderbare Resultat). Gestatte deiner Familie die Bequemlichkeit, alles dort hineinzuwerfen, aber akzeptiere, dass du es am Ende aussortieren musst.

Warum? Weil dein Kind eventuell sein Mathebuch, dein Teenager seine Geige und ein schadenfroher Bruder den Lieblingsteddy seiner Schwester in die Kiste legen könnte. (Wir hoffen nicht, dass dein Ehepartner deine Lieblingsjeans aussortiert!) Du willst sichergehen, dass alle verstoßenen Gegenstände bewusst und in voller Absicht ausgesetzt worden sind; außerdem wirst du aussortieren wollen, was verkauft oder gespendet werden kann. Abhängig davon, wie schnell sich der Kram ansammelt, inspiziere die »Raus-Kiste« wöchentlich, monatlich oder jahreszeitlich – aber stell sicher, dass immer genügend Platz in ihr ist!

FAMILIENMITGLIEDER ANLEITEN UND UNTERSTÜTZEN

Jetzt, da wir einen Generalplan für Familien im Allgemeinen haben, lass uns einen spezielleren für *deine* machen. Von Babys bis hin zu Lebenspartnern liefert dieser Abschnitt detaillierte Entrümpelungstipps für jedes Familienmitglied.

BABYS

Erzähl deinem Baby von deinen Entrümpelungsplänen und es wird gurren, lächeln und dich glauben lassen, dass dies die beste Sache ist, die es jemals gehört hat!

Und es versucht nicht einfach nur, dein Herz zum Schmelzen zu bringen – es ist wirklich mit an Bord bei deinem Minimalisten-Programm. Die Kinderzimmermöbel könnten ihm nicht unwichtiger sein, das Gleiche gilt für seine ach so niedliche Bettwäsche, seine kuscheligen Badetücher, seine süßen Klamotten, seine hübsche Krabbeldecke … denn alles, was es will und braucht, sind deine liebvollen Arme, dein lächelndes Gesicht und deine ungeteilte Aufmerksamkeit.

Der ganze angeblich so unentbehrliche Babykram ist viel mehr für die werdenden Eltern als für die Babys gemacht. Angesichts der Tatsache, dass sich ihr Leben grundlegend ändern wird, sind werdende Eltern extrem empfänglich für all die Versprechungen der Werbeexperten. Ach, sind diese Babysachen nicht einfach zuckersüß? Und wäre es nicht völlig verantwortungslos, keinen Wickeltisch, Heizstrahler oder Spielbogen anzuschaffen?

Hier kommt ein guter Rat aus eigener Erfahrung: Bevor dein Baby das Licht der Welt erblickt, kauf nur das Allernotwendigste. Warte, bis der Wonneproppen da ist, um zu sehen, was du *wirklich* brauchst. Ich verspreche dir, dass all die Babyläden nicht am Tag deiner Entbindung für immer schließen werden, und auch die Onlinehändler werden nach wie vor einen Versand innerhalb von ein bis zwei Tagen anbieten. Also entspann dich. Bitte alle, die dir zur Geburt etwas schenken möchten, um Geschenkgutscheine, langfristig gesehen sind sie viel nützlicher.

Bevor dein Baby das Licht der Welt erblickt,
kauf nur das Allernotwendigste.

Wenn das Kinderzimmer deines Neugeborenen bereits mit allem vollgestopft ist, was es bis zum Kindergarten braucht, gebiete Einhalt. Lass dein Baby nicht in einem Lagerraum schlafen! Nimm alles raus, und stell nur die Sachen wieder zurück, die du regelmäßig benutzt (das werden anfangs sehr wenige sein). Ihr werdet beide von einem Kinderzimmer profitieren, das beruhigend, heiter und geräumig ist.

Also, was genau brauchst du im ersten Lebensjahr deines Kindes? *Dein Baby wird es dich wissen lassen.* (Meins ließ mich zum Beispiel wissen, dass sie es hasste, gepuckt zu werden – nachdem ich mich vorsorglich mit einem halben Dutzend Pucktücher eingedeckt hatte!)

Ich weiß, das ist nicht die Antwort, die du dir erhofft hast (eine Checkliste ist sooo beruhigend!), aber jedes Baby ist anders. Rückblickend wäre für mein Kind ein Autositz, ein Kinderbett, eine Babytrage und Kleidung ausreichend gewesen. Natürlich besaßen wir mehr als das (und das wird auch bei dir der Fall sein). Mach dir nichts draus, wenn du mal danebengreifst; ich hatte mich zum Beispiel hoffnungslos in eine Babyschaukel verliebt, welche meine Tochter aus tiefstem Herzen verabscheute. Verbuche so etwas als Erfahrung. Spende oder verkaufe das Ding möglichst umgehend. Vergiss nicht, dass für dein Baby Platz viel wichtiger ist als Gegenstände.

Und falls du es noch nicht getan haben solltest: Die Babyzeit ist ideal, um deine eigenen Habseligkeiten zu reduzieren. Wenn dein Baby anfängt zu krabbeln, seine ersten Schritte macht und im Haus herummarschiert, wirst du feststellen, dass Minimalismus die beste Kindersicherung ist. Je weniger Möbelstücke du hast, um sich daran zu stoßen, je weniger Stolperfallen und je weniger Schnickschnack, den man umreißen könnte, desto weniger Gefahr für dein Kind – und das bedeutet auch mehr Frieden und Ausgeglichenheit für dich.

KLEINKINDER UND VORSCHULKINDER

Die Dinge werden ein bisschen verzwickter, wenn dein Nachwuchs das Kleinkindalter erreicht, denn es entwickelt eine Vorliebe für Kontrolle und Eigentum (Lieblingswörter: »nein« und »meins«), selbst wenn du noch meinst, die uneingeschränkte Vollmacht über die Sachen deines Kindes zu haben.

Ich habe das auf die harte Tour gelernt. Freudig hatte ich alles ausgemistet, womit meine Tochter schon seit Monaten nicht mehr gespielt hatte und war davon ausgegangen, dass es ihr egal wäre oder sie es nicht einmal bemerken würde. Aber als sie um die zwei Jahre alt war, entwickelte sie einen sechsten Sinn für alles, das nicht mehr da war (selbst wenn sie es seit einem Jahr nicht mehr angerührt hatte).

»Wo sind meine bunten Ringe? Ich will meine bunten Ringe«, verlangte sie genau an dem Tag, an dem ich ihren Stapelturm der Gemeinde gespendet hatte. An dem Nachmittag, als mein Mann ein Päckchen für ihre kleine Cousine zur Post brachte, in dem sich ihre alten Pappbilderbücher befanden, fragte sie: »Wo ist mein Farbenbuch? Ich will mein Farbenbuch lesen!« Drei Tage später, als die Diskussion um das fehlende Buch in einem waschechten Trotzanfall eskalierte, lief ich heimlich zum Buchladen, um es noch einmal zu besorgen (nicht unbedingt einer meiner stolzesten Momente!).

Es ist nicht gerade der minimalistischste aller Ratschläge, aber ich empfehle ein »Zwischenlager« für ausgemistete Kleinkindersachen – anders gesagt: einen Ort, an dem Sachen für ein paar weitere Monate bleiben können, bevor sie das Haus endgültig verlassen. So kannst du, wenn dein Kleines einen Gegenstand vermisst und ihn *unbedingt* wiederhaben will, das besagte Objekt wieder herausholen, bevor sich das Kind schreiend auf den Boden wirft und ohne die Erniedrigung eines erneuten Kaufs.

Irgendwann im Alter zwischen zwei und fünf Jahren entwickeln Kinder genug Verständnis von Eigentum, um zu begreifen, dass nicht alles »meins« ist, und dass Sachen (temporär oder permanent) auch mit anderen Kindern geteilt werden können. Für meine Tochter ist es völlig in Ordnung, ein Spielzeug herzugeben, wenn sie weiß, wohin es geht – ob nun zu ihrer kleinen Cousine oder zu »einem kleinen Mädchen, das nicht so viele Spielsachen hat« –, solange der Gegenstand nur nicht einfach so verschwindet.

Kinder in diesem Alter können sogar ziemlich bereitwillig und stolz sein, ihre »Babysachen« weiterzugeben. Nutze diesen Enthusiasmus zu deinem Vorteil, um eine Liebe zum Ausmisten zu entwickeln! Besprich vorher aber nicht *alles* mit deinem Kind, wenn es ihm schwerfällt loszulassen. Unwichtige Sachen kannst du in aller Stille wegräumen, mach dabei großzügig von deinem Zwischenlager Gebrauch.

Das Kleinkind- und Vorschulalter sind ideal, um »ein Platz für alles und alles an seinem Platz« zu etablieren. Es erfordert allerdings ein bisschen Mühe: Anstatt alles in eine Spielzeugkiste zu verfrachten, stell die Sachen in Regale, wo man leicht auf sie zugreifen (und sie leicht wieder zurückstellen) kann. Wenn nötig, klebe kleine Bilder von dem Spielzeug dorthin, wo es hingehört – und jedes Mal wenn dein Kind mit etwas spielt, hilf ihm dabei oder erinnere es daran, es wieder zurückzustellen, bevor etwas Neues ausgewählt wird.

Benutze Module wie Kästen und Körbe für Spielsachen mit vielen Teilen (wie Bauklötze und Puzzles). Klebe, falls nötig, auch hier ein Bild auf den Behälter. Diese Strategie hilft nicht nur dabei, dass Kinder aufräumen, sondern fördert auch wichtige Entwicklungsschritte wie das Kategorisieren und Aussortieren. Da haben wir doch den besten Grund für ein minimalistisches Kinderzimmer: Dein Kind bereits frühzeitig in die RATONALISIERUNGSMETHODE einzuführen, kann es sogar klüger machen!

ÄLTERE KINDER (SECHS BIS ZWÖLF JAHRE)

Entrümpeln nimmt bei älteren Kindern eine gänzlich neue Dimension an – nun sind sie in der Lage, voll und ganz daran teilzunehmen und sogar etwas Rationalisierung im Alleingang durchzuführen (auch wenn du nach wie vor die »Raus-Kiste« im Auge behalten solltest). Jetzt kann es also richtig losgehen!

Während ein Kind im Vorschulalter allmählich das »Wegwerfen, Wertschätzen, Weitergeben«-Verfahren begreift, ist ein älteres Kind imstande, es in die Praxis umzusetzen. Kinder in diesem Alter lieben es, Entscheidungen zu fällen. Sie können ganz klar sagen, was in den Müll gehört, was sie behalten wollen und was noch gut genug ist, um es jemand anderem zu geben. In puncto Weitergeben entwickeln sie auch Empathie und Nächstenliebe und sind oft auf rührende Weise bereit, ihre abgelegten Gegenstände einem anderen Kind zu spenden, das weniger hat.

Außerdem können ältere Kinder die Gründe dafür, etwas behalten zu wollen, ausformulieren und deutlich aussprechen: Ich kuschle gerne damit, es macht mich fröhlich, meine Omi hat es mir gegeben, die Sirene ist schön laut (erwähne besser nicht, dass das für dich ein Grund wäre, es wegzuwerfen). Sie können auch erklären, warum sie etwas loswerden wollen: Es ist kaputt, es passt mir nicht mehr, ich bin zu alt dafür. Sprich mit ihnen über die Methode; sie werden wahrscheinlich Freude daran haben, ein Gespräch über ihre Sachen zu führen.

Kinder in diesem Alter sind auch besser darin, alles an seinem Platz zu halten. Während Kleinkinder noch sehr viel Hilfe benötigen, können Schulkinder selbst aufräumen. Besser noch: In ihrem Bestreben nach Unabhängigkeit finden sie häufig Gefallen an so einer Aufgabe und sind stolz, wenn sie etwas gut gemacht haben.

Ältere Kinder können ihre eigenen Module erstellen und werden wahrscheinlich Spaß daran haben, ihre Dinge zu sortieren. Du musst lediglich sicherstellen, dass sie angemessene Behälter haben. Führe außerdem Grenzen ein – sag ihnen, dass sie alle Spielzeugautos (oder Actionfiguren oder Malutensilien) behalten können, die in die vorgesehene Kiste passen. Es wird ihnen wahrscheinlich Spaß machen, ihre Lieblingsgegenstände auszusuchen und zu organisieren. Sie sind auch alt genug, um die »Eins rein – eins raus«-Regel zu verstehen, also dass ein altes Spielzeug gehen muss, wenn ein neues kommt – damit alles in die Kiste passt.

Bring in diesem Alter tägliche Routinen in vollen Gang. Ermutige dein Kind, sein Zimmer jeden Abend aufzuräumen; das wird Unordnung (und Krempel) davon abhalten, auszuufern und den Kampf mit dem Chaos verhindern. Es wird auch dabei helfen, dein Kind den Wert des wenigen erkennen zu lassen.

TEENAGER

Hier ist die gute Nachricht: Dein Teenager ist absolut in der Lage, die Rationalisierungsmethode ganz allein in die Tat umzusetzen. Wenn du die Techniken erst einmal erklärt hast, kannst du einen Schritt zurücktreten. Deine primäre Aufgabe bei Kindern in diesem Alter ist Anleitung und Motivation.

Und das ist der herausfordernde Teil: Wie um alles in der Welt motivierst du einen Teenager, seine Habseligkeiten zu reduzieren? Heranwachsende sind nicht gerade für ihre Bereitschaft, ihre Eltern zufriedenstellen zu wollen, bekannt. Und darin liegt das Geheimnis für den Erfolg: Sie müssen glauben, dass sie es für sich selbst machen, nicht für dich.

Mein Ratschlag ist, bei dem ersten RATIONALISIERUNGSSCHRITT gleich in die Vollen zu gehen: Mach einen Neuanfang. Ermutige dein Kind, alles aus seinem Zimmer zu räumen und nur die absoluten Lieblingssachen und die notwendigsten Gegenstände wieder hineinzubringen. Um seinen Enthusiasmus zu entfachen, versprich ihm, dass sein Zimmer nach dem Ausmisten fast wie neu aussehen wird.

Der beste Weg, um Teenager für eine Sache zu begeistern, ist, an ihr sich abzeichnendes Erwachsenwerden zu appellieren. Sie sind nur noch ein paar Jahre davon entfernt, das Nest zu verlassen, und machen sich eventuell bereits über ihr zukünftiges Leben Gedanken. Es ist also gut möglich, dass die Aussicht, einen trendigen, erwachseneren Raum zu erschaffen, sie dazu animiert, ihren Krempel aus Kindertagen auszuräumen.

Erinnere dich nur daran, deine eigene Sentimentalität zur Seite zu schieben und ihnen nicht im Weg zu stehen. Wenn dein Sohn seine Fußballkartensammlung oder die Hefte aus der Grundschule oder Geschenke von Oma wegwerfen will, dann lass ihn. Wenn deine Tochter ihr Himmelbett und die dazu passende Kommode loswerden möchte, weg damit. Wenn sie ihre Puppensammlung nicht mehr sehen kann, die du jahrelang (und für viel Geld) für sie angesammelt hast, dann soll es so sein.

Der Sinn der Umgestaltung ist nicht, deinem Teenager ein Budget für eine neue Zimmereinrichtung zur Verfügung zu stellen – weit gefehlt! Genau genommen sollte sie wenig bis gar nichts kosten. Der einzige Luxus, den ich unterstützen würde, ist eine neue Wandfarbe, weil sie die Verwandlung noch handfester wirken lassen kann. In dieser Übung geht es nicht darum, neue Dinge zu kaufen, sondern den Raum mit ausgewählten Lieblingssachen neu zu gestalten. Hilf deinem Kind dabei, die Rationalisierungstechniken anzuwenden, um zu entscheiden, was es behalten will, wo die Sachen aufbewahrt werden sollen, und wie es seinen neugewonnenen Raum chaosfrei halten kann.

Wenn du deinem Teenager die Erlaubnis erteilst, alles wegzuwerfen, was sein Herz begehrt, wirst du überrascht sein, was für ein Minimalist da zum Vorschein kommt! In einer Welt, in der die jungen Leute bombardiert werden mit Marketing und Werbung und ständig dem Gruppenzwang ausgesetzt sind, etwas Bestimmtes unbedingt besitzen zu müssen, kommen Teenager gar nicht auf die Idee, dass es völlig in Ordnung ist, wenig zu wollen. Ich habe über die Jahre hinweg unzählige E-Mails von Teenagern erhalten, die mir für die Tipps in meinem Blog dankten. Einige sind begeistert, den Minimalismus überhaupt entdeckt zu haben, manche sind erleichtert, dass eine Alternative zum konsumorientierten Erwachsenendasein existiert. Und einige sind einfach nur fest entschlossen, sich ihre eigene Oase der Ruhe in einem Haushalt voller Unordnung zu erschaffen.

Der beste Weg, um Teenager für eine Sache zu begeistern, ist, an ihr sich abzeichnendes Erwachsenwerden zu appellieren.

Nur weil deine Teenie-Tochter ihr Zimmer nie aufräumt oder zu oft einkaufen geht, bedeutet das nicht, dass aus ihr nie eine Minimalistin werden kann. Sie weiß nur einfach noch nicht, was das heißt und welche Vorzüge es bringt. Stell ihr einen schlichteren Lebensstil vor. Es könnte gut sein, dass die Tatsache, dass solch ein Leben nicht dem Status quo entspricht, ihre rebellische

Seite anspricht. Aber selbst wenn sie den Minimalismus nicht annimmt, während sie noch unter deinem Dach lebt, hast du ihr dennoch ein wunderbares Geschenk gemacht. Während sie sich ihren Weg in die Welt bahnt, wird sie ein starkes Beispiel über die Freude am wenigen in sich tragen.

LEBENSPARTNER

Zum Abschluss lass uns darüber reden, wie wir deinen Partner dazu bringen, auf den Entrümpelungszug aufzuspringen.

Wenn ihr gerade erst einen gemeinsamen Haushalt gegründet habt (oder dies derzeit plant), ist das die perfekte Chance für einen Neuanfang. Beginnt euer gemeinsames Leben nicht mit der doppelten Ausführung von allem – sortiert Duplikate im Schnelldurchlauf aus, bevor ihr euch in eurem neuen Zuhause einrichtet. Es mag schwierig sein zu entscheiden, wessen Toaster oder Staubsauger oder Sofa »besser« ist – und es könnte sein, dass du als Minimalist mehr Zugeständnisse machen musst. Aber eure Sachen zu reduzieren, bevor ihr zusammenzieht, kann zu einem viel reibungsloseren Übergang führen.

Wenn ihr schon eine Weile zusammenlebt, könnte es sein, dass du einer größeren Herausforderung gegenüberstehst. Aber keine Bange – es ist machbar! Du könntest auch Glück und einen Partner haben, der den Minimalismus-Gedanken aus vollem Herzen annimmt. Vielleicht hat er sich wegen des Zuviels in eurem Zuhause bereits irgendwie unwohl gefühlt oder sogar schon durchblicken lassen, dass er will, dass *du* eure Sachen reduzierst. Wenn das der Fall ist, schätze dich glücklich und starte in das Vergnügen, alles zusammen zu rationalisieren. Aber selbst wenn sich dein Partner noch sträubt – ein wenig Raffinesse und viel Geduld können aus einem Chaoten einen guten Verbündeten im Kampf gegen den Krempel machen.

Aber das Wichtigste zuerst: Finger weg von seinem Kram! Ich weiß, es ist verlockend, aber *reduziere die Habseligkeiten deines Partners nicht ohne sein Wissen oder seine Erlaubnis* – selbst wenn du denkst, dass er es nicht merken wird. In deinem Enthusiasmus könnte es sein, dass du denkst, dass es nett und angebracht ist, die harte Arbeit selbst in die Hand zu nehmen, aber es gibt keinen schnelleren Weg, um Misstrauen und Abwehr zu schüren und deine Chancen auf Erfolg zunichtezumachen. Also atme einmal tief durch und bereite dich auf einen langsamen, sicheren, raffinierten Feldzug vor.

Stell dir vor, dass du eine Blume pflanzt: Du musst den Samen setzen, düngen, gießen und von Sonnenlicht durchtränken lassen – aber letzten Endes muss die Blume aus eigenem Antrieb wachsen und blühen.

Lass uns nun mit einigen Methoden starten, um den Samen zu setzen:

- Wie wir zuvor bereits besprochen haben, geh mit gutem Beispiel voran. Es gibt wirklich keinen besseren Fürsprecher für den Minimalismus als eine freudvolle Vorführung – wie zum

Beispiel ein gut sortierter Schrank, eine wunderbar überschaubare Arbeitsfläche oder eine Schublade in der Küche, in der nur das Allernötigste übersichtlich angeordnet ist.

- Lass dieses Buch irgendwo an prominenter Stelle herumliegen. Widerwillige Entrümpler könnten dem minimalistischen Gedankengut gegenüber aufgeschlossener sein, wenn es von einem Außenstehenden kommt.
- Rede beiläufig über *deine* Entrümpelungsbemühungen. Beginne das Gespräch nicht mit »Du hast zu viel Zeug«, denn das wird deinen Partner sofort in die Defensive treiben. Erzähle, wie *du* gerade versuchst, *deine* Garderobe oder *deinen* Kram im Allgemeinen zu reduzieren – auf die gleiche Weise, wie du über ein neues Hobby sprechen würdest. Es ist eine wunderbare Möglichkeit, die Rationalisierungstechniken in einem informativen (anstatt einem belehrenden) Kontext vorzustellen.

Wenn der Samen erst einmal gepflanzt ist, ist es an der Zeit, ihn mit der Nahrung zu düngen, die er braucht. Du wirst eine Pflanze nicht zum Wachsen bringen, indem du dich über ihr aufbaust und sie anschreist – oder noch schlimmer, sie aus dem Boden herausziehst. Aus dem gleichen Grund kannst du niemanden dazu zwingen, etwas zu tun, sondern du musst ihn dazu inspirieren. Und so funktioniert es:

- Mach dir die Motivationen deines Partners zunutze. Versetz dich in seine Lage und finde heraus, welcher Aspekt des Minimalismus ihn besonders ansprechen würde. Sachen verkaufen, um einen Urlaub zu finanzieren? Weniger Zeit verbringen, um Dinge instand zu halten und dafür mehr Zeit mit den Kindern zu haben? Den Konsum einschränken, um früher in Rente gehen zu können? Betone, wie *er* vom Entrümpeln profitieren kann.

- Mach es einfach. Legt Plätze fest, wo jeder von euch persönliche Sachen aufbewahren kann und andere, die frei von Zeug bleiben sollen. Dann beginne, belanglose gemeinsame Besitztümer auszumisten, wie Pflegeprodukte, überschüssiges Geschirr oder Büroartikel. Schnelle Erfolge bauen Vertrauen in den Vorgang auf.
- Erschaffe Kameradschaft. Denk daran, dass hier nicht du das Kommando führst, sondern dass du in einem Team arbeitest. Frag deinen Partner nach seiner Meinung. Anstatt zu verkünden, dass alles aus der Garage wegmuss, frage: »Was meinst du, wie könnten wir hier mehr Platz schaffen?« Dies gibt deinem Gegenüber das Gefühl, die gleichen Entscheidungsrechte wie du bei der Sache zu haben. Darüber hinaus liefert ein gemeinsames Ziel Motivation und Schwung.

Mit etwas Glück hat deine »Nahrung« einen netten, kleinen Sämling hervorgebracht – jetzt musst du ihn unbedingt mit Sonnenlicht tränken!

- Lobe, lobe und lobe noch mehr. Menschen lieben es zu hören, dass sie etwas gut gemacht haben, und neigen dazu, Dinge zu wiederholen, für die sie positives Feedback bekommen. Kritik hat genau die gegenteilige Wirkung. Selbst wenn dein Partner nur wenige T-Shirts entsorgt hat, frag nicht: »Das ist alles?!« Sag ihm lieber, dass er ein Naturtalent im Entrümpeln ist und dass es wundervoll ist, im Schrank etwas Freiraum zu sehen. Wenn wir glauben, gut in etwas zu sein, wollen wir mehr davon machen.

- Sei positiv und optimistisch, selbst wenn es hart auf hart kommt. Setze deinen Ehepartner nicht herab, wenn er Schwierigkeiten damit hat, etwas loszulassen. Zeig Verständnis und verrate ihm ein paar Techniken, die dir durch die mühsamen Entscheidungen geholfen haben. Vermeide Auseinandersetzungen und mach weiter damit, die Vorteile zu betonen. Leg eine Pause ein, wenn es zu schwierig werden sollte.
- Erschaffe einen Treibhauseffekt – mit anderen Worten: Gib dem Setzling optimale Wachstumsbedingungen und schirme ihn von allem Schädlichen ab. Wenn dein Partner shoppen gehen will, schlage vor, stattdessen einen gemeinsamen Spaziergang im Park zu unternehmen. Wenn er in einen Katalog vertieft ist, lenke ihn mit einem Gespräch ab. Wenn er sich bei eBay einloggt, schlüpfe in etwas Verführerisches. Du verstehst schon – mach aus Konsummomenten Paarmomente und halte so zusätzliche Dinge aus deinem Zuhause fern.

Denk vor allem daran, dass du Geduld brauchst. Gerümpel entsteht nicht über Nacht und wird auch nicht so schnell wieder verschwinden (war das bei deinem Krempel etwa der Fall?). Darüber hinaus braucht es Zeit, um langjährige Gewohnheiten zu ändern und neue Wege des Denkens zu verinnerlichen.

Deinen Ehepartner unter Druck zu setzen ist, wie eine Blume mit allerlei Tricks und Dünger zum Blühen zu zwingen: Du könntest eine sofortige Belohnung erhalten, aber sie wird nur von kurzer Dauer sein. Aber wenn du dem Gedanken eine angemessene Zeit zum Wachsen und Wurzelnschlagen gibst, könnten diese Samen der Einfachheit in einer wundervolle neue Lebensweise aufgehen.

DAS GROSSE GANZE – MINIMALISMUS FÜR EINE BESSERE WELT

Etwas Wundervolles geschieht, wenn wir uns als Minimalisten versuchen: Unsere Bemühungen führen einen positiven Wandel herbei. Jedes Mal wenn wir uns gegen eine Anschaffung entscheiden, uns mit etwas zufriedengeben, das wir bereits besitzen oder uns etwas ausleihen, überreichen wir unserem Planeten ein kleines Geschenk. Die Luft wird etwas reiner sein, das Wasser ein wenig klarer, die Wälder ein bisschen gesünder, die Müllhalden etwas leerer. Wir sind vielleicht Minimalisten geworden, um unser Zuhause effektiver und klarer zu gestalten, um Geld, Zeit oder Platz zu sparen. Aber unser Handeln hat einen weitaus größeren Nutzen: Es ist nachhaltig, umwelt- und menschenfreundlich. Ein toller Nebeneffekt unserer Entrümpelungsaktionen, oder?

WERDE EIN »MINSUMENT«

Unternehmen und ihre Marketingspezialisten haben uns ständig als potenzielle Konsumenten im Blick. Indem sie uns dazu verführen, so viel wie möglich zu kaufen, erhöhen sie ihre Gewinne.

Aber was bedeutet das für uns? Wir arbeiten hart, um für Dinge zu bezahlen, die wir nicht brauchen. Wir machen Überstunden, um uns Gegenstände anzuschaffen, die in einigen Monaten veraltet oder nicht mehr modern sind. Wir strampeln uns ab, um Kredite für Sachen zu bedienen, für die wir eigentlich gar keinen Platz haben. Hmmm, irgendwas läuft doch da schief …

Aber hier kommt die gute Nachricht: Eine minimalistische Lebensweise macht uns frei! Sie ermöglicht uns den Ausstieg aus dem »Arbeite und kaufe«-Hamsterrad. Anstatt weiterhin das mühevolle Leben eines Konsumenten zu führen, können wir »Minsumenten« werden: unseren Konsum unseren Bedürfnissen entsprechend minimieren, den Einfluss unseres Konsums auf die Umwelt minimieren und die Auswirkung unseres Konsums auf das Leben anderer Menschen minimieren.

Minsument zu werden bedeutet nicht, dass wir nie wieder in unserem Leben einen Fuß in einen Laden setzen dürfen. Ich weiß durchaus die Leichtigkeit zu schätzen, mit der wir unsere Grundbedürfnisse decken können, und ich bin froh, dass wir, anders als unsere Vorfahren, nicht unsere Tage dafür verwenden müssen, an Nahrung, Kleidung und eine Unterkunft zu kommen. Sobald jedoch diese Grundbedürfnisse einmal befriedigt sind, kann der Konsum auf die Hinterbank geschoben werden. Wenn wir satt in einem warmen Zuhause sitzen, sollten wir uns nicht genötigt fühlen, zum Shoppingbummel loszuziehen oder durchs Internet zu surfen, um noch *mehr* Dinge zu finden, die wir kaufen könnten. Stattdessen könnten wir diese Zeit und Energie anderen, erfüllenderen Beschäftigungen widmen.

Also was müssen wir tun, um Minsumenten zu werden? Eigentlich nicht viel. Wir müssen nicht protestieren, boykottieren oder die Türen von Großmärkten blockieren. Eigentlich müssen wir nicht einmal das Haus verlassen, einen Finger krumm machen oder einen weiteren Augenblick unserer kostbaren Zeit vergeuden, um darüber nachzudenken. Das Geheimnis ist schlicht und einfach: *nicht kaufen.* Jedes Mal, wenn wir Werbung ignorieren, an Impulsartikeln vorbeigehen, ohne sie eines Blickes zu würdigen, Bücher in der Bibliothek ausleihen, unsere Kleidung reparieren, anstatt neue zu kaufen, oder dem Bedürfnis widerstehen, uns die neueste elektronische Spielerei anzuschaffen, setzen wir kleine Zeichen von »Verbraucher-Ungehorsam«. Indem wir einfach nur *nicht kaufen,* machen wir die Welt ein bisschen besser: Wir boykottieren ausbeuterische Arbeitspraktiken und schonen die Ressourcen. Minimalistischer Konsum ist einer der einfachsten und effektivsten Wege, die Erde zu heilen und das Leben ihrer Bewohner zu verbessern.

Reduce, Re-use, Recycle

Auch im deutschen Sprachraum ist die englische Drei-R-Regel – reduce, re-use, recycle (reduzieren, wiederverwenden, recyceln) – zum geflügelten Wort geworden. Von diesen drei wichtigen Schlagworten zum Umgang mit Ressourcen ist das Recyceln der etablierte Superstar, obwohl sowohl Reduktion als auch Wiederverwendung nachhaltiger sind – was nicht gekauft oder was weiterhin verwendet wird, muss nicht recycelt werden.

Reduce

Das Reduzieren ist der stille Held der drei R – denn je weniger wir kaufen, desto weniger müssen wir recyceln! Das Reduzieren umgeht geschickt den gesamten ressourcen-, arbeits- und energieintensiven Prozess der Produktion, des Vertriebs und der Wiederaufbereitung und ist deshalb der Eckpfeiler unserer Minsumenten-Philosophie.

Der beste Weg, um seine Sachen zu reduzieren, ist, nur das zu kaufen, was man wirklich braucht.

Jedes Produkt, das wir kaufen, hat einen dreiphasigen Lebenszyklus: Produktion, Vertrieb und Entsorgung. In der Produktionsphase werden natürliche Ressourcen und Energien verbraucht. In manchen Fällen entstehen als Nebenprodukt dieses Prozesses schädliche Stoffe. In der Vertriebsphase wird Energie (normalerweise in Form von Treibstoff für Lastwagen, Schiffe und Flugzeuge) genutzt, um den Artikel von der Fabrik zum Laden zu transportieren, was oft eine Reise um die halbe Welt bedeutet. In der Entsorgungsphase belastet der Gegenstand dann unsere Mülldeponien und unsere Umwelt.

Jeder Artikel, den wir *nicht kaufen,* ist ein Ding weniger, das produziert, transportiert und entsorgt werden muss. Ist es nicht besser und beruhigender, einen Gegenstand von vornherein nicht zu besitzen, als sich darüber Gedanken machen zu müssen, wie er hergestellt wurde, wie er hierhergekommen ist und wie man ihn später am besten wieder loswird?

Der beste Weg, um seine Sachen zu reduzieren, ist, nur das zu kaufen, was man wirklich braucht. Anstatt gedankenlos shoppen zu gehen, müssen wir über jede Anschaffung *nachdenken* – über Kleidung, Möbel, Elektronik, Dekor oder selbst Lebensmittel. Wir sollten uns angewöhnen, immer zu fragen »warum«, bevor wir etwas kaufen. Zum Beispiel: Will ich mir das hier anschaffen, weil ich es wirklich brauche, oder weil ich es in der Werbung oder bei einem Freund gesehen habe, oder weil es im Schaukasten so hübsch aussah? Kann ich vielleicht genauso gut ohne diesen Gegenstand zurechtkommen? Betrachte eine Warteschlange an der Kasse als Glücksfall, denn sie gibt dir reichlich Zeit, in Ruhe zu beurteilen, was da in deinem Einkaufswagen liegt. Ich bin bereits von vielen Kassen wieder weggegangen, nachdem ich innegehalten und über die potenziellen Anschaffungen nachgedacht hatte.

Es gibt unzählige Techniken, die du anwenden kannst, um deinen Konsum einzuschränken. Erfreue dich an der Herausforderung, deinen Bedürfnissen auf alternativen Wegen gerecht zu werden und überlege dir kreative Lösungen, anstatt zum Laden zu rennen oder den Bestellen-Knopf zu drücken. Leih dir eine Motorsäge von einem Nachbarn aus, oder bastle dir deine eigene Tröpfchenbewässerungsanlage aus vorrätigen Materialien. Bevorzuge Mehrzweckgegenstände gegenüber solchen, die nur eine Funktion haben. Ein einfaches Essig-Wasser-Gemisch kann beispielsweise eine Fülle handelsüblicher Reinigungsmittel ersetzen, und vielseitig einsetzbare Kleidung kann entweder aufgehübscht oder zwanglos getragen werden. Schlussendlich ersetze nichts, das noch in Ordnung ist, einfach nur weil du etwas Neues willst – sei stolz darauf, dass du deinen alten Wagen am Laufen hältst oder deinen Wollmantel noch ein paar Jahre lang trägst.

Re-use

Wiederverwendung ist für unsere Minsumenten-Bemühungen ebenfalls wesentlich. Je länger wir einen bestimmten Gegenstand benutzen können, umso besser – besonders, wenn wir dadurch nichts Neues kaufen müssen. Da bereits Ressourcen für seine Produktion und Verbreitung verbraucht wurden, tragen wir die Verantwortung, den größtmöglichen Nutzen aus ihm zu ziehen.

Wie das Reduzieren ist auch das Wiederverwenden besser als das Recyceln. Während Recyceln zusätzliche Energie erfordert, um etwas zu erneuern, benötigt die nochmalige Verwendung keine. Wir passen das Produkt in seiner originalen Form einfach nur an, um andere Bedürfnisse zu befriedigen. Meine Wiederverwendungsheldin ist Scarlett O'Hara aus »Vom Winde verweht«. Wenn sie ein hinreißendes Kleid aus alten Vorhängen zaubern konnte, dann werden wir doch wohl Setzling-Pflanzgefäße aus

Joghurtbechern und Putzlappen aus alten T-Shirts hinkriegen. Wir müssen ja noch nicht einmal *so* kreativ sein. Es gibt genug Möglichkeiten, um Dinge regelmäßig wiederzuverwenden: wie Verpackungsmaterialien (Schachteln, Luftpolsterfolie, gepolsterte Briefumschläge), Geschenkpapier, Bänder, Schleifen. Bevor du ein Gefäß oder eine intakte Verpackung in die Wertstofftonne wirfst, überleg, ob du umfunktionieren oder noch einmal verwenden kannst.

Als Minimalisten wollen wir natürlich nicht unsere Schubladen und Schränke mit Sachen vollstopfen, die wir vielleicht nie benutzen werden. Wenn *du* für etwas keine Verwendung hast, gib es jemand anderem! Etwas wiederzuverwenden bedeutet nicht notgedrungen, dass *du* es wiederverwenden musst. Deshalb verkaufe oder verschenke deine alten Sachen. Frag Freunde, Familienmitglieder und Kollegen, ob sie bestimmte Dinge gebrauchen können. Spende an Gemeinden, Notunterkünfte, Altenheime. Stell dich auf den Flohmarkt, oder biete deine Dinge im Internet an. Ein neues Zuhause für etwas zu finden, erfordert etwas mehr Mühe, als es in den Müll zu werfen. Dafür hält es intakte, nützliche Gegenstände länger im Umlauf und verhindert, dass sich jemand anderes etwas Neues kaufen muss.

Überleg dir aus dem gleichen Grund, die Sachen von jemand anderem für *deine* Bedürfnisse wiederzuverwenden. Stell dir vor, du bist auf eine Hochzeit eingeladen und hast kein angemessenes Outfit. Bevor du nun ins Kaufhaus rennst, versuch, etwas Gebrauchtes zu finden: Durchstöbere Secondhandläden und schau dich bei Onlineauktionen und -kleinanzeigen um. Vielleicht kannst du dir auch von einer Freundin oder Verwandten etwas leihen. Mach das Gleiche für Werkzeuge, Möbel, Elektronik und alles, das du brauchst; betrachte den Secondhandmarkt als deine Standardquelle und kauf nur als letzten Ausweg im Einzelhandel. Damit setzt du unsere ohnehin schon überforderte Umwelt nicht noch zusätzlich unter Druck und verhinderst, dass etwas Nützliches im Müll landet.

Recycle

Unser ultimatives Ziel als Minsument ist, unsere Umwelt zu schonen und die Welt ein bisschen besser zu machen. Reduzieren und wiederverwenden sind dafür hervorragende Strategien. Allerdings werden wir dennoch manchmal Sachen loswerden wollen, die weder uns selbst noch anderen nützen können, und in diesen Fällen sollten sie unbedingt fachgerecht recycelt werden.

Glücklicherweise ist uns das Recyceln in den letzten zwanzig Jahren in Fleisch und Blut übergegangen. In den meisten Häusern und Haushalten stehen zumindest eine Bio- und eine Papiertonne unmittelbar zur Verfügung, häufig auch eine gelbe Tonne für Kunststoffe, Metalle und Verbundverpackungen. Für die ordnungsgemäße Entsorgung von Einwegglas müssen wir meist einen kleinen Weg zur nächsten Wertstoffinsel in Kauf nehmen, aber das sollte uns unsere Umwelt doch wert sein, richtig?

Begrenze deine Recycling-Bemühungen aber nicht nur auf die üblichen Verdächtigen – auch andere Gegenstände müssen ordnungsgemäß recycelt werden. Einige Geschäfte für Bürobedarf und Elektronik bieten Rücknahmeservices für bestimmte Geräte an. Manchmal kann man ausgemusterte Produkte auch an den Hersteller zurückschicken – ich freute mich sehr, als ich diese Möglichkeit für meinen alten Laptop nutzen konnte. Batterien und Glühbirnen müssen in speziellen Containern entsorgt werden, die in öffentlichen Einrichtungen, Drogeriemärkten oder Tankstellen zu finden sind. Ausgemusterte Kleidung und Schuhe gehören in den Altkleidercontainer der Abfallwirtschaft. Größere Elektrogeräte, Möbel, Matratzen, Farbeimer und vieles andere mehr werden auf Wertstoffhöfen gesammelt und fachgerecht entsorgt. Die Abfallwirtschaftsbetriebe der Städte und Gemeinden geben Auskunft über weitere Recylingmöglichkeiten.

Falls du einen Garten hast, kannst du, anstatt Laub, Zweige, Rasenschnitt, Kiefernnadeln und anderen Gartenabfall in die Biotonne zu werfen, einen Komposthaufen anlegen. Wirf nicht nur Garten-, sondern auch Küchenabfälle wie Gemüseschalen, Kaffeesatz, Teebeutel und Eierschalen auf diesen Haufen. Wenn sich alles zersetzt hat, hast du eine nährstoffreiche organische Substanz, mit der du deinen Gartenboden anreichern kannst. Konsultiere ein Gartenbuch oder eine Website für eine vollständige Liste von geeigneten Abfällen; dort wird auch erklärt, wie du die Substanzen aufschichtest und durchmischst. Kompostierung ist in doppelter Hinsicht gut für die Umwelt: Es hält Abfall von den Mülldeponien fern und ersetzt künstliches Düngemittel.

> Unser ultimatives Ziel als Minsument ist, unseren ökologischen Fußabdruck zu reduzieren.

Obwohl das Recyceln erst am Ende des Lebenszyklus eines Produkts auftaucht, behalte es von Anfang an im Hinterkopf. Wenn du einkaufen gehst, bevorzuge Produkte und Verpackungen, die recycelt werden können, gegenüber solchen, bei denen das nicht der Fall ist. Vermeide es möglichst, gefährliche und giftige Substanzen anzuschaffen (wie Lacke, Reinigungs- und Schädlingsbekämpfungsmittel); Reste solcher Produkte gehören nicht in den Hausmüll, sondern müssen auf dem Wertstoffhof entsorgt werden.

Produktlebensdauer

Als Minsumenten versuchen wir, so wenig wie möglich zu kaufen, deshalb wollen wir, dass unsere Anschaffungen so lange wie möglich halten. Bei unserer Entscheidung, ob wir einen Artikel kaufen, müssen wir seine Lebensspanne bedenken. Warum all die wertvollen Ressourcen für die Herstellung, den Vertrieb und die Entsorgung eines Produkts verschwenden, das wir vielleicht nur wenige Monate haben?

Entscheide dich aus diesem Grund für Gegenstände, die gut gemacht und langlebig sind. Das klingt kinderleicht, aber wie oft hast du schon bei einer Anschaffung den Preis anstatt die Qualität entscheiden lassen? Wenn du einkaufst, ist es einfach, Preise zu vergleichen, aber es kann schwierig sein, die Qualität zu beurteilen. Du musst deinen Detektivhut aufsetzen und nach Hinweisen suchen: zum Beispiel, wo und aus welchen Materialien das Produkt gemacht wurde, wie der Ruf des Herstellers ist. Auch wenn ein hoher Preis nicht immer eine Garantie für gute Qualität ist, werden niedrige Kosten in der Regel nicht mit Langlebigkeit in Verbindung gebracht. Auch wenn es nicht deinen Ruin bedeuten dürfte, den Gegenstand zu ersetzen, müssen wir in so einem Fall die Kosten für die Umwelt bedenken.

Demzufolge verzichte darauf, dir Sachen anzuschaffen, die nur kurzlebigen Modetrends folgen. Sie werden dir schneller langweilig oder peinlich werden, als sie sich abnutzen. Selbst wenn du sie dann spendest, so wurden doch Ressourcen für ihre Herstellung und ihren Vertrieb verschwendet – es wäre besser gewesen, wenn du sie dir *nicht* angeschafft hättest. Entscheide dich stattdessen für Stücke, die du wirklich gerne magst, oder klassische Gegenstände, die immer stilvoll sein werden.

Vermeide Einwegartikel, wann immer es möglich ist. Wir wollen doch nicht unsere natürlichen Ressourcen für Dinge aufbrauchen, die wir nur einige *Minuten* lang benutzen! Leider sind Einwegsachen in unserer heutigen Gesellschaft zunehmend beliebter geworden: von Tellern bis hin zu Rasierern, von Servietten bis hin zu Windeln, von Kameras bis hin zu Reinigungslappen. Viele dieser Dinge werden täglich benutzt und erzeugen enorme Mengen an Müll. Du kannst deine CO_2-Bilanz drastisch verbessern, indem du wiederverwertbare Varianten bevorzugst, so wie Stofftaschentücher, Stoffeinkaufstaschen, Akkus statt Batterien, solides Geschirr und Geräte sowie Servietten, Windeln und Handtücher aus Stoff. Lass immer die Lebensdauer eines Produkts deine Richtschnur beim Kauf sein. Wenn sie lächerlich kurz ist, sieh dich nach einer langlebigeren Alternative um.

Produktmaterialien

Wenn du eine potenzielle Anschaffung beurteilst, berücksichtige die Materialien, aus denen sie gemacht wurde. Indem du Gegenstände auswählst, die aus nachhaltigen und erneuerbaren Ressourcen hergestellt wurden, kannst du die Auswirkungen deines Konsums minimieren.

Bevorzuge grundsätzlich Produkte, die aus natürlichen Materialien gemacht wurden, gegenüber solchen, die aus künstlichen hergestellt sind. Synthetische Substanzen wie Plastik enthalten in der Regel Erdöl, das eine nicht erneuerbare Ressource ist. Der Herstellungsprozess ist nicht nur energieintensiv, er kann auch gesundheitsschädliche Giftstoffe erzeugen und die Arbeiter gefährlichen Dämpfen und Chemikalien aussetzen. Darüber hinaus beinhalten einige Plastikarten Zusatzstoffe, die in Wasser und Nahrung übergehen können. Die Entsorgung stellt ein weiteres Problem dar. Plastik wird nur sehr langsam abgebaut und hält sich in Mülldeponien Hunderte (wenn nicht sogar Tausende) von Jahren. Verbrennt man es, kann es eine toxische Verschmutzung hervorrufen.

Natürliche Materialien erfordern weniger Energieaufwand und sind erheblich einfacher zu entsorgen und zu recyceln. Aber nur weil wir etwas kaufen, das beispielsweise aus Holz gemacht wurde, bedeutet das noch lange nicht, dass wir aus dem Schneider sind. Wir müssen im Hinblick auf seine Herkunft und die Gewinnung immer noch aufmerksam sein. Viele Waldflächen sind bereits abgeholzt worden, um Papier, Möbel, Bodenbeläge, Bauholz und andere Produkte herzustellen. Illegale Abholzung und nicht nachhaltige Holzernte haben Ökosysteme zerstört, Eingeborene vertrieben und das lokale (und globale!) Klima verändert. Um nicht zu solchen Tragödien beizutragen, halte nach Holz Ausschau, das eine Nachhaltigkeitszertifizierung besitzt und bevorzuge schnell nachwachsende Arten (wie Bambus) gegenüber gefährdeten.

Verbessere deine Ökobilanz auch, indem du Produkte aus recycelten Materialien kaufst. Papier, Kleidung, Handtaschen, Schuhe, Bodenbeläge, Möbel, Dekor, Schmuck, Glaswaren und eine Menge anderer Gegenstände können aus wiederverwerteten Stoffen entstehen. Recycelte Ware zu kaufen erhält die natürlichen Ressourcen, spart Energie und bewahrt die ursprünglichen Gegenstände davor, auf der Mülldeponie zu enden. Zeige deine wahre Minsumenten-Seele und sei stolz auf die Tatsache, dass deine Tragetasche aus Tetrapacks oder dein Esstisch aus Altholz gemacht wurde.

Berücksichtige schließlich noch die Verpackung. Idealerweise ist das Produkt überhaupt nicht verpackt – besonders wenn man die Kürze der Lebensspanne bedenkt. Dennoch werden viele Gegenstände, die wir kaufen, irgendeine Form von Umhüllung haben. Bevorzuge Produkte mit wenig Verpackung oder mit einer, die leicht wieder recycelt werden kann. Und bring deine Einkäufe bitte nicht in einer neuen Plastiktüte nach Hause! Gewöhne dir an, stattdessen Stofftaschen zu benutzen und vorhandene Plastiktüten wieder und wieder zu verwenden. Diese Maßnahme allein kann schon eine erhebliche Menge an Energie und Müll einsparen.

Produktionsbedingungen

Wir müssen nicht nur die Materialien bedenken, aus denen ein Produkt hergestellt wurde, sondern auch, wer es gemacht hat und unter welchen Bedingungen. Bevor wir etwas kaufen, wollen wir wissen, ob die Person unter fairen und sicheren Konditionen gearbeitet und dafür ein adäquates Gehalt bekommen hat.

Eine meiner Zukunftsfantasien ist es, den Barcode eines Produkts mit meinem Handy einscannen und auf diese Weise seinen gesamten Lebensprozess verfolgen zu können: welche Ressourcen für seine Produktion verwendet wurden; ob es recycelt werden kann, oder wie lange es dauern wird, bis es sich in einer Mülldeponie abgebaut hat, wo es produziert wurde, wer es hergestellt hat und unter welchen Bedingungen.

Versuche, die Produktions- und Geschäftsmethoden deiner bevorzugten Hersteller oder Marken zu recherchieren, um sicherzugehen, dass sie mit deinen Wertvorstellungen kompatibel sind.

Vor fünfzig Jahren war all das noch relativ leicht herauszufinden. Die Fabriken befanden sich in unseren Gemeinden und Städten, und wir konnten mit eigenen Augen sehen, ob Schornsteine schwarze Dämpfe ausstießen, oder ob Chemikalien die Seen und Flüsse verschmutzten. Wir konnten uns vielleicht sogar die Produktionsstätte anschauen oder uns bei unserem Nachbarn, Cousin oder Freund, der dort arbeitete, nach den Arbeitsbedingungen erkundigen. Wir konnten darauf vertrauen, dass Gewerkschaften, Gesetze und Dienstvorschriften ein faires Gehalt und ein sicheres Umfeld garantierten.

Mit dem Beginn der Globalisierung änderte sich jedoch vieles. Die meisten Dinge, die wir kaufen, werden in fernen Ländern hergestellt, und die Lieferketten und Produktionsmethoden sind selten transparent. Häufig übergeben Firmen den gesamten Einkaufs- und Herstellungsprozess an ausländische Subunternehmen und haben damit selber kaum noch Einblick in die Produktions- und Arbeitsbedingungen.

Also wie sollen *wir* das dann wissen? Tja, das ist der schwierige

Part. Offensichtlich wird kein Unternehmen eine Presseerklärung darüber herausgeben, wie wenig es seinen Arbeitern bezahlt oder in seiner Werbung die miserablen Bedingungen in seinen Fabriken zeigen. Wir müssen selbst in Erfahrung bringen, welche Hersteller unter fairen Bedingungen produzieren. Recherchiere im Internet nach Informationen von Watchdog-Gruppen und Menschenrechtsorganisationen. Halte nach Kleidung mit dem GOTS-, Ökotex-, Naturtextil-, Fairtrade- oder Fairwear-Siegel Ausschau. Versuche, die Produktions- und Geschäftsmethoden deiner bevorzugten Hersteller oder Marken zu recherchieren, um sicherzugehen, dass sie mit deinen Wertvorstellungen kompatibel sind.

Vertrieb

Wir haben nun über Produktion und Entsorgung gesprochen und wie wir unsere ökologische Bilanz als Minsumenten verbessern können. Aber das ist noch nicht alles. Wir müssen auch den Vertrieb bedenken – wie der Transport der Waren vom Herstellungs- bis zum Verkaufsort erfolgt und wie belastend er für die Umwelt ist.

Früher konnte man fast ausschließlich Güter kaufen, die in unmittelbarer Nähe produziert wurde – Gemüse vom Bauern, Kleidung vom Schneider, Werkzeug vom Schmied. Solche Gegenstände waren maximal 150 Kilometer (oder weniger) unterwegs, bevor sie uns erreichten. Dinge aus fernen Ländern waren rar und sehr teuer.

Heutzutage kaufen wir ganz selbstverständlich Obst aus Chile, Kleidung aus Bangladesch und Haushaltswaren aus China. Viele Dinge in den Läden stammen vom anderen Ende der Welt und müssen mit hohem Energieaufwand über weite Strecken transportiert werden.

Öl ist eine nicht erneuerbare Energiequelle, die von Minute zu Minute knapper wird. Dennoch befüllen wir ungezügelt Flugzeuge, Schiffe und Lastwagen mit Treibstoff, um Konsumgüter von der einen Seite der Erde zur anderen zu befördern. Wenn man die Folgen für unsere Umwelt bedenkt, lohnt es sich dann wirklich, eine Mango oder einen Minirock auf eine 5000 Kilometer lange Reise zu schicken?

Nicht nach der Meinung von uns Minsumenten. Wir bevorzugen es, unsere Waren lokal zu kaufen. Wir würden unsere Stühle eher bei einem lokalen Handwerker erwerben als im Möbelgroßmarkt; unser Dekor eher auf kommunalen Kunstmärkten anstatt bei einem globalen Händler; und bei unserer Kleidung bevorzugen wir einen Hersteller aus unserem Heimatland. Mit Sicherheit ist das nicht ganz einfach und erfordert gründliche Recherchen, aber wir können es wenigstens *versuchen.* Je mehr Menschen nach einheimischen, nicht importierten Waren verlangen und bereit sind, dafür einen angemessenen Preis zu zahlen, desto wahrscheinlicher wird es ein Revival der regionalen Produktion geben.

Fang bei den Lebensmitteln an. In vielen Städten und Gemeinden gibt es lokale Bauernmärkte, auf denen wir Obst, Gemüse, Honig, Eier, Fleisch, Milchprodukte und mehr kaufen können.

Weil die Artikel in der Region angebaut und produziert wurden, ist die für den Transport aufgewendete Energie minimal. Plane deinen Speiseplan danach, was gerade Saison hat. Statt im Januar Erdbeeren aus Südafrika zu kaufen, genieße heimische Äpfel und freu dich auf die Erdbeerzeit im Sommer.

Wenn wir lokal kaufen, schonen wir nicht nur die Umwelt, sondern stärken auch unsere Gemeinden. Wir geben unser hart verdientes Geld direkt in unsere eigene Nachbarschaft zurück, wo die Dienste angeboten, die Infrastruktur aufgebaut und die Programme finanziert werden können, die wir brauchen. Wir retten landwirtschaftliche Flächen vor Bauunternehmern, wodurch wir offenen Raum und landwirtschaftliche Traditionen erhalten. Wir unterstützen lokale Wirtschaftsunternehmen, die weit weniger vom Weltmarkt und Lieferketten abhängig sind als global agierende Firmen. Zudem bauen wir lang andauernde, persönliche Beziehungen mit den Menschen auf, die uns ihre Produkte anbieten. Unser Konsum sichert den Lebensunterhalt eines Bauern oder finanziert dem Kind eines lokalen Händlers das Studium, anstatt die Bonuszahlungen eines Managers in Singapur abzudecken.

LEICHT UND FREI LEBEN

Wenn wir ungezügelt konsumieren, ziehen wir eine zerstörerische Spur von abgeholzten Wäldern, verschmutzten Wasserläufen und überquellenden Mülldeponien. In unserem Streben nach immer mehr Besitz zerstören wir das zerbrechliche Ökosystem unserer Erde und hinterlassen zukünftigen Generationen schlicht gesagt eine Riesensauerei.

Als Minsumenten wollen wir das Gegenteil erreichen. Wir wollen so sanft und vorsichtig wie nur möglich leben und frei von zu vielen Sachen sein. Wir wollen die Erde und ihre Ressourcen schützen, so gut wir es vermögen.

Mit unserem Handeln inspirieren wir auch andere.

Die Ressourcen unseres Planeten sind begrenzt, doch seine Bevölkerung wächst ständig; und je mehr Länder industrialisiert werden, desto größer wird der Druck auf das System. Als Konsumenten in der westlichen Welt reißen wir mehr an uns, als uns eigentlich zusteht. Wir fühlen uns berechtigt, unseren Lebensstil um jeden Preis aufrechtzuerhalten, und machen uns nur wenig Gedanken über die Auswirkungen. Wenn Wirtschaftswachstum das Maß aller Dinge ist, egal um welchen Preis, wird solch ein Verhalten zur Norm.

Lasst uns einen Kontrapunkt setzen und mit dem Allernötigsten zufrieden sein! Wir sind uns der Tatsache bewusst, dass Ressourcen begrenzt sind, und konsumieren dementsprechend möglichst wenig. Wir sind uns bewusst, dass wir eine Verantwortung tragen, unsere Erde für zukünftige Generationen zu hegen und zu pflegen. Wir leben harmonisch miteinander und im Einklang mit unserem Ökosystem.

Darüber hinaus inspirieren wir andere mit unserem Handeln. Wir brauchen weder Macht noch Geld, um unsere Absichten voranzubringen; wir müssen einfach nur das tun, was wir tun, tagein und tagaus, und damit ein wunderbares Beispiel für unsere Nachbarn und unsere Kinder sein. Indem wir ein minimalistisches Leben annehmen, haben wir die einmalige Chance, die gegenwärtige Weltanschauung zu ändern – von Überkonsum und Profitmacherei hin zu Naturschutz und nachhaltiger Entwicklung. Wir können Pioniere des gesellschaftlichen und wirtschaftlichen Wandels sein – einfach nur, indem wir weniger und bewusster konsumieren und andere dazu ermutigen, das Gleiche zu tun. Minimalismus ist die simpelste Form von Aktivismus, dennoch hat er die Macht, unser Leben, unsere Gesellschaft und unseren Planeten zu verändern.

SCHLUSSBEMERKUNG

Jeder hat seine eigenen Gründe, einen minimalistischen Lebensstil voller Begeisterung anzunehmen. Vielleicht hast du dir dieses Buch gekauft, weil deine Schubladen überquellen, deine Zimmer überladen sind und deine Schränke aus allen Nähten platzen. Vielleicht hast du festgestellt, dass Shopping dich nicht glücklich macht. Vielleicht hast du schon einmal über die Auswirkungen deines Konsums auf die Umwelt nachgedacht und machst dir Sorgen, dass deine Kinder und Enkelkinder keine saubere Luft und kein gutes Wasser haben werden, obwohl das doch ihr Geburtsrecht sein sollte.

Ich hoffe, dass mein Buch dich inspirieren konnte, dein Zuhause zu entrümpeln, dein Leben zu vereinfachen und deine Ökobilanz zu verbessern. Du wirst diese Botschaft in unserer »Mehr, mehr, mehr«-Gesellschaft nur selten hören – fast immer wirst du mit der gegenteiligen Idee konfrontiert. Ständig und überall will man uns zum Konsum bewegen, doch dabei geht es nicht um unser Wohlergehen, sondern um den Profit multinationaler Konzerne.

Einen minimalistischen Lebensstil zu führen kann sich manchmal so anfühlen, als wenn du stromaufwärts schwimmst. Du wirst

Leuten begegnen, die sich von jeglicher Abweichung vom Status quo bedroht fühlen und dir sagen, dass du niemals ohne Auto, Fernseher oder Polstergarnitur zurechtkommen wirst. Manch einer wird dir unterstellen, dass du nicht erfolgreich bist, weil du nicht in einem großen Haus wohnst, keine Designerklamotten kaufst oder auf das neueste Elektronikspielzeug verzichtest.

Lass dich nicht beirren! Wir alle wissen, dass Lebensqualität nichts mit Konsumgütern zu tun hat und dass Gegenstände kein Maßstab für Erfolg sind.

Und mach dir keine Gedanken – du gehst diesen Weg nicht allein. Schau dich abseits der großen Masse um, und du wirst auf viele verwandte Seelen treffen. Erwähne gegenüber deinem Kollegen oder Nachbarn, dass du deine Habseligkeiten reduzierst – oft genug wirst du mit einem wissenden Seufzer und der Bemerkung »das würde ich auch gerne machen« bedacht werden. Nach den wirtschaftlichen Exzessen der letzten Jahrzehnte macht sich Ernüchterung gegenüber dem Materialismus breit. Viele Leute denken darüber nach, wie sie bewerkstelligen könnten, ein einfacheres, bedeutungsvolleres Leben zu führen.

Das Internet ist eine wahre Fundgrube an Informationen und bietet reichlich Unterstützung. In den letzten Jahren sind Blogs und Websites über Minimalismus und freiwillige Einfachheit nur so aus dem Boden geschossen. Vielleicht möchtest du dich in einem Forum zu dem Thema anmelden; das ist eine tolle Möglichkeit, Gleichgesinnte kennenzulernen! Tauscht euch über Entrümpelungstechniken aus und findet Inspiration und Motivation, um auf eurem Weg weiterzumachen.

Wenn du einmal dem Status quo den Rücken gekehrt hast, wirst du bald ein wundervolles Gefühl der Ruhe und Gelassenheit erleben. Wenn du Werbung ignorierst und deinen Konsum einschränkst, gibt es keinen Grund, sich nach Gegenständen zu sehnen, und keinen Druck, für sie Geld auszugeben. Viele Sorgen und Probleme sind damit einfach ausgelöscht.

Mit dem minimalistischen Leben kommt auch die Freiheit – von Schulden, Krempel und ständigem Konkurrenzkampf. Jedes unwichtige Ding, das du eliminierst, nimmt eine Last von deinen Schultern. Du hast weniger, wofür du einkaufen musst, weniger zu bezahlen, zu putzen, zu warten und zu versichern. So sparst du auch Zeit und Energie für erfüllendere Beschäftigungen, wie mit deinen Kindern spielen, sich für eine gute Sache engagieren und über den Sinn des Lebens nachdenken.

Diese Freiheit bietet dir eine hervorragende Gelegenheit zur Selbstfindung. Wenn wir uns mit Marken identifizieren und uns selbst durch materielle Dinge darstellen, verlieren wir das Gespür dafür, wer wir sind. Wir benutzen Konsumgüter, um ein bestimmtes Image unserer selbst zu entwerfen – hauptsächlich, um es dem Rest der Welt zu präsentieren. Außerdem sind wir so damit beschäftigt, uns mit *Sachen* und ihrer Beschaffung zu befassen, dass wir nur wenig Zeit finden, einmal innezuhalten und herauszufinden, was uns eigentlich wirklich auszeichnet.

Wenn wir Minimalisten werden, streifen wir das Zuviel ab und bringen unser wahres Selbst zum Vorschein. Wir nehmen uns die Zeit, darüber nachzudenken, wer wir sind, was uns wichtig ist und was uns wirklich glücklich macht. Wir schlüpfen aus unseren Konsum-Kokons und strecken unsere Flügel aus – als Mütter, Väter, Ehepartner, Freunde, Poeten, Philosophen, Künstler, Aktivisten. Wir definieren uns nicht länger darüber, was wir kaufen, sondern über das, was wir tun, wie wir denken und wen wir lieben.

Es gibt eine alte buddhistische Geschichte über einen Mann, der einen Zen-Lehrmeister aufsuchte, weil er nach spiritueller Führung suchte. Aber anstatt dem Meister zuzuhören, redete der Besucher nur über seine eigenen Gedanken. Nach einer Weile servierte der Lehrmeister Tee. Er füllte die Tasse des Besuchers und goss immer weiter, sodass die Tasse überlief. Überrascht schrie der Gast auf und fragte den Meister, warum er denn immer weiter nachgießen würde, wenn doch nichts mehr in die Tasse passte! Der Meister erklärte, dass der Besucher, genau wie die Tasse, bereits voll sei – voll von seinen eigenen Vorstellungen und Meinungen. Er könne nichts lernen, wenn seine »Tasse« nicht leer sei.

Das Gleiche passiert, wenn unsere Leben zu voll sind. Wir haben keinen Platz für neue Erfahrungen und verpassen Chancen, uns weiterzuentwickeln oder unsere Beziehungen zu vertiefen. Minimalisten zu werden hilft uns dabei, das zu beheben. Indem wir das Zuviel aus unserem Zuhause, aus unseren Terminplänen und aus unseren Gedanken beseitigen, leeren wir unsere Tassen – und verschaffen uns damit eine grenzenlose Aufnahmefähigkeit für das Leben, die Liebe, für Hoffnungen, Träume und ein reichliches Maß an Freude.

DANKSAGUNG

Ich danke meinen wundervollen Lesern dafür, dass ihr mich über die Jahre hinweg mit euren E-Mails und Blog-Kommentaren inspiriert habt.

Vielen Dank an Maria Ribas von Stonesong, für deinen Enthusiasmus, deine Expertise und deine Großartigkeit als Agentin.

Vielen Dank an meine Lektoren, Laura Lee Mattingly und Sara Golski, für das Optimieren meines Textes. Es war eine Freude, mit euch zusammenzuarbeiten.

Danke an Jennifer Tolo Pierce, Stephanie Wong, Yolanda Cazares und an den Rest des Teams von Chronicle für eure hervorragende Arbeit und euer Engagement für dieses Buch sowie an meine Agentin für Auslandslizenzen, Whitney Lee, die dieses Buch einem weltweiten Publikum zugänglich gemacht hat.

Vielen Dank an meine Eltern, die mir das Vertrauen geschenkt haben, dass ich alles schaffen kann.

Und der größte Dank gilt meinem Ehemann und meiner Tochter für ihre bedingungslose Liebe, Geduld und Unterstützung während dieser Reise. Ihr seid meine größten Schätze.

REGISTER